안전하지 않은
사회에서
나를
지켜 내는 방법

감정
조절

안전하지 않은
사회에서
나를
지켜 내는 방법

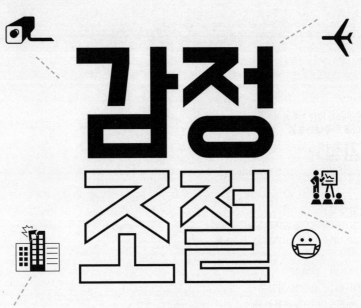

감정
조절

권혜경 지음

을유문화사

안전하지 않은 사회에서
나를 지켜 내는 방법

감정
조절

발행일
2016년 7월 25일 초판 1쇄
2024년 12월 10일 초판 10쇄

지은이 | 권혜경
펴낸이 | 정무영, 정상준
펴낸곳 | (주)을유문화사

창립일 | 1945년 12월 1일
주   소 | 서울시 마포구 서교동 469-48
전   화 | 02-733-8153
팩   스 | 02-732-9154
홈페이지 | www.eulyoo.co.kr
ISBN 978-89-324-7337-6   03180

차례

| 1장 |
감정 조절이란

| 4장 |

안전하지 않은 사회는
우리를 어떤 사람으로 만드는가

| 5장 |
나를 지키는 감정 조절 방법

냄비 근성=감정 조절의 문제?

흔히 한국인의 국민성을 냄비 근성이라고 한다. 어떤 일이 일어나
면 감정이 빨리, 쉽게 끓고 또 그 들끓었던 감정이 빨리, 쉽게 식는다
는 것을 은유적으로 표현한 것이다. 이것이 그냥 우스갯소리가 아니
라, 병리적으로 감정 조절이 안 되는 결과로써 필연적으로 일어날 수
밖에 없는 현상이라고 말하면 너무 충격적일까?

2년 전 일어났던 세월호 참사는 한국에 살고 있는 사람들뿐 아니
라 해외에 있는 동포들에게도 큰 충격을 안겨 주었고, 한국인들 사
이에는 트라우마나 PTSD(외상 후 스트레스성 장애)라는 말이 유행처럼
번졌다. 이 비극적인 사고를 겪고 나서 그전까지 자신과 가족, 사회
에 대해 당연하게 느껴 왔던 안전감이 위협을 받아 긴장하게 되면서
사소한 일에 더 예민하게 반응하고, 쉽게 분노하고, 악몽으로 잠 못
들고, 우울감과 무력감을 느끼는 등 자신의 감정이 조절되지 않아 힘

든 사람들이 많아졌는데, 이러한 이상한 경험을 설명해 줄 수 있었던 개념이 바로 PTSD였던 것 같다.

요즘은 미디어와 SNS의 발전으로 사건과 사고를 포함한 많은 정보들이 보다 쉽게, 또 빠르게 대중들에게 전파되어 더 많은 반향을 불러일으키기에 세월호 참사가 더욱 유례없는 엄청난 비극으로 비춰졌지만, 사실 역사적으로 한국에서는 늘 크고 작은 세월호 참사들이 있었다. 그때마다 사건을 직간접적으로 겪은 사람들은 충격을 받고 분노하며 PTSD 반응을 보였다. 그러나 그 경험들이 다른 사람들과 연계되지 못하고 개개인이 고립된 형태로 감정 조절의 부재를 겪었기 때문에, 이를 대다수 대중이 관심을 갖고 동일하게 경험하는 하나의 사회적·집단적 현상으로 묶어 낼 수가 없었다는 점에서 달랐을 뿐이다.

병리적인 감정 조절 부재는 역사적·사회적 사건에 대한 국민들의 반응에서뿐 아니라 개인적인 차원에서도 다반사로 일어난다. 뉴스에서 심심찮게 들리는 자식을 폭행하고 심지어는 죽음에 이르게까지 한 부모, 분노를 조절하지 못해 무차별적 폭행과 강력 범죄를 저지르는 사람들, 사소한 이웃 간 시비가 발단이 되어 벌어진 살인사건, 인터넷에 무자비한 악플을 달며 폭력성과 잔인함을 드러내는 사람들, 무고한 시민에게 염산을 뿌리는 등 불특정 다수에게 자신의 분노를 극단적으로 표출하는 사람들 이야기 등 한순간에 스스로의 감정을 주체하지 못해 넘지 말아야 할 선을 넘는 일들이 바로 감정 조절을 못한 결과로 일어나는 것이다. 그뿐인가? 보다 일상적인 예를 들면 쉽게 짜증을 내고 긍정적인 것보다 부정적인 자극에 더 민감하게 반응하는 태도, 완벽을 추구하며 조금이라도 부족한 것은 내치는 태도, 사람들을 불신하고 내 일이 잘 될 거라고 믿지 않는 비관적인 태도마저도 감정 조절이 되지 않기 때문에 일어나는 결과라는 것을 아는 사람은 많지 않을 것이다.

감정 조절은 감정에 치우치지 않고 보다 균형 잡힌 삶을 행복하게, 나에게 이로운 결정을 하면서 살아가는 데 꼭 필요한 열쇠다. 이러한 감정 조절을 잘 하려면 반드시 안전감을 느껴야 하는데, 안전감은 개인적 차원의 안전과 사회·집단 안에서의 안전 두 가지를 다 이른다. 인간은 수백만 년 동안 진화를 거듭하면서 생존에 이득이 되지 않는 것들을 없애고 생존을 이롭게 하는 기능들은 강화·발전시키며 살아남았다. 이 과정에서 생존에 최적화된 상황은 '안전한' 상태를 유지하는 것이었기에, 어떤 이유에서든 안전이 위협받게 되면 우리 시스템은 이를 생존이 위험해진 상황으로 인지해 어떤 대가를 치루더라도 다시 안전감을 회복하기 위해 즉각적이고 필사적인 노력을 하게 된다.

매사에 의심하고, 늘 불안에 떨고, 무슨 나쁜 일이 일어날까 항상 긴장하고, 남들이 자신을 해칠 거라는 피해의식에 사로잡히는 것, 상대방이 자신을 공격하기 전에 선제공격을 해 버리는 것, 안심했다가는 뒤통수 맞을까 봐 잠시도 긴장을 늦추지 못하고 늘 만일의 사태에 대비하는 것 등은 바로 안전하게 느끼지 못해 감정 조절이 되지 않는 상태를 보여주는 것이다. 그러면서 안전 여부를 계속해서 시험하는 것이기도 하다. 겉으로 보기에는 병리적이고 이해할 수 없는 행동 같지만 그 이면을 보면 믿지 않아야 내가 죽지 않고 상처받지 않고 살 확률이 더 높다는(나의 안전을 보장한다는), 어떻게 보면 안전한 상태에 도달하고 싶은 마음이 어떤 필요와 욕구보다 앞서는 간절하고 절실한 반응인 것이다.

안전이 위협받는 가운데 감정 조절이 되지 않으면 우리는 생존을 위해 싸우기, 도망가기, 얼어붙기 등의 방어기제를 쓰게 된다. 그리고 이렇게 방어적인 상태가 되면 생각하는 능력, 기억력, 이미 알고 있는 정보에 접근하는 능력, 사고와 감정 및 신체의 유연함이 현저하게 떨어지고 주변 환경과 사람들을 모두 적으로 간주해 싸움, 전쟁, 살인, 신체적·감정적·언어적 폭력 등이 필연적으로 일어나게 되는 것이다. 안전감이 무너지고 감정 조절이 안 되는 상태는 이성과 도덕, 교양, 배려 등 동물과 구별되는 인간만의 품성을 발휘할 수 없게 해, 우리를 생존의 수준에서 약육강식의 논리만으로 살아가는 한 마리 동물과 같게 만든다.

그러므로 우리가 생존 수준이 아니라 삶을 풍요롭게 누리는 인간다운 인간으로 잘 살기 위해서는 감정 조절 능력이 반드시 있어야 한다. 감정 조절 능력은 안전하게 느낄 때에야 비로소 획득할 수 있다. 그리고 '안전하게 느낀다'는 것에는 안전한 가정 안에서 형성되는 개인적 차원의 안전감과 직장, 학교, 국가 등 내가 속한 집단에서 나의 안전을 보장한다는 느낌을 받는 사회적 차원의 안전감이 있다. 이 두 가지의 안전감은 분리되어 따로 존재하는 것이 아니라 서로 영향을 주고받는다. 안전한 가정에서 감정 조절이 잘 되는 개인이 나오고, 이런 개인들이 모여서 형성하는 사회·국가는 보다 안전한 환경을 만들어 구성원들의 감정 조절을 촉진시키게 될 것이다. 이러한 사회·국가는 또 개인과 가정의 안전감의 바탕을 제공해 주어 개인과 가정을 더 안전하게 보호할 수 있다. 이렇게 서로 상보적인 선순환의 고리를 이룰 수 있는 것이다.

다시 냄비 근성 이야기로 돌아가 보자. 한국인의 냄비 근성 즉 '병리적인 감정 조절의 부재'는 어디에서 오는 것일까? 수많은 외세의 침입과 일제 강점, 6.25 전쟁, 군부 독재를 거치면서 국가와 그에 속한 개인의 안전은 끊임없이 위협을 받았고, 그 속에서 개개인이 생존하기 위해 자신의 안전만을 최대의 목표로 삼은 결과가 다른 구성원들의 안전감을 위협하며 결과적으로 또 안전하지 않은 사회를 만드는 악순환으로 이어졌다.

또한 성공에 대한 집착으로 인한 한국 사회의 과도한 교육열 역시 안전감을 위협하는 요소로 작용했다. 어른들(부모나 선생님 등)은 우리 아이들에게 공부를 잘해야 성공한다는 메시지를 끊임없이 전하는데, 성적이라는 것이 상대평가다 보니 모든 아이들이 죽어라 공부해도 결국 잘한다고 인정받을 수 있는 아이는 소수의 상위 몇 퍼센트에 그칠 수밖에 없다. 따라서 상위권에 들기 위한 과도한 경쟁이 벌어지는데, 대부분의 아이들은 성공할 수 없다는 불안감을 갖게 된다. 상위권에 든 아이도 언제 밀려날지 모른다는 불안감에 시달린다. 1등을 하면 그때부터는 정상을 계속 유지하기 위한 더욱 무시무시한 전쟁이 시작되기 때문이다. 이렇듯 어렸을 때부터 사회가 만들어 놓은 무한 경쟁 속에서 아이들은 더불어 사는 가치를 배우기보다는 자신의 성공을 최우선으로 여기고, 내가 잘되기 위해서는 남이 나보다 못해야 하며 남을 짓밟고 올라서야 성공한다는 생각을 가지고 자란다. 결국 이런 삶의 태도가 개개인의 생존과 안전을 위협하는 근간이 된다. 이런 역사적·사회적 환경 속에서 한국 사람들은 어른 아이 할 것 없이 안전을 위협받고 생존을 위해 몸부림치며 감정 조절이 잘 될 수 없는 필연적인 상황에 놓여 온 것이다.

감정 조절은 모든 개개인이 보다 인간답게 살아갈 수 있는 핵심으로 현재 심리학계에서 유행처럼 떠오르는 용어이지만, 단순히 그러한 이유를 넘어서 위와 같은 한국의 특수한 역사적·사회적 상황 때문에 한국인들에게 더더욱 필요한 개념이다. 이것이 내가 이 책을 쓰는 이유이기도 하다.

이 책은 총 5장으로 구성되어 감정 조절의 개념과 근원, 감정 조절의 결과로 나타나는 애착 유형, 대한민국의 역사적·사회적 사건들이 국민의 감정 조절 능력에 미친 영향, 감정 조절을 잘 하기 위한 방법들을 제시한다. 보다 더 구체적으로 소개하면 다음과 같다.

1장에서는 감정과 감정 조절의 개념을 설명하는데, 감정 조절이 왜 중요하며 감정 조절이 되지 않았을 때는 어떤 일이 일어날 수 있는지 살펴본다. 그다음으로 감정 조절의 필수 조건인 안전감에 대해 알아보고, 누군가에 의해 감정 조절이 된 경험이 내 감정을 조절하는 데 있어 왜 중요한지를 살펴볼 것이다.

2장에서는 감정 조절의 원인이자 기본 배경이 되는 우리 몸, 즉 감정 조절의 신경생물학적 메커니즘에 대해 최신 경향의 뇌과학 연구들을 통해 살펴볼 것이다. 우리 뇌 속에 있는 '파충류의 뇌'인 뇌간, '포유류의 뇌'인 변연계, '인간의 뇌'인 대뇌피질이 서로 어떻게 상호작용하는지 살펴보고, 감정 조절과 우리의 방어기제가 어떻게 연결되어 있는지, 안전하게 느끼지 않으면 우리 몸과 마음에 무슨 일이 일어나며 다시 안전감을 회복하고 감정 조절이 가능한 인간의 뇌를 작동시키기 위해서는 무엇을 할 수 있는지 알아본다.

3장에서는 개인적 안전감과 감정 조절에 초점을 맞춰 유아기에 부모가 아이의 감정 조절을 어떻게 도와주었는지에 따라 다양하게 나타나는 애착 유형들을 살펴보고, 각 사람이 성인으로 성장하는 과정에서 이러한 애착 유형들이 어떤 성격으로 발전하며 개개인의 문제 규명과 해결에 어떠한 영향을 미치는지 알아본다. 그리고 다양한 애착 유형을 형성한 사람들이 만나 함께 살아가는 기본적인 단위인 '부부'와 '직장 내 인간관계'를 예로 들어, 가장 일반적인 조합인 집착형과 회피형 인간이 만났을 때 무슨 일들이 일어나며 어떻게 해결할 수 있는지 구체적으로 살펴본다.

4장에서는 사회적 안전감과 감정 조절을 다룬다. 대한민국의 역사적·사회적·문화적 사건들이 한국인의 감정 조절 능력에 어떤 영향을 미쳤는지 짚어 본다. 그리고 역사적 트라우마가 제대로 다루어지지 않고 치유되지 않았을 때 자손 대대로 대물림되는 사례들을 통해 그 심각성을 함께 이야기해 보려 한다. 한편 우리 문화에 뿌리깊이 박힌 남아선호사상이 개인과 인간관계에 어떤 부정적 영향을 미치는지에 대해서도 살핀다.

마지막으로 5장에서는 감정 조절의 해결책을 제시한다. 개개인이 보다 인간다운 인간으로 건강하고 균형 잡힌 삶을 살아가기 위해서, 감정 조절을 보다 더 잘 할 수 있도록 상상을 이용한 방법과 신체적 상태를 바꾸는 방법 등 일상에서 손쉽게 적용할 수 있는 구체적인 방법들을 소개한다.

결국 감정 조절 능력이란 살면서 불가피하게 위협받는 신체적 · 심리적 안전감을 보다 빨리, 유연하게 회복시킬 수 있는 능력을 말한다. 감정 조절이 되는 상태라면 우리는 자신을 방어하는 데 지나친 에너지를 쓰지 않아도 되므로 이 에너지들을 훨씬 더 창조적 · 생산적으로 쓸 수 있게 된다. 또 기억이나 기존에 알고 있던 정보에 객관적으로, 용이하게 접근해 이를 활용하게 된다. 긴장하지 않아도 되는 만큼 신체적으로도 더 건강한 상태를 유지할 수 있고, 주변 사람들에 대해서도 색안경을 쓰고 보는 대신 이해심이 높아져 조화롭고 만족스런 인간관계를 유지하게 된다. 각 개인이 보다 인간다운 인간이 되고, 그렇게 인간적인 개인들이 모여서 인간 중심의 사회를 만드는 데 조금이나마 도움이 되기를 희망하며 이 책을 시작한다.

1장

감정 조절이란

'감정을 조절한다' 혹은 '감정이 조절된다'는 말은 무슨 의미인가? 감정 조절에 대해 알아보기 전에 우선 감정에 대해 알아보자. 누구나 감정을 가지고 있다. 감정이란 내가 하는 경험에 대한 평가이자 이를 바탕으로 무엇을 해야 할지 알려 주는 척도가 된다. 하지만 이 평가 도구가 오작동되면 심각한 문제가 생긴다. 감정 조절이 안 되어 감정에 휩쓸리면 자신에게 불리하고 비이성적인 결정을 내리기가 쉽고, 반대로 아무런 감정을 느끼지 못하는 상태에서는 어떤 결정도 하지 못하게 되기도 한다. 많은 사람들이 내 감정을 주체하지 못해서 혹은 특정 감정을 마땅히 느껴야 하는 순간에 아무런 감정을 느끼지 못해서 민망하고 난처했던 경험을 한다. 오죽하면 감정을 느끼지 않고 살면 좋겠다고 말하는 사람들이 있겠는가? 그러면 우리는 이렇게 별로 도움이 되지도 않는 감정을 왜 가지고 있는 것일까?

조물주가 얼마나 많은 생각을 해서 우리를 만들었는지, 우리에게 있는 것들 중 어디 하나 쓸데없는 것이 없다. 진화론적으로도 우리 인류는 적자생존이라는 법칙 아래 많은 기능과 부분들이 도태되거나 강화·발전 혹은 새로 생겨나는 과정을 끊임없이 반복해 수천만 년 동안 종족을 유지하며 살아남았다. 감정 역시 우리 인류의 생존에 필수적이었기에 생겨나서 그 기능을 계속 유지하고 있는 것이다. 그럼, 감정이 어떻게 생존에 꼭 필요한 것인지 살펴보자.

감정이란 내가 현재 하는 경험을 어떻게 받아들여야 하는지를 알려 주는 가장 일차적이고 원초적인 방법이다. 지금 이 경험이 좋은 것인지 나쁜 것인지를 찰나의 순간에 알게 해 주고, 이 경험에 좀 더 가까이 다가가야 하는지 도망가야 하는지를 거의 반사적으로 판단하고 행동하게 한다.

우리를 불편하게 하는 감정 중 하나인 불안을 예로 들어 보자. 위험이 다가오는데 아무런 감정을 느끼지 못하면 우리는 이 자극을 피하기 위한 어떤 행동도 하지 않을 것이고, 그러면 크게 다치거나 목숨을 잃을 가능성이 있다. 보다 구체적인 예로 자동차가 나를 향해서 달려오는데 내가 아무런 불안을 느끼지 않으면 나는 피하지 않을 것이고, 그러면 차가 나를 들이받아 사고가 나거나 내가 죽을 수 있다. 따라서 불안이라는 감정은 나에게 경각심을 불러일으켜 불편한 자극을 피하도록 유도하는 경보기 역할을 하기 때문에 생존에 꼭 필요한 것이다.

행복이나 기쁨이라는 긍정적인 감정도 마찬가지다. 어떤 경험이 즐거우면 그 경험을 계속하고 싶어지고 그 경험을 추구하는 노력을 하게 된다. 이런 긍정적 경험은 살아가는 데 활력과 에너지를 줄 수 있다. 특정 행동이나 말이 재미있으면 그 한 가지만 반복하며 계속 웃고 즐거워하는 아이들의 모습을 본 적이 있을 것이다. 긍정적인 피드백을 반복하려는 충동은 우리 뇌에 저장되어 있는 생존 전략으로, 누가 가르쳐 주지 않아도 아이들은 너무나 잘 알고 있는 것이다.

또 감정은 아주 효과적인 대화의 수단이다. 내가 현재 하고 있는 경험에 대해 내가 알게 하고, 이를 주변 사람들에게 직접적으로 알려 주는 효과적인 메신저 역할도 한다. 백 마디 말로 급한 상황을 설명하는 것보다 고통스런 표정으로 내지르는 비명 한 마디가 가장 짧은 시간에 주변 사람들의 관심을 끌어 사태의 심각성을 알릴 수 있고, 그 결과 다른 사람이 나에게 도움을 주게 할 수 있다. 긴급한 상황일수록 우리가 말로 설명하기보다는 소리를 지르고 과장된 표정이나 제스처를 취하는 이유도, 설명이 아닌 직접적인 감정 전달이 생존에 보다 효과적이라는 것이 우리 뇌에 프로그램화되어 있기 때문이다. 긍정적인 감정도 마찬가지다. 편안한 미소는 나의 만족스런 상태를 백 마디 말보다 더 효과적으로, 짧은 시간 안에 상대방에게 전달할 수 있는 도구가 된다.

여기까지 읽으면서 느꼈겠지만, 감정을 전달하는 가장 효과적인 수단은 이성적이고 논리적인 언어가 아니라 비언어적 행동이다. 정신과 의사이자 신경과학 연구자인 대니얼 시겔Daniel Siegel 박사는 감정을 전달하는 가장 효과적인 수단으로 표정, 시선, 어조, 몸짓, 어떤 상황과 행동에 반응하는 타이밍을 꼽는다. 논리적·이성적으로는 아무런 문제가 없는 것 같고 이해도 다 되는데 뭔가 기분이 찜찜했던 경험을 누구나 해 본 적이 있을 것이다. 이성이란 고도로 발달한 뇌의 대뇌피질에서 일어나는 과정이고 의식적인 측면이 주를 이루는 반면, 감이라는 것은 심장이나 소화기 등 신체에 바탕을 둔 경험으로 훨씬 더 원초적이고 많은 정보를 빨리 처리하기 때문에 우리 몸이 무의식적으로 자각하는 것들이 뇌가 의식적으로 처리할 수 있는 것보다 많아서 그렇다.

내가 겉으로는 웃으며 괜찮다고 말하지만 마음속으로는 그 사람이 너무 밉다면 말이 아니어도 표정, 몸짓, 어조, 내가 반응하는 타이밍 등을 통해서 어떤 식으로든 부정적 감정이 스며 나오게 된다. 이런 경우 상대방도 이성적으로는 다 괜찮은데 뭔가 석연찮은 느낌을 받고, 그렇게 생긴 불편한 마음이 아무리 통제하려고 해도 비언어적 행동으로 표현된다. 그러면 나는 또 무의식적으로 상대방의 불편함을 알아차리고 더 거리를 두게 되고, 또 상대방은 이를 감지해서 더 불편해지고, 이 상대방의 불편함을 내가 또 감지해서 불편함을 비언어적으로 표현하게 되고……. 짧은 순간에 나와 상대방의 의식에 따른 의도와는 상관없이 부정적인 상호작용을 수도 없이 주고받게 되는 것이다. 이런 경우 대부분의 사람들은 이성적으로 판단하기보다는 자신의 감을 믿고 그 사람과 거리를 두게 된다.

감정에는 전염성이 있다. 슬픈 사람과 있으면 같이 우울해지고 행복한 사람과 있으면 같이 행복해지는 경험을 누구나 해 봤을 것이다. 우리에게는 감정 이입을 할 수 있는 능력이 있으며 그 능력은 내가 좋아하는 사람, 내가 가깝게 여기는 사람일수록 더 강하게 발휘되기 때문이다. 그래서 아이들이나 약자가 주변 사람들의 도움을 받아 생존할 수 있는 확률이 높아지고, 결과적으로는 전체 인류의 생존 확률을 높이게 된다. 이런 의미에서 감정은 우리 인류가 지금까지 멸종하지 않고 살아남은 근간이기도 하다.

감정은 우리 생존에 꼭 필요한 고마운 도구다. 하지만 이런 도구가 우리 통제를 벗어나 제멋대로 움직이게 되면 더 이상 도구가 아니라 흉기가 될 수도 있는 것이다. 감정을 조절한다는 것은 이 도구를 그냥 도구로 쓰고 흉기가 되지 않게 하는 것이라 할 수 있다.

감정을 조절한다는 것은

이제 감정 조절에 대해 살펴보자. 감정을 조절한다는 말은 너무나 많은 의미를 포함하기 때문에 일반적으로 사람들이 쉽게 오해할 수 있는 부분 즉, 감정 조절에 해당되지 않는 것부터 먼저 짚고 넘어가겠다. 첫 번째, 감정을 조절한다는 것은 감정을 억제한다는 말이 아니다. 한국에서 '나의 마음 다스리기'라는 제목으로 감정 조절에 대한 강의를 했었는데, 많은 사람들이 화를 내지 않고 참는 것이 감정 조절이라고 오해하고 있었다. 감정 조절이란 부정적 감정을 억압하는 것이 아니라, 반대로 모든 감정을 있는 그대로 수용하고 받아들이는 것을 말한다. 어떤 감정의 소용돌이가 몰아칠 때 이 감정을 바로 없애려는 어떤 행동도 하지 않고, 이 감정이 무엇인지 연구하며 이 감정이 나의 몸과 생각·인식·대인관계에 어떤 영향을 미치는지 객관적으로 관찰할 수 있는 상태를 유지해서 감정이 나를 가지는 것이 아니라 내가 감정을 가지는 상태로 가는 과정을 말한다.

둘째, 감정 조절은 좋은 감정만 느끼고 불편하고 부정적인 감정은 느끼지 않는 상태 곧 내가 원하는 감정만을 선택적으로 느끼는 것이 아니다. 슬픔이 너무 아파서, 분노가 너무 두려워서 이런 감정을 아예 느끼지 않으려고 하다 보면, 그 대가로 부정적인 감정뿐 아니라 긍정적인 감정도 같이 못 느끼는 감정적으로 죽은 상태가 된다. 이런 사람들은 삶의 아픔과 분노뿐 아니라 재미와 흥분도 느끼지 못한다. 겉으로는 어떤 일에도 동요하지 않는 안정된 사람처럼 보일지 몰라도, 실상은 어떤 일에도 흥미를 못 느끼고 무감각하며 매일매일이 새롭지 않은 지극히 지루하고 다람쥐 쳇바퀴 도는 듯한 생활을 하고 있는 것이다. 내적으로 보면 감정 동요가 심하게 일어나는 사람과 마찬가지로 엄청난 스트레스 호르몬이 방출된다. 감정이 잘 조절된 상태가 아니라 감정을 마비시킨 상태인 것이다. 뭘 해도 상관이 없는 상태, 어떤 것에도 애착을 두지 않는 상태, 이런 상태가 극단적으로 가면 자기 삶에서 아무런 결정을 내릴 수 없게 된다.

이 책에서 말하는 감정 조절이란, 우리가 인간으로서 느낄 수 있는 모든 감정을 느끼지만 그에 압도되거나 휩쓸리지 않는 상태를 말한다. 화가 나지만 그 화를 주체하지 못해 이성을 잃는 대신 화가 난 상태를 견딜 수 있는 것, 슬프지만 견딜 수 없을 만큼 슬퍼서 우울증으로 가는 대신 슬픈 상태에 머물 수 있는 것, 기쁜 것에 대해서도 그에 압도되어 주체할 수 없는 기쁨을 느끼는 것이 아니라 기쁨을 즐길 수 있는 상태로 있는 것이다. 감정에 압도되지 않고 또 감정을 마비시키지 않고, 감정을 있는 그대로 느낄 수 있는 상태를 유지하는 것이 바로 내가 말하고자 하는 감정 조절 상태인 것이다.

누구에게나 어떤 경험을 하면 그 경험에 수반되는 감정을 견딜 수 있는 범위window of affect tolerance라는 것이 있다. 사람들마다 이 범위의 정도는 다를 수 있는데, 흔히 감정적으로 건강하고 안정적인 사람들 즉 감정 조절이 잘 되는 사람들은 이 범위가 상당히 넓기에 삶에서 웬만한 경험들을 할 때 느끼는 감정이 그 범위 안에서 일어나고, 그 결과 편안하며 많은 것들을 스스로 다룰 수 있게 되는 것이다.

반면 쉽게 화를 내거나 불안하고 우울한 사람들은 감정을 견딜 수 있는 범위가 좁은 사람들이다. 많은 경험이 자신의 감정 조절 범위를 벗어나게 되고, 그래서 견딜 수 없게 느껴지는 것이다. 예를 들어 일상에서 소소하게 일어나는 스트레스를 대부분의 사람들은 대수롭지 않게 넘기고 일상생활에 지장을 받지 않지만, 감정 조절이 잘 안 되는 사람들은 이 소소한 스트레스가 너무 큰 충격이 되어 무슨 일이 일어났는지, 그 사람이 그때 왜 그런 말과 행동을 했는지 계속해서 곱씹으며 그 장면을 반복 재생하는 데 많은 시간과 에너지를 쓰느라 지금 당장 일어나고 있는 경험에 집중하지 못하며 쉽게 화가 나고 불안하고 우울해질 수 있는 것이다.

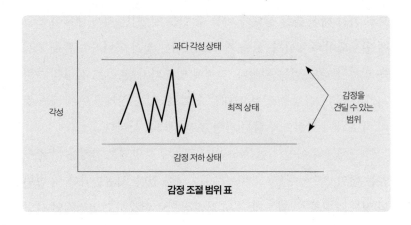

과다 각성 상태

각성

최적 상태

감정을 견딜 수 있는 범위

감정 저하 상태

감정 조절 범위 표

위의 그림은 감정 조절의 범위를 나타내는 표다. 이에 대해 좀 더 자세히 살펴보자.

1) 뚜껑이 열린 나, 과다 각성 상태

표의 위에 있는 선은 과다 각성 상태hyperarousal state를 나타낸다. 이 선을 넘어서면 소위 '뚜껑'이 열리는 상태가 되는 것이다. 이 상태에서는 오로지 감정만이 존재하고 이성적인 사고는 마비되며, 다양한 기억이나 경험에 접근하는 것이 불가능해진다. 이 순간에는 내 감정만이 가장 중요한 것이 되기 때문에 상대방이 어떤 의도를 가지고 있으며 어떻게 느끼고 있는지에는 전혀 관심도 없고, 내가 하는 어떤 말과 행동도 정당한 것처럼 느끼게 된다. 감정적 쓰나미가 가라앉고 감정 조절이 된 상태로 돌아가면 내가 그때 왜 그런 말을 했는지, 왜 그런 생각을 했는지, 왜 그런 행동을 했는지 이해가 되지 않는다. 자신의 감정적 쓰나미가 남긴 파괴력의 흔적과 상처들을 보면서 미안하고 민망한 생각이 들지만, 감정적 쓰나미가 일어나는 중에는 어떤 것으로도 자신의 말과 행동을 막을 수 없기 때문이다. 이 상태를 '싸우거나 도망가기fight/flight' 모드라고 얘기하는데, 이때의 우리는 더 이상 이성적인 사고를 할 수 있는 인간이 아니라 약육강식의 법칙만이 존재하는 아프리카 초원에서 생존을 위해 몸부림치는 한 마리 동물이 되는 것이다.

이런 상태가 되면 우리 몸과 마음은 자동적으로 스스로를 보호하기 위해 방어적이 되는데, 외부의 침입을 최소화하기 위해 몸과 마음이 닫힌다. 쉽게 얘기하면 우리 몸과 마음이 전쟁터에서 적군과 싸우는 전시체제, 곧 전투 모드로 바뀌는 것이다. 전투 모드에서 우리는 생존 확률을 높이기 위해 내 편이라고 100% 확신하는 사람 외에는 모두 적으로 간주한다. 적인지 아닌지 분간하느라 생각할 시간을 갖는 동안 자신이 공격을 받아 죽을 수 있기 때문이다.

이 상태에서는 어떤 것도 완벽하지 않으면 아무 소용없으며 모든 것이 흑백 논리로 판단되기 때문에, 지금 내가 가지고 있는 것과 다르거나 상반된 정보들을 수용하고 소화시키고 포용할 수가 없게 된다. 모든 사람에게는 좋은 면과 나쁜 면이 동시에 있는데, 예를 들어 내 눈에 80%는 좋고 20%는 안 좋은 사람이 있다고 하자. 감정이 조절된 상태에서는 그 사람의 좋은 점이 안 좋은 점보다 많기 때문에 그 사람과 잘 지낼 수 있다. 그러나 감정 조절이 안 된 과다 각성 상태에서는 그 사람에게 있는 20%의 나쁜 면 때문에 그를 적으로 간주해 100% 나쁜 사람으로 대하게 되고, 좀 더 심하게는 관계를 맺는 것이 나에게 해를 미친다고 판단해 그 사람과의 관계를 단절하게 되는 것이다.

부부의 연을 맺은 사람들 혹은 연애를 하고 있는 사람들이라면, 싸우는 과정에서 서로 헤어지는 게 좋지 않을까 고민했던 순간이 있었을 것이다. 아무리 사이가 좋은 부부라 하더라도 살다 보면 싸울 때가 있기 마련이다. 이 순간만큼은 내 배우자가 이상하고 나쁜 사람처럼 보이고, 좋은 점도 하나 없고 나한테 나쁜 영향만 주는 것 같다. 그러면 자연스럽게 '이런 사람과 같이 살아야 하나?'라는 의문이 든다. 그럴 수밖에 없는 것이, 싸우는 순간 상대는 나의 적이 되는데, 내가 적과 함께 있다는 것은 내 안전이 위협받는 상황이므로 자연스럽게 내 안전을 유지하고자 상대와 분리되기를 추구하는 것이다.

사람들은 싸울 때 팔짱을 잘 끼는데, 이는 (전쟁터에서 적으로부터 나를 보호하기 위해 갑옷을 입는 것처럼) 가슴과 복부를 방어하는 행위로 자연스럽게 우리 몸에 프로그램화된 방어적 행동이다. 이렇게 방어적이 되면 흑백논리가 작동하고, 감정적 합리화emotional reasoning가 일어나므로 과거의 기억과 경험들은 현재 감정이 타당하다는 근거로 쓰이게 된다. 따라서 '늘', '항상', '맨날', '한 번도', '절대로'라는 식의 'all or nothing'의 단어를 쓰며 극단적인 생각을 하게 되는 것이다. 그러다가 다시 배우자가 잘해 주고 관계가 정상적으로 돌아오면 세상에 이만한 사람도 없다는 생각이 들고 이 사람이 내 배우자인 게 참으로 고맙게 느껴진다.

어떻게 이런 일이 일어날 수 있을까? 정말 배우자가 천하에 나쁜, 나한테 해가 되는 사람이었다가 나를 사랑하고 나를 위하는 사람으로 돌변한 것인가? 결론부터 얘기하면 배우자가 변한 게 아니라 배우자에 대한 내 인식이 변한 것이다. 우리 뇌에는 위험을 감지하는 장치인 뉴로셉션neuroception이라는 것이 있는데, 여기서 위험을 감지하면 몸과 마음에 신호를 보내 위험에 대처하도록 한다. 다른 사람과 싸우는 상황을 뉴로셉션이 위험으로 감지해서 우리 몸이 과다 각성 상태인 싸우거나 도망가기 모드가 되면, 우리는 다양한 정보를 받아들이고 처리하는 능력에 심각한 손상을 입고 모든 것을 적군과 아군 혹은 흑과 백으로 판단하는 상황에 몰려 내 앞에 있는 사람에게 어떤 좋은 면이 있더라도 그 순간에는 '저런 부정적인 면도 보이지만 대체로 이 사람은 나에게 좋은 사람이야' 같은 생각을 하지 못하게 된다. 배우자의 다양한 모습과 서로 상충되는 정보들을 동시에 붙잡고 연결해서 처리하는 능력이 상실되기 때문이다.

또 하나, 이렇게 싸우거나 도망가기 방어기제가 작동되면 행동에 옮기려는 경향이 강해진다. 이 상황을 벗어나기 위해 뭐라도 당장 가능한 행동을 취하고 싶어지는 것이다. 감정 조절이 안 된 상황에서 우리가 하지 말았어야 할 말과 행동을 하는 이유가 바로 이것이다. 부부 싸움을 하면 짐을 싸고, 집을 나가고, 이혼 서류를 들먹이고, 폭력을 휘두르고 하는 것들이 다 감정 조절이 안 되어서 그 불편한 상황을 벗어나려는 몸부림인데, 이는 물에 빠진 사람이 지푸라기라도 잡는 식으로 별로 효과적이지 못하고 대체로는 상황을 더 악화시킨다.

얼마 전 교육을 받으러 워싱턴에 갔을 때의 일이다. 같이 교육을 받던 분이 자신이 묵는 호텔이 싸고 좋다며 추천하기에 별다른 의심 없이 그 호텔을 예약했다. 교육이 끝나고 그분과 대화하며 호텔에 가서 체크인을 할 때까지만 해도 모든 것이 순조로웠다. 그런데 방 열쇠를 건네주며 (그분의 방은 이층인데) 내 방은 지하라고 안내해 주는 순간부터 무언가 잘못되었다는 불길한 느낌이 들기 시작했다. 아니나 다를까 지하로 내려가는 데서 그치지 않고 또 다른 문을 하나 더 통과해서야 내 방이 나왔는데, 외부와 연결된 쓰레기를 치우는 곳에 바로 붙어 있는데다가 방에 외부로 난 창문 하나 없는 말 그대로 '지하실'이었다. 더 황당한 것은 방문이 유리여서 블라인드가 있다고는 해도 밖에서 마음먹고 들여다보면 안을 볼 수 있다는 것이었다.

나는 곧바로 도저히 안전하다고 느낄 수 없으니 방을 바꿔 달라고 했다. 애초에 내가 예약한 것은 킹사이즈 침대에 욕조가 있는 방이었는데 지금 방은 트윈 침대에 욕조도 없는 방이라고, 정중하게 요구했다. 그러자 지금은 예약이 다 차서 방을 바꿔 줄 수 없으며 예약 담당자가 잘못한 것은 본인과 아무 상관이 없으니 방이 마음에 안 들면 나가는 수밖에 없다는 답이 돌아왔다. 그러면서도 그날 숙박비는 치러야 한다는 것이었다. 너무나 황당한 일이 눈앞에서 벌어지니 기가 막혔지만 나는 최대한 예의를 갖춰 설명하려고 애썼다. 그러나 상대는 막무가내였다.

이미 늦은 밤, 밖에는 비도 오고 있었다. 마음 같아서는 이 호텔을 박차고 나가고 싶었지만 차도 없이 낯선 도시에서 짐을 끌고 비오는 밤길을 다닐 자신도 없고, 다른 호텔에 방이 없으면 어떡하나 하는 걱정에 그날 밤만 이 호텔에 머물기로 결정했다. 하지만 방에 돌아와서도 혹시 무슨 일이 생기지 않을까 불안한 마음이 가라앉지 않아서 전화기를 손에서 놓지도 못하고 마음 편하게 씻을 수도 없었다.

불안이 불안을 낳는 상황이 계속되자 불현듯 이 호텔을 소개해 준 그 사람이 알코올 중독자임에 틀림없다는 생각이 들었다. 코가 불그스름한 게 전형적인 알코올 중독자의 코인 듯싶었다. 그러자 호텔 앞 편의점을 지날 때 그가 "여기는 가게는 작은 데 비해 다양한 주류를 구비하고 있다"고 했던 것이 떠올랐다. 거기다 그날 아침에 그 사람이 늦잠을 자서 점심 무렵에서야 교육에 왔던 기억도 나면서 '아, 알코올 중독자라 밤에 술을 먹고 자서 아침에 못 일어났구나!' 하는 생각이 뇌리를 스쳤다. 이렇게 명확한 증거들이 있었는데 왜 내가 그걸 미처 깨닫지 못했는지, 그런 사람 말만 듣고 왜 호텔 예약을 했는지 스스로가 너무 바보 같았다. 그 사람에게 속았다는 느낌도 들었다. 지금 이 순간에도 그 사람은 술을 먹고 있겠지 확신하며, 나는 원망과 불안에 차 거의 뜬눈으로 밤을 보냈다.

당연히 그다음 날 교육 장소에서 그 사람을 마주쳤을 때, 아무렇지 않은 척했지만 계속해서 그 사람이 알코올 중독자라는 증거를 찾으려 하는 내 모습을 볼 수 있었다. 그 사람이 질문을 하는 것도 똑똑해 보이지 않고, 말도 앞뒤가 안 맞는 것 같고, 눈빛도 뭔가 흐리멍덩해 보이는 게 석연찮은 점이 많았다.

그날 호텔을 바꾸고 편안한 마음으로 맛있는 저녁을 먹고 욕조에 물을 받아 목욕을 하면서 긴장을 푼 다음 잠을 푹 잤다. 그렇게 마음이 진정된 다음 날, 그 사람을 보고 얼마나 미안했는지 모른다. 알코올 중독은커녕 시골에서 마을 사람들을 위해 최선을 다하고 나이가 꽤 있으면서도 더 나은 서비스를 제공하기 위해 멀리까지 교육을 받으러 다닐 만큼 자기 관리가 철저한 사람을, 내 감정에 근거한 합리화로 무책임하고 믿을 수 없는 알코올 중독자로 만들었으니 말이다.

어떻게 이런 일이 일어날 수 있었을까? 감정이 자극되면 이전에는 아무렇지 않았던 중립적 자극과 기억들이 전혀 다른 의미로 재배열된다. 새 떼가 어떤 형태로 무리 지어 날아가다가 우두머리가 날아가는 형태를 바꾸면 전체가 순식간에 다른 모습으로 재배열하는 모습을 본 적이 있을 것이다. 이와 마찬가지로 우리의 기억과 정보들도 감정이라는 신호를 받아 전혀 다른 모습과 목적으로 재배열을 하는 것이다. 그러니 감정 조절이 되지 않을 때는 아무 생각 없이 지나쳤던 중립적인 자극과 경험들이 감정이라는 색안경을 통해 나쁘게 혹은 좋게 보이고, 전혀 연관성이 없는 자극과 기억들이 감정에 의해 인과관계가 있는 것처럼 순서가 착착 맞아떨어지거나 계획적으로 일어나는 것처럼 느껴지는 것이다.

극단적인 예가 편집증이다. 편집증이 있는 사람들의 눈에는 모든 것이 기가 막히게 딱딱 맞아떨어지며, 그들의 집중력이나 사건의 인과관계를 찾아내는 논리력과 집요함은 보통 사람의 논리와 설명으로는 당해 낼 수 없다. 이 사람들은 이미 답을 정해 놓고 모든 상황을 몰아가기 때문이다.

얼마 전에 치료를 마친 한 편집증 환자는 유대인들이 모든 길거리 사람들과 TV, 라디오, 전화, 각종 가전제품들을 이용해 자신을 24시간 감시하고 있다고 믿고 있었다. 이 환자는 자신이 겪는 일들을 얘기하면서, 자신도 황당한데 치료사인 내가 자신의 말을 믿기는 어려울 거라는 걸 잘 안다고 했다. 그 환자의 말에 따르면 '그때 그 고객이 자신을 보고 웃으며 말한 것'은 전날 밤에 그가 부인과 나눈 은밀한 대화를 엿들었다는 것을 알려 주는 신호고, '빨간 구두를 신고 신호등 앞에 서 있던 백인 여성이 바닥을 두 번 발로 찬 행위'는, 자신이 아침에 신발 광고를 보다가 빨간 하이힐을 신은 여성 모델의 다리를 보며 음란한 생각을 한 것을 경고하는 신호라는 것이다.

20년 동안 많은 정신과 의사며 심리 치료사들에게 진료를 받았지만, 모두에게서 똑같은 말을 들었다고 했다. 그건 당신이 만들어 낸 상상이며 실제로 일어나는 일이 아니라고, 그런 허황된 생각은 무시하고 현실에 집중하라고 말이다. 하지만 아무리 노력해 봐도 잘 되지 않았고, 자신을 위해 애쓰는 상담자에게 미안해 진실을 얘기하기보다는 상담자가 듣고 싶어 하는 말만 하다 보니 상담을 계속할 이유를 찾을 수 없었다고 했다. 남들은 믿기 힘들겠지만 자신에게는 완전한 진실인데, 이 진실이 받아들여지지 않는다는 상처가 점점 더 깊어졌고, 약물 치료에 대한 부작용이 너무 심해 약물도 전혀 쓸 수 없는 상황이었다.

나는 그에게 당신의 망상은 스스로 만들어 낸 허구니 무시하라는 식의 현실을 직면시키는 말을 단 한 번도 하지 않았다. 그냥 그의 감정에 공감해 주었다. 처음 자신을 향한 유대인들의 음모를 알았을 때 얼마나 큰 충격을 받았겠는지, 정말 그런 식으로 감시당하고 경고를 받으면 얼마나 무섭고 화가 나겠는지, 그리고 당연히 그러면 복수해야겠다는 생각이 들 수밖에 없겠다고 말이다. 하지만 그런 분노가 올라올 때 가능하면 바로 행동에 들어가는 대신 모든 것을 멈추고 호흡에만 집중해 보고, 호흡을 하는 동안 동요된 감정에 어떤 변화가 있는지를 관찰해 보라는 숙제를 주었다.

치료를 시작한 지 불과 몇 주 만에 이 환자에게는 엄청난 변화들이 생겼다. 유대인들의 신호를 받아서 화가 나도 그 화를 행동으로 옮기지 않고 스스로 가라앉힐 수 있게 되었고, 그렇게 되자 유대인들이 오늘 또 신호를 보내오면 어쩌나 하는 걱정과 불안이 줄어들었다. 이전에는 유대인들의 신호를 받으면 이들이 자신을 더 무시하지 못하도록 그 사람들에게 욕을 하거나 행동으로 분노를 표현했고, 그러면 일시적으로는 분이 풀리고 복수를 한 것처럼 후련해졌다. 하지만 그 후련함도 잠시, 자신이 복수를 했기 때문에 유대인들이 그 보복으로 자신을 더 심하게 공격하는 악순환을 겪어야 했다.

점차적으로 유대인이 감시의 신호를 보내와도 이전처럼 심하게 화가 나거나 동요되지 않았다. 그러자 유대인들이 신호를 보내는 횟수가 확연히 줄어들었다. 가끔씩 그들이 신호를 보내와도 '그래서 뭐?' 하고 대수롭지 않게 넘기고 하던 일에 집중할 수 있게 되었다. 그 결과 그는 10년 만에 처음으로 가족들과 여행도 가고 아이의 학교 행사에도 참석할 수 있게 되었다.

나는 치료 기간 중 한 번도 이 환자에게 "당신이 하는 말은 진실이 아니에요"라고 말하지 않았고, 그렇다고 "당신이 하는 말이 진실이에요"라고도 말하지 않았다. 그저 그 환자의 생각과 감정을 비판하지 않고 받아 주고 공감해 주고 그 감정을 조절할 수 있도록 도와주었다. 여기에 진심 어린 호기심으로 왜 환자가 특정 상황에서 특정 생각과 감정을 가지게 되는지, 그런 생각과 감정이 들면 어떻게 되는지 등을 물어보고 같이 답을 찾아 나가는 작업을 했다. 자신의 경험과 느낌이 치료사에 의해 수용되고 판단 없이 받아들여지면서, 환자는 치료실에서 방어할 필요가 없어져 점점 더 열린 마음으로 치료에 임하게 되었다. 그러면서 왜 유대인들이 자신을 타깃으로 삼게 되었는지, 자신이 그들의 반응에 왜 그렇게 지나치게 반응하고 있었는지 호기심을 갖게 되었다.

이 호기심은 그가 평생의 이슈였던 열등감과 그 이면에 감춰진 과대적인 자기상에 대한 갈등에 직면하게 했다. 그는 자신이 얼마나 자신의 공격성과 힘을 두려워하고 있었는지, 그것들이 스스로의 통제를 벗어날까 두려워했는지 알게 되었다. 유대인의 감시망은 이 환자의 과대적 자기 혹은 공격성을 효과적으로 통제하는 수단이 되었다. 스스로 자신의 공격성과 힘을 소유하지 못했기 때문에 이를 유대인에게 투사해 외부로부터 자신이 통제당하는 상황을 계속해서 만들어 내고 있었던 것이다.

치료를 종결하면서 그 환자는 기적이 일어났다고 얘기했다. 내가 아무도 하지 못한 불가능한 것을 해냈다며 말이다. 하지만 내가 한 것은 단지 그 사람이 소화할 수 없었던 경험과 감정을 받아 주고, 조절해 주어 나중에는 환자 스스로가 그 기능을 할 수 있게 도와준 것뿐이다. 감정 조절을 스스로 하지 못한 결과 모든 정보와 기억들을 지금 느끼는 감정을 정당화하고 입증하는 도구로밖에 쓰지 못하다가, 치료사의 도움으로 감정 조절을 할 수 있게 되자 다양한 경험과 정보들을 있는 그대로 객관적으로 볼 수 있게 된 것이다.

부정적 감정뿐 아니라 긍정적인 감정도 정보를 확대, 축소, 왜곡한다. 쉬운 예로 사랑에 빠지면 눈에 콩깍지가 씐다는 말이 있듯이, 사랑할 때는 내가 사랑하는 사람의 장점이 크게 보이고 단점들은 별 문제가 되지 않는 것처럼 느껴진다. 다른 사람들이 아무리 아니라고 해도 나는 그 사람이 왜 그런 행동을 하는지 다 이해가 되고, 사람들이 내가 사랑하는 사람을 오해하고 있다고 생각하게 된다. 하지만 시간이 지나 사랑의 콩깍지가 벗겨지고 나면 상대를 보다 객관적으로 볼 수 있게 되고, 그전에 사람들이 했던 말들을 떠올리면서 어느 정도는 일리가 있는 말이었음을 깨닫게 된다. 이렇듯 감정이 조절되지 않은 상태에서는 객관적이고 중립적인 정보들이 아주 개인적인 의미personal meaning와 가치를 가지게 되는 것이다.

2) 무기력하고 우울한 나, 감정 저하 상태

다시 감정 조절 범위 표로 돌아가 보자. 표의 아래쪽에 있는 선은 감정 저하 상태hypoarousal state를 나타내는 것으로, 그 밑으로 내려가면 아무런 감정을 느낄 수 없는 상태가 된다. 감정을 느끼지 못하기 때문에 자신이 뭘 좋아하는지 혹은 싫어하는지 알 수 없고, 경험과 대상에 대한 감정이 없으니 어떤 것도 결정할 수 없게 된다. 우울증에 걸린 사람들이 아무것도 하고 싶지 않고 뭘 해도 재미가 없고 뭘 해야 할지 모르는 무기력한 상태, 무감동 상태를 호소하는 이유는 그들이 감정 저하 상태에 머물러 있기 때문이다.

이런 상태가 되는 것도 다 생존과 관련이 있다. 기대하고 바라고 원하던 것이 계속 실망과 좌절로 돌아오면 스스로 살기 위해 기대하지 않는 법을 배우게 된다. 이는 불교에서 말하는 무소유와는 다른 개념이다. 불교에서 말하는 무소유 혹은 집착하지 않는 것이란 다양한 감정의 기복을 느끼고 자각하되 이를 더 가지거나 피하기 위해 어떤 행동을 하는 대신 그것을 바라보면서 그것들이 왔다가 또 사라지는 것을 경험하는 마음 챙김 연습mindfulness practice을 통해 얻어 내는 성취achievement이지만, 감정 저하 상태의 무심함detachment은 다양한 감정의 기복을 느끼는 것 자체가 두려워 그로부터 도망가려 하는 두려움에 바탕을 둔 것이다. 이 상태의 사람들은 겉으로는 평온해 보이지만 속으로는 과다 각성 상태와 비슷하거나 오히려 더 심한 스트레스 상태인 경우가 많다.

애니는 아편 중독으로 치료실을 찾았다. 나는 애니에게 엄마와의 관계를 묘사하는 세 단어와 그를 뒷받침하는 사건이나 일화를 말해 달라고 부탁했다. 애니는 한참 고민하다가 "좋다?"라고 하더니 몇 분이 지나도록 나머지 두 단어를 떠올리지 못했다. 그럼 그 좋다는 경험을 뒷받침해 줄 사건이나 기억에 대해 이야기해 달라고 했더니, 아무것도 떠오르지 않는다고 했다. 그냥 좋은 게 좋은 거지 어떻게 더 설명을 해야 할지 모르겠다며 나의 질문에 당황해 하는 것 같았다. 애니는 자신의 감정을 알지 못했고 다른 사람의 감정을 읽는 것에도 매우 서툴렀다. 그래서 다른 사람을 만나는 게 두려웠고, 그 두려움을 극복하려 술, 대마초, 아편 등에 손을 댄 것이다.

애니의 감정 상태에 대해서, 다음 대화를 보면 무감각의 정도를 알 수 있을 것이다. 애니는 다른 사람들이 약속을 잡는 것이 너무 신기하다고 했다. 어떻게 자신이 그걸 하고 싶은지 아닌지 미리 알 수 있냐고. 자신은 내일 그게 하고 싶을지 아닐지 알 수 없기 때문에 어떤 약속도 할 수가 없다는 것이다. 약속을 했다가 마음이 변하면 어떻게 하느냐고 말이다. 약속을 했다가 마음이 변해 약속을 지키지 못했을 때 사람들이 자신에게 화를 내는 이유를 애니는 이해하지 못했고, 그들의 반응에 상처를 받는 듯했다. 주변 사람들은 애니를 '남을 신경 쓰지 않고 자기 멋대로 하는 이기적인 인간'으로 인식하고 있었지만 사실 애니는 의도적으로 그러는 것이 아니라 자신의 감정과 다른 사람의 감정을 알지 못하다 보니 뭘 해야 할지 모르는 혼돈 상태에 있었다. 이로 인해 사람들과 관계를 맺는 것이 극도의 스트레스를 불러일으켜 최대한 사람들과의 접촉을 차단하고 스스로를 고립시키는 상황으로 자신을 몰아갔던 것이다.

이런 식으로 감정을 느끼지 못하는 감정 저하 상태가 극단적으로 치우칠 때는 감정만이 아니라 자기 몸에 대한 감각도 느끼지 못하게 된다. 지속적인 신체 폭력이나 성폭력에 노출된 사람들이 가해자가 자신을 괴롭혀 올 때 어느 순간부터는 아무런 몸의 감각을 느끼지 못하게 되었다는 얘기를 하는데, 이는 우리 시스템이 고통으로부터 우리를 보호하기 위해 시스템 자체를 차단shut down하는 극단적인 방어기제를 쓰기 때문이다.

3) 가장 합리적인 나, 감정 조절이 된 상태

따라서 감정 조절이 잘 된 상태라는 것은 과다 각성의 선 위로 넘어가지 않고, 또 감정 저하의 선 아래로 내려가지 않고 그 사이에 내 감정이 머무르는 상태를 말한다. 이런 상태에서는 내가 가지고 있는 다양한 정보에 접근할 수 있고, 상반되고 모순적인 정보를 객관적으로 살피며 감정과 이성이 조화롭게 상호작용해 그 순간에 가장 합리적인 선택을 할 수 있다.

이렇게 감정 조절이 잘 된 상태에서는 방어적이지 않고, 과거의 경험에 의한 색안경으로 현재를 바라보는 것이 아니라 지금 이 상황 자체에 초점을 맞출 수 있다. 과거의 경험과 상처들 때문에 그 상처를 상기시키는 상황이 생기면 현재에 집중하기보다는 과거의 경험에서 일어난 감정이라는 색안경을 끼고 현재를 바라보게 된다. 이렇게 되면 현재는 과거의 반복일 뿐이고, 미래도 과거의 연장일 뿐인 상태가 된다. 이 상태의 사람들은 미래가 어떻게 될지 알고 있다. 어차피 안 될 거고 결국엔 부정적으로 끝날 것을 말이다. 결과를 미리 알기 때문에 노력하는 게 무슨 소용이 있나 싶고, 그 결과 상황을 개선하려는 노력마저 하지 않게 되어 결국은 과거 상황을 반복할 수밖에 없으며, 자신에게 변할 수 있는 기회조차도 주지 않게 되는 것이다. 따라서 감정 조절이 된다는 것은 미래는 모르는 것이며 내가 현재 어떤 노력을 하느냐에 따라서 결과는 달라진다는 믿음이 있는 것이다. 또한 과거의 정보를 이용하지만 그것에 지나치게 영향을 받지 않는 것이다.

한동안 침을 맞으러 다닌 적이 있는데, 특이하게도 이 한의사 선생님은 온몸의 근육을 따라 30분 동안 계속해서 침을 놓으셨다. 처음에는 아플 거라는 얘기를 들었지만 의외로 잘 견디며 맞았다. 하지만 갈수록 더 아픈 것 같았고, 고통에 대한 스트레스 때문에 침 맞으러 가는 것이 너무 싫어졌다. 이 얘기를 했더니 그 한의사 선생님이 하시는 말씀이, 내가 침을 맞았을 때의 고통을 기억하기 때문에 침이

들어오려고만 해도 긴장해서 침이 들어가는 것을 힘들게 하니 더 고통스럽다는 것이었다. 실제로 지금 일어나고 있는 것보다 과거 아픔에 대한 기억이 나를 더 아프게 한다는 말이, 참 일리가 있다는 생각이 들었다.

부부 치료를 할 때, 관계에서 더 심한 상처를 입은 배우자가 치료를 통해 상황이 많이 좋아졌는데도 계속해서 방어적인 태도를 보이면서 눈앞의 긍정적인 신호는 무시하고 아주 작은 부정적인 신호를 기가 막히게 잡아내서는 부정적으로 반응해 관계 개선을 더디게 하는 경우를 종종 본다. 이도 마찬가지로 상처와 고통에 대한 기억이 지금 일어나는 상황에 집중하는 것을 계속해서 막고, 또 다시 고통을 받을까 노심초사해서 긍정적 자극보다는 부정적 자극에 지나치게 집중하기 때문에, 부정적 경험을 훨씬 더 많이 하는 것으로 인식하는 것이다. 이런 사람들은 PTSD 환자들처럼 너무나 고통스러웠기에 그 고통을 상기시키는 모든 것을 다 회피하고자 하는 원초적인 생존 전략을 쓰는 사람들이라고 할 수 있다. 관계를 정상화하기 위해 이들에게 가장 필요한 것은 자신의 감정을 다스리는 일이다. 그러면 과거의 고통이라는 감정의 색안경을 끼고 모든 것을 보는 대신 지금 일어나는 긍정적인 변화에 더 집중할 수 있게 되고, 그러면 달라질 수 있다는 희망이 생긴다. 그렇게 희망이 생기면 상황을 개선하려는 보다 적극적인 노력을 할 수 있게 된다.

안전하면 감정이 조절된다

안전을 느끼는 것은 감정 조절에 필수적이다. 내가 안전하면 방어할 필요가 없고 싸우거나 도망가야 할 긴급한 필요도 없기 때문에 몸과 마음이 편안한 상태를 유지할 수 있다. 또한 내 감정 조절이 된다는 것은 상대방의 감정도 조절할 수 있게 된다는 것이다. 감정 조절이 잘 된 상태에서는 상대방의 반응에 방어적·공격적이 되지 않고 열린 마음으로 대하며 호기심을 유지할 수 있다.

이런 나의 태도는 상대방에게도 긍정적인 영향을 미치게 된다. 누구를 만나느냐에 따라 성격의 다양한 면들이 자극되는데, 각자 어떤 사람하고 있으면 내 안의 특정 성격이 유독 더 많이 나오는 경험을 해 봤을 것이다. 어떤 사람을 만나면 내가 자꾸 부정적으로 되는 것 같고, 또 어떤 사람을 만나면 말문이 막혀 바보처럼 아무 말도 못하는 모습이 나오는 반면, 또 다른 사람을 만났을 때는 생각이 정리되면서 내가 생각해도 현명한 말들을 하는 것 같다. 이는 상대방이 나의 다른 부분들을 자극하기 때문에 그에 반응해서 그런 것이다. 감정 조절이 잘 되는 사람을 만나면 내 감정이 조절되어 내가 보다 현명한 사람, 사람에 대한 연민과 참을성, 호기심이 있는 사람, 컨디션이 최상인 상태self at best가 될 수 있다. 또 내가 감정 조절이 잘 되면 내 앞에 있는 사람을 그런 사람으로 만들 수 있는 것이다.

나는 남편과 함께 있을 때 세상에서 제일 똑똑한 사람이 된 느낌이 든다. 남편과 얘기하면 내가 차마 생각하지 못했던 다양한 정보들에 접근할 수 있고 그것들이 연결되고 집대성되면서 참신하고 기발한 아이디어들이 많이 떠오르며 고민되고 풀리지 않던 숙제들이 풀려 나가는 느낌을 받기 때문이다. 이는 내가 남편과 같이 있을 때 가장 안전하게 느끼고 내가 하는 생각과 감정들이 잘 받아들여질 것이란 믿음이 있기 때문일 것이다.

감정 조절을 잘 하기 위한 요건들

지금까지 감정 조절이 잘 된 상태의 장점을 설명했는데, 그럼 어떻게 감정 조절을 잘 할 수 있게 되는지 궁금할 것이다. 우리가 감정 조절을 잘 하기 위해서는 누군가에 의해 감정 조절이 되는 경험을 하는 것이 가장 일차적인 요건이다.

영국의 소아과 의사이자 정신분석가인 도널드 위니콧Donald Winnicott 은 유아라는 말은 있을 수 없고 오직 유아-엄마 쌍이 존재할 뿐이라고 했다. 유아는 엄마와 분리되어 독립체로 있을 수 없다는 것을 강조한 말이다. 세상에 막 태어나면 스스로 감정을 조절하는 능력이 전무하다. 우리 뇌에 감정을 조절하는 기관인 변연계가 해부학적으로는 이미 형성되어 있지만 그것이 기능하기까지는 생후 9~18개월이 지나야 한다. 따라서 그전까지 유아는 자신의 감정 조절을 100% 부모에게 의존한다.

아이가 태어난 후 한동안 엄마는 편집증에 가까울 정도로 아이에게 몰두하고 집착하는 모습을 보이는데, 위니콧은 이를 모성 몰두maternal preoccupation라고 불렀다. 이 시기에 엄마는 아이의 신체적·감정적 상태를 기가 막히게 파악해 내고 그 순간 아이가 필요로 하는 경험을 제공해, 아이가 처음 세상에 태어나서 적응하는 것을 도와준다. 모성 몰두는 엄마가 노력으로 아이의 상태를 파악하고 이를 처리해 주는 의식적 과정이 아니다. 마치 아이와 엄마가 한 몸인 것처럼, 엄마가 아이의 상태를 자신의 몸과 마음에서 일어나는 일 같이 빠르고 자연스럽게 파악하고 처리하는 상당히 비의식적인 과정이다. 모성 몰두는 아이가 환경에 적응하고 아이 스스로 할 수 있는 기능들이 생기면서 자연스럽게 사라진다.

초기에 아이가 경험하는 감정은 철저히 신체적 경험이다. 따라서 아이의 감정 조절에서 필수적인 사항은 아이의 신체적 불편을 엄마가 빨리 파악하고 시정해 편안한 상태로 가게 해 주는 것이다. 많은 경우 안아 주기, 쓰다듬기, 눈 맞추기, 공감의 소리 등이 아이의 감정을 조절해 주는 마술적 힘을 가지고 있으며 이런 신체적 접촉이 바로 일차적인 형태의 감정 조절 도구인 것이다. 내가 감당할 수 없는 불편한 상태에서 엄마의 도움으로 편안한 상태로 가는 것을 반복적으로 경험하면서, 서서히 엄마의 기능이 아이에게 내재화되고 스스로 자신의 감정을 조절할 수 있는 기반이 생기는 것이다.

그럼 감정 조절이 잘 된 아이들에게는 어떤 특징이 있을까? 감정 조절이 잘 된 아이들은 호기심이 많다. 감정의 기복이 있더라도 이것이 조절되는 경험을 했고 이 불편한 상황도 지나갈 거라는 믿음이 있기에, 사소한 자극에 미리 걱정하고 자신을 방어해야 할 필요를 못 느낀다. 결과적으로 이런 아이들은 사물이나 현상에 호기심을 느끼고 열린 마음으로 탐색할 수 있다. 이렇게 자란 아이들은 자신이 느끼는 감정과 이를 표현하는 방법이 일치하고, 자신의 감정을 표현하는 데 두려움이 없다.

사랑받은 사람이 사랑을 할 수 있다고 했던가? 마찬가지로 부모가 감정 조절을 잘 해 준 환경에서 자란 아이는 자신의 감정은 물론 다른 사람의 감정을 열린 마음으로 대할 줄 알며, 다른 사람의 감정을 존중하고 배려한다. 이런 태도는 감정 이입의 바탕이 되는 것으로 감정 조절이 잘 되는 아이는 상대방의 입장이나 처지를 잘 이해할 수 있다.

감정 조절이 잘 된 상태에서는 방어하지 않고 열린 상태로 눈앞에 있는 정보를 받아들일 수 있다. 이를 최적의 복잡성optimal complexity 상태라고 얘기하는데, 복잡하고 다양한 정보를 처리할 수 있는 최적의 상태를 말하는 것으로 이런 상태가 되면 학습 능력과 사고력이 높아진다.

결국 아이든 어른이든 감정 조절이 잘 되는 상태라는 것은 스스로를 믿고 다양한 정보를 받아들이고 처리할 수 있는 상황에서 자신있게 최적의 결정을 내릴 줄 아는 상태, 어느 한쪽에 치우치지 않고 이성과 감정을 다 고려하여 가장 합리적인 결정을 할 수 있는 상태라고 볼 수 있다. 또한 감정 조절이 잘 되면 기다릴 수 있게 된다. 순간적으로 참을 수 없을 것 같고 힘들 때가 있지만 감정 조절이 잘 되는 사람은 그 순간을 영원처럼 느끼지 않고 언젠가는 다시 평정심을 찾는다는 것을 알기 때문에, 감정이 밀려와도 이에 반응해 어떤 행동을 하기보다는 이것이 지나갈 때까지 기다릴 수 있다.

지금까지 감정이 인간의 삶에서 어떤 역할을 하는지, 또 감정이 조절된다는 것이 무엇인지, 감정 조절이 안 되는 상태에서는 어떤 일이 일어날 수 있는지 살펴보았다. 감정 조절이 잘 되는 필수 조건으로 안전하게 느끼는 것, 그리고 유아기에 부모에 의해 감정 조절이 되는 경험을 하는 것이 중요하다는 것도 알아보았다. 2장에서는 감정 조절의 원인이자 기본 바탕이 되는 우리 몸에 대해 살펴보기로 한다.

| 2장 |

안전하지 않을 때
우리 뇌에서
일어나는 일들

@#%!

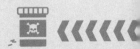

우리 문화 안에 육체와 정신이 분리되어 있으며 정신이 육체보다 더 우월하다는 이원론적인 사고가 팽배하다 보니, 자신의 행동을 이성으로 통제하지 못하는 사람들을 성숙하지 못하다고 비난하고 경멸하는 풍토가 오랫동안 이어져 왔다(사실 아직도 사라지지 않은 것 같다). 이런 풍토 때문에 감정 조절이 되지 않아 남들이 이해하기 힘든 행동을 하는 사람들이 이해받고 필요한 도움을 얻기보다는 나쁜 사람 혹은 약한 존재라는 낙인이 찍혀 스스로 자신의 문제를 직시하거나 필요한 도움을 받는 것이 더 어려운 것은 아닌가 생각하게 된다.

요즘 뇌과학의 눈부신 발달로 이전에는 설명할 수 없었던 많은 신체적·정신적 반응들이 이해되고 설명되고 있다. 이런 연구들을 통해 이제는 몸과 마음은 둘로 나눌 수 있는 개념이 아니라 동전의 양면처럼 한 현상에 대한 두 가지 다른 측면이라는 설명이 주를 이룬다. 신경세포인 뉴런이나 세로토닌 같은 신경전달물질이 뇌에만 있는 것이 아니라 우리 심장과 내장에도 있다는 것이 밝혀졌다. 몸이 단지 정신의 명령을 받아서 움직이는 것이 아니라 스스로 똑똑하게 상황에 대처하고 또 우리 정신에 강력한 영향을 미칠 수 있는 것이다. 우리가 어떤 경험을 하든 육체와 정신(감정, 사고)이 각각 자신이 아는 방법으로 이 경험을 처리하면서 계속해서 정보를 주고받고 서로에게 영향을 미치는 것이다.

육체와 정신은 하나며 늘 같이 가기 때문에 우리가 몸에 좀 더 관심을 기울이면 감정과 사고를 더 잘 알게 되고, 마찬가지로 감정과 사고를 좀 더 이해하면 몸의 반응을 더 잘 알 수 있으며 변화를 보다 쉽게 도모할 수 있다. 따라서 감정 조절의 메커니즘을 잘 이해하고 실행하기 위해서는 우리의 감정과 사고는 물론 뇌를 포함한 신체적 반응들을 아는 것이 필수적이다.

우리 안의 세 가지 뇌

우리가 진화하여 동물보다 고등한 '인간'이라는 종족이 되었지만 아직 우리에게는 원시적이고 원초적인 뇌와 신체적 반응들이 남아 있다. 우리 뇌는 크게 파충류의 뇌로 불리는 뇌간brain stem, 포유류의 뇌로 불리는 변연계limbic system, 그리고 인간의 뇌로 불리는 대뇌피질neocortex 이렇게 세 가지로 나눌 수 있다. 옆의 그림에서 보면 척추 바로 위, 우리 뇌의 가장 안쪽에 자리를 잡은 것이 파충류의 뇌인 뇌간, 뇌간 위에 있는 것이 포유류의 뇌인 변연계, 그 위에 있는 것이 인간의 뇌인 대뇌피질이다.

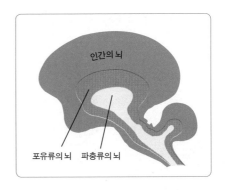

1) 죽느냐 사느냐, 파충류의 뇌

뇌간은 원시적이고, 세 가지 뇌 중 가장 오래된 뇌다. 이 파충류의 뇌는 호흡, 삼키기, 심장박동, 체온, 균형 등 생존에 꼭 필요한 기능들을 관장한다. TV에서나 동물원에서 뱀이나 도마뱀 같은 파충류들을 본 적이 있을 것이다. 대체로 이들은 움직임이 없고 오랜 시간 수면 상태에 있다. 이들은 생명을 유지하기 위한 가장 기본적인 기능들을 갖추고 있지만 다른 동물이나 인간처럼 삶을 보다 풍요롭게 하는 기능들은 전무하다. 갓 태어난 아기의 행동을 관찰해 보면 파충류와 공통점이 많은 것을 볼 수 있다. 대부분의 시간 동안 잠을 자고, 자신에게 직접적인 영향을 주지 않는 한 주변의 환경에 별로 신경 쓰거나 그 영향을 받지 않으며 생존에 꼭 필요한 가장 기본적인 것들만 한다. 막 태어났을 때는 포유류의 뇌나 인간의 뇌가 해부학적으로는 존재하지만 아직 완전히 작동하지 않고, 파충류의 뇌만이 완전히 작동하기 때문에 신생아들은 대체로 원초적인 수준에서 기능을 하는 것이다.

이 파충류의 뇌가 관장하는 핵심 기능 중 하나이자 감정 조절에도 매우 중요한 역할을 하는 기능이 바로 위협에 대한 방어기제인 싸우거나 도망가기, 얼어붙기인데 이는 뒤에서 좀 더 자세히 살펴보도록 하겠다.

2) 사랑하고 미워하고 기억하고, 포유류의 뇌

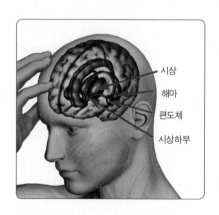

파충류의 뇌인 뇌간에서 좀 더 진화한 포유류들의 뇌인 변연계는 기억, 애착, 감정 등을 관장한다. 변연계에서 감정 조절에 가장 핵심적인 기관으로 해마와 편도체를 들 수 있는데, 이에 대해 좀 더 자세히 살펴보자.

해마

해마^{Hippocampus}는 기억과 경험의 처리^{process}를 담당한다. 우리가 흔히 말하는 기억이 바로 해마에 저장되는 기억들이다. 해마에 저장되는 기억들은 줄거리가 있고 이야기의 처음, 중간, 끝이 있다. 보통 이런 기억은 시간·공간·감정·의미를 중심으로 형성되고 시간이 지나면 희미해지지만, 다시 그 기억을 상기시키는 자극이 있으면 생각해 낼 수 있는 것들이다. 해마에 기억이 저장되기 위해서는 어느 정도 감정이 자극되어야 한다. 아무런 감정을 일으키지 않는 경험은 기억할 만한 가치가 없는 것으로 판단되어 저장되지 않고, 너무 많은 감정이 자극되어 그에 압도되어 버려도 해마에 저장되지 않는다. 1장에서 언급한 감정 조절의 범위에서 감정 저하 선과 과다 각성 선 사이에서 일어나는 경험들이 우리가 흔히 말하는 기억, 즉 해마에 저장되는 것들이다. 해마는 인간이 태어날 때 해부학적으로 존재하긴 하지만 그 기능을 하기까지는 생후 24~36개월이 지나야 한다. 보통 우리에게 2세 이전의 기억이 없는 이유도 바로 해마가 기능을 하지 않아 경험이 기억으로 저장되지 않기 때문이다. 여기에 저장되지 않는 강한 정서를 동반한 기억들은 우리 몸과 편도체에 저장된다.

편도체

편도체amygdala는 우리 몸에서 화재경보기와 같은 역할을 한다. 화재경보기가 연기(위험)를 감지해서 경보를 울려 우리가 화재 상황(위험 상황)에 대처할 수 있게 하듯이 편도체는 시상Thalamus을 통해 들어오는 정보 중 생존에 위협이 되거나 위험한 신호가 있는지를 감지하고, 이를 감지하면 몸과 뇌에 신호를 보내 대처하게 해 생존 확률을 높인다. 하지만 화재경보기는 그 연기가 정말 화재로 인한 것인지

요리를 하면서 나는 것인지 구별할 수 없어 어떤 연기에든 무차별적으로 경보를 울리는 것처럼, 편도체도 위험을 감지할 때 그것이 정말 생존에 위협이 되는 것인지 아닌지를 구별하지 못하고 우리 몸과 뇌에 똑같이 신호를 보낸다. 많은 공황장애 환자들이 전혀 두려워하지 않아도 되는 상황에서 식은땀이 나고 죽을 것 같은 공포를 느끼는 이유가 바로 여기에 있다. 말하자면 담배 연기에도 경보가 울릴 정도로 화재경보기가 민감하게 반응하는 셈인데, 편도체가 오작동해 사소한 자극도 위험 상황으로 인식해서 몸과 마음에 신호를 보내는 것이다.

해마와 마찬가지로 편도체도 기억을 저장한다. 편도체에 저장되는 기억은 극도의 분노, 공포, 두려움이 자극된 것으로, 해마에 저장되는 기억과는 달리 줄거리나 시간·공간 개념이 없는 기억이다. 전체 경험 중에서 한 부분만 맥락 없이 떨어져 나온 데다 시간적 연속성이나 공간 개념이 서로 연결되지 않고 파편화되어 저장되기 때문에, 편도체에 저장된 기억이 자극되면 그 일이 지금 당장 이 자리에서 일어나는 것처럼 경험되고 줄거리나 맥락이 사라지기 때문에 그 끔찍한 경험 속에 영원히 갇혀 버린다. 이는 과거의 경험을 '기억'하는 것이 아니라, 과거의 끔찍했던 상황을 지금 이 순간에 똑같이 '재경험re-experience'하는 것이다. 플래시백Flashback, 악몽, 신체적 감각 등이 여기 속하는 기억이다.

플래시백을 예로 들어 보자. 월남전이나 홀로코스트 생존자들에 관한 영화를 보면 전쟁에서 돌아온 생존자들이 너무나 평온한 상황에 있다가도 어떤 소리나 냄새 등 아주 사소한 자극으로 과거의 외상이 건드려지면 자신이 있던 그 자리가 갑자기 전쟁터로 바뀌며 극도의 공포를 느끼는 장면이 나오곤 한다. 영화를 보면서 설마 저럴까, 그냥 극적인 효과를 나타내려는 연출이겠지 생각할 수도 있겠지만 천만의 말씀이다. 플래시백이 일어나는 순간에 생존자들은 바로 그 고통의 현장에서 경험했던 것과 똑같은 고통을 경험한다. 그 순간만큼은 자신이 전쟁터에서 생존해서 지금은 가족의 품에 안전히 있다는 것을 모른다.

배우자의 외도로 부부간에 신뢰가 무너져 부부 치료를 받으러 오는 사람들이 종종 있다. 과거에 외도를 했던 남편이 자신의 잘못을 뉘우치고 가정에 충실하며 잘 지내려 노력하지만, 부인은 그때 일을 잊지 못하고 계속 남편을 의심한다. 남편이 잘해 줘도 "그 여자한테도 이렇게 잘해 줬어?"라며 빈정거리고, 잘 못해 주면 "내가 싫증났나 보네. 또 그 여자한테 가지 그래?" 하는 식으로 남편이 어떤 행동을 해도 못마땅한 반응을 보이니 결국 둘 사이는 점점 멀어지고 이제는 이혼을 하는 게 서로에게 낫지 않을까 싶은 지경이 되었다. 남편은 부인이 과거 자신의 치부를 계속해서 들추는 건 자신에게 복수하고 못살게 굴기 위해서라고 생각할 수 있다. 하지만 부인 입장에서는, 너무나 엄청난 충격을 받아 그 기억이 해마가 아닌 편도체에 저장되었다면 사소한 자극(속옷, 립스틱, 드라마에서 연애하는 장면 등)에도 남편이 외도를 했을 당시 경험했던 충격과 똑같은 강도의 분노와 배신감을 다시 생생히 경험하는 것이다. 이는 부인이 남편을 힘들게 하기 위해서, 복수하기 위해서 의도적으로 하는 것이 아니라 그 배신이 자신의 존재에 엄청난 위협을 주는 경험이었기 때문에 위협을 감지하는 뉴로셉션이 지나치게 작동하고 이에 따라 편도체가 무차별적으로 위험 신호를 보내기 때문이다. 편도체가 작동하면 모든 것을 흑과 백, 적과 아군으로 분리해서 보려는 성향이 강해지므로 남편의 외도를 상기시키는 자극이 있을 때, 그 순간 남편은 나의 적이 되고 나를 보호하는 방법은 남편을 공격하거나 도망가는 것밖에 없다.

위험을 감지하고 이에 반응하는 것은 생존에 직결되는 것이기에, 편도체는 우리가 태어나면서 바로 온전히 작동한다. 어린아이가 아주 작은 불편에도 죽을 것처럼 울며 강하게 반응하는 것이 바로 편도체의 작용 때문이다.

3) 나도 달라이 라마가 될 수 있다, 인간의 뇌

인간의 뇌인 대뇌피질은 세 가지 뇌 중에서 가장 위에 있고 진화론적으로도 가장 나중에 발달한 뇌이다. 다른 포유류에도 대뇌피질이 있지만 인간의 것이 훨씬 두껍다. 이 대뇌피질이 바로 우리 인간을 다른 동물과 구별되게 하는 이성과 사고를 관장한다. 특히 전전두엽은 뇌의 각각 다른 부분들과 대화하고, 안내하고, 조율하는 지휘자의 역할을 한다. 이는 무엇이 옳고 그른지, 어떤 것이 사회적으로 적합한 행동인지 판단하게 해 주고 계획을 세우게 하는 등 보다 고차원적인 인지적 기능을 관장한다. 최근 연구 결과를 통해 전전두엽은 생후 12개월 정도부터 서서히 작동하기 시작해 25세가 되어서야 성숙해진다는 것이 밝혀졌다. 미국에서는 운전자 보험 요금이 만 25세 이후부터 상당히 낮아지는데, 통계상 만 25세를 기점으로 그 이후 연령

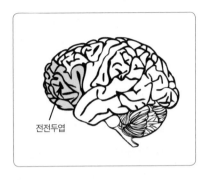

전전두엽

의 사고 확률이 극적으로 떨어지기 때문이다. 신경과학의 발전으로 우리가 알지 못했던 것들을 알게 되기도 하지만, 다른 한편으로는 우리가 이미 경험상 알고 있었던 것들을 신경과학의 연구 결과로 확인받는 부분도 많이 있는 것 같다.

전전두엽

대니얼 시겔 박사는 특히 전전두엽prefrontal cortex의 중요성을 피력하는데, 그에 따르면 전전두엽은 ① 자율신경계를 통해 우리 몸을 조절해 우리 몸이 스트레스를 받거나 왕성하게 활동한 이후에 다시 편안한 상태로 돌아오는 것을 돕고, ② 다른 사람과 대화할 때 상대방의 감정 상태를 느낄 수 있게 해 더 가깝게 느끼고 서로 마음이 통하는 경험을 하게 도와주고, ③ 우리가 경험하는 감정이 감정 조절 범위(과다 각성 상태 이상으로 올라가거나 감정 저하 상태 이하로 내려가지 않고 그 사이에 머무를 수 있는)를 넘지 않게 조절해 우리가 안전하고 생생하고 온전하게 감정을 느끼게 도와준다.

또한 ④ 우리가 어떤 행동을 하기 전에 잠깐 멈추고 내가 처한 상황과 지금 가능한 선택들을 살펴보고 선택의 결과를 머릿속으로 상상한 다음 가장 적합한 행동을 결정하게 도와주고, ⑤ 감정 이입을 할 수 있게 해 다른 사람에 대한 연민과 이해를 돕고, ⑥ 내가 다양한 공간에서 여러 가지 상반되는 경험을 하지만 그것이 내가 하는 것이라는 걸 알 수 있게 하고, ⑦ 편도체를 진정시킬 수 있는 신경전달물질인 감마아미노낙산$^{GABA, Gama Amino Buteric Acid}$을 방출해서 두려움을 경감시키고, ⑧ 인간이 혼자 있을 때에도 옳은 일을 할 수 있게 하며 보다 큰 사회적 이익과 선을 생각하고 그에 따른 행동을 할 수 있게 하고, ⑨ 몸에서 오는 정보를 받아들여 정신적 과정으로 전환해 주는 역할을 한다.

이렇게 보면 인간의 뇌, 특히 전전두엽만 활발히 작동한다면 우리가 일상생활에서 겪는 많은 문제들이 사라질 것이다. 이 아홉 가지 전전두엽의 기능을 원활히 작동시킬 수 있으면, 누구나 달라이 라마 같은 사람이 될 수 있는 것이다. 하지만 문제는 이렇게 대단한 전전두엽을 포함한 대뇌피질도 압도되는 감정 앞에서는 힘을 쓸 수가 없다는 것이다. 이런 상황에서는 편도체에서 전두엽으로 보내는 정보의 양이 전두엽에서 편도체로 보내는 양보다 훨씬 많기 때문이다. 중학교에서 전교생이 소란을 피우는데 선생님 열 분이 이 상황을 통제하려는 상황과 같다고 보면 된다. 전전두엽이 원활하게 기능하기 위해서는 감정 조절이 필수적이다.

4) 세 가지 뇌의 상호작용

자. 그러면 이 세 가지 뇌가 어떻게 상호작용을 하는지 살펴보자. 우리 뇌와 몸이 가장 중요하게 생각하는 것은 생존이다. 뇌는 철저히 위계질서에 따라 움직이지만, 생존을 위협받으면 생존을 보장할 수 있는 진화론적으로 더 오래된 뇌의 기능을 쓴다. 모든 것이 평화로울 때는 인간의 뇌가 작동하여 하위 동물의 뇌들을 통제하지만, 위협이 감지되면 동물의 뇌들이 인간의 뇌를 접수하는 것이다. 먹고사는 게 해결이 되어야 감정이나 도덕, 문화, 교양, 배려 등이 생길 수 있다는 것은 어떻게 보면 당연한 일인지 모르겠다. 물론 자신의 위험을 무릅쓰고 다른 사람의 목숨을 살리는 사람들이나, 자기가 먹을 것도 없으면서 자신의 몫을 다른 사람들에게 나누어 주는 사람들도 있다. 이런 사람들은 진정한 인간, 정말 인간다운 인간이다. 하지만 나와 독자들 같은 보통 사람은 모든 것이 좋을 때는 인간일 수 있지만 위협을 받을 때는 동물 수준에서 행동하기가 쉽다. 이 책에서는 극소수의 진정한 인간이 아닌 나와 독자들처럼 언제든지 동물로 변할 수 있는 보통 사람들에 대한 얘기를 전제로 하겠다.

그럼 우리를 인간에서 동물로 변하게 하는 메커니즘을 자율신경계의 작동 원리를 통해 알아보자.

자율신경계는 우리 몸의 항상성을 유지하는 데 필수적인 기능이다. 이는 의식적인 노력 없이 자율적으로 작동되는 것으로 교감신경과 부교감신경계, 그리고 HPA 축이라 불리는 여러 호르몬 선으로 이루어진 내분비계로 구성된다. 예를 들면 호흡, 심장박동, 소화, 수면 등이 우리가 의식적으로 노력하지 않아도 자동적으로 자연스럽게 일어나는 것처럼 자율신경계는 우리 몸이 활동과 쉼을 반복해 항상성을 유지하게 하고, 흥분이나 각성의 수위를 조절해 현재 내가 하고 있는 경험이 긍정적인지 부정적인지 알려 주는 역할을 한다.

교감신경과 부교감신경

자동차가 일정한 속도로 가려면 브레이크와 액셀을 계속 번갈아 가면서 밟아야 하는데 한참 가다 보면 페달을 의식하지 않아도 자연스럽게 운전을 하고 있는 것처럼, 우리 몸도 일정한 상태 즉 항상성을 유지하기 위해서 액셀 역할을 하는 교감신경과 브레이크 역할을 하는 부교감신경이 계속해서 번갈아 작동한다. 이런 활동들은 아무런 의식적 노력이 없이 자연스럽게 일어나는 것이다.

교감신경이 작동되면 모든 것이 빨라진다. 심장박동, 호흡이 빨라져 우리가 빨리 어떤 행동을 하기가 용이해진다. 액셀을 밟으면 속도가 나고 차가 빨리 움직이는 것처럼. 하지만 액셀을 계속 밟으면 사고 위험이 높아지고 기름을 많이 쓰게 되듯이 교감신경이 작동되면 모든 것이 빨라지지만 실수할 일들이 많아지고, 또 에너지를 많이 써 버리기 때문에 에너지 고갈로 피곤하거나 우울해지는 결과를 초래하기도 한다.

부교감신경이 작동되면 우리 몸의 모든 것이 느려진다. 심장박동, 호흡도 느려지고 편안하게 쉬는 모드가 된다. 하지만 운전할 때 시속 60킬로미터로 달리는 도로에서 혼자 20킬로미터로 달리면 문제가 생기듯이 부교감신경이 계속 작동하는 것은 마찬가지로 문제를 일으킨다. 극단적인 부교감신경이 작동되면 몸이 시스템 자체를 차단해서 뇌에 산소 공급이 원활하게 되지 않으며, 이 상황이 오래가면 생명에 지장을 초래할 수도 있다.

액셀과 브레이크 페달을 동시에 밟을 수 없듯이 교감신경과 부교감신경도 동시에 작동하지 않는다. 교감신경이 작동되면 부교감신경은 쉬게 되고, 부교감신경이 작동되면 교감신경은 쉬게 된다.

HPA 축

HPA 축이란 우리가 위협을 감지하면(스트레스를 받으면) 스트레스 호르몬을 방출해서 우리 몸이 위협에 적절히 대응할 수 있게 하는 내분비계로, 시상하부Hypothalamus의 'H', 뇌하수체Pituitary gland의 'P', 부신피질Adrenal Cortex의 'A'를 따서 HPA 축이라고 부른다. 뉴로셉션이 위험을 감지하면 편도체가 위험을 알리는 경보를 울리고, 시상하부에서 이 경보를 듣고 뇌하수체와 부신피질에 스트레스 호르몬을 방출하도록 지시하고, 그러면 뇌하수체와 부신피질에서 스트레스 호르몬들을 방출한다.

대표적인 스트레스 호르몬으로는 아드레날린과 코티졸을 들 수 있는데, 아드레날린은 적극적인 대처를 하는 것으로 심장박동과 호흡을 증가시키고 순간적으로 에너지가 솟아나게 해 싸우거나 도망갈 준비를 갖추게 한다. 코티졸은 우리 몸이 만들어 내는 스테로이드(근육증강제)로 위협에 대비해 우리에게 당장 필요 없는 생식 기능이

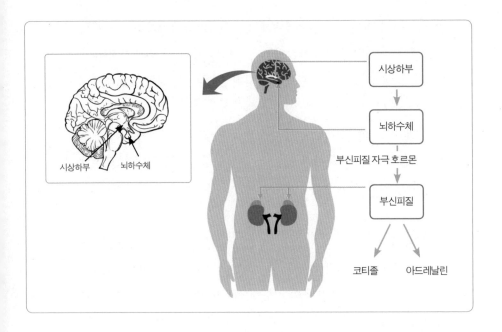

시상하부

뇌하수체

부신피질 자극 호르몬

부신피질

코티졸   아드레날린

시상하부   뇌하수체

나 면역 기능 등을 차단시키고 모든 에너지를 스트레스를 처리하는
데 쓰도록 한다. 코티졸은 단기적으로는 우리를 기민하게 하고 기억
력을 증가시켜 스트레스 상황을 견딜 수 있게 하고 생존의 확률을
높인다. 하지만 계속되는 스트레스로 코티졸이 너무 오랫동안 우리
몸에 남아 있을 경우 성 기능과 면역 기능이 약화되고 기억력, 집중
력도 떨어지며 뇌세포, 특히 기억과 경험의 처리를 담당하는 해마를
공격해 심신에 심각한 피해를 입힌다. 스테로이드가 단기적으로 썼
을 때는 만병통치약처럼 보이지만 오랜 시간 사용했을 때는 이익보
다는 부작용이 훨씬 큰 것과 같은 원리다.

또한 HPA 축에서는 엔도르핀이라고 하는 내인성 아편을 만들기도 하는데, 이는 마취 효과를 일으켜 극도의 스트레스 상황이나 목숨이 위태로운 상황에서 고통을 느끼지 않게 해서 우리가 그 상황을 견딜 수 있게 해 준다. 고문이나 학대를 받은 많은 피해자들이 가해자가 폭력을 가해 올 때 아무런 고통을 느끼지 않았다고 하는데, 이것이 바로 엔도르핀 때문이다.

방어기제: 위험에서의 생존 전략

우리가 안전한 환경에서 편안하게 있을 때는 몸과 마음이 방어를 할 필요가 없다. 다양한 정보들에 접근하는 것이 가능하고, 긍정적인 것과 부정적인 것들을 다양하게 볼 수 있고, 감정과 이성이 동시에 균형 있게 작용한다. 세 가지 뇌로 설명하면 인간의 뇌가 하위 동물의 뇌를 조화롭게 잘 지휘하고 있는 것이다. 하지만 이런 상태에서 위험·위협이 감지되면 싸우거나 도망가기 방어기제가 작동되고, 싸우지도 도망가지도 못하는 상황에서는 얼어붙는 방어기제를 쓰게 된다. 방어기제가 작동하면 더 이상 인간의 뇌인 대뇌피질은 작동하지 못하고 우리는 동물의 왕국에서 생존을 위해 몸부림치는 한 마리 동물이 된다. 이때부터는 동물의 뇌가 상황을 통제하는데, 이는 정부의 다양한 기능이 있지만 국가 비상사태 같은 위험 상황에서는 군부가 더 큰 힘을 가지는 것과 같은 현상이라고 보면 된다.

1) 싸우기

편안하고 다른 사람에게 열린 태도로 있다가 위험·위협이 감지되면 제일 먼저 싸우거나 도망가기 방어기제가 작동된다. 위험이 닥치면 싸워서 이기거나, 이길 승산이 없으면 도망을 가야 생존할 확률이 높기 때문이다. 위협을 감지하고 편도체가 경보를 울리면 반사적으로 교감신경이 활성화되어 순식간에 심장박동과 호흡이 빨라지고 몸에 산소가 공급되어 빨리 움직이기에 최적의 상태가 된다. 자동차로 치면 편안하게 경제속도로 운전하다가 갑자기 위험인물이 추격해 와서 액셀을 전속력으로 밟고 속도를 내는 것과 비슷하다.

동물들이 자신의 영역이 침입당한 것에 대한 반응으로, 혹은 자신의 힘을 과시하기 위해 일순간 공격적으로 싸우는 모드에 들어가는 걸 본 적이 있는가? 산책에 데리고 나온 개가 길거리에서 다른 개를 마주쳤을 때 순식간에 으르렁거리고 상대 개에게 달려드는 것은 흔히 볼 수 있는 예 중 하나다. 이것이 바로 동물의 뇌에 저장된 가장 기본적인 위협에 대한 싸우기 방어기제다.

동물들만큼 정도가 심하진 않지만 사람도 위협이 닥치면 싸우기 방어기제를 쓴다. 차를 운전하는 사람들을 관찰해 보면 상당히 흥미롭다. 흔히들 운전할 때 그 사람의 성격이 드러난다고 하는데, 성격이 드러난다기보다는 그 사람의 위험 감지 정도와 위험에 직면했을 때 주로 쓰는 방어기제가 무엇인지, 또 어느 정도로 심하게 쓰는지를 엿볼 수 있다.

운전을 하다가 자기가 바라지 않던 상황이 생겼을 때 사람들은 어떻게 반응하는가? 누가 끼어들려고 하면 사고가 날 정도로 앞차에 바짝 붙어서 못 끼어들게 하는 사람, 나를 추월한 사람이 있으면 꼭 그 사람을 다시 추월하는 사람, 나에게 어떤 불리한 행동을 한 사람을 끝까지 쫓아가 욕을 하거나 보복하는 사람들이 있다. 이런 사람들은 자신이 예측하지 못한 상대방의 행동을 위협으로 받아들이고 바로 싸우기 방어기제를 발동한 것이다. 추격전이 벌어지는 순간 상당히 위험할 수 있지만 이미 싸우기 방어기제가 작동되면 나와 상대방이 얼마나 위험할지는 중요하지 않고 동물적인 본성에 이끌려 '눈에는 눈 이에는 이' 식으로 반응하는 것이다. 이 순간에는 이렇게 행동하는 것이 나에게 유리한가 불리한가 하는 생각은 전혀 떠오르지 않는다. 나한테 유리한 것보다는 상대방에게 고통을 주는 것이 더 중요하기 때문이다. 내 정의를 실현하기 위해 다른 사람과 내가 희생하는 것을 마다하지 않는다. 쉽게 짜증을 내고, 화를 내고, 싸움을 하는 사람들은 위험·위협을 감지했을 때 싸우기 방어기제가 주로 작동되는 사람이라고 볼 수 있다.

얼마 전 좌회전 신호등이 따로 없는 사거리에서, 직진 신호 중에 좌회전을 했다. 그런데 저 멀리 반대편에서 직진을 해 오던 차가 내가 좌회전하려는 걸 보고는 갑자기 속도를 내 달려와서 사고가 날 뻔했다. 아슬아슬하게 피하는 순간 서로 눈이 마주쳤다. 나는 눈빛과 표정으로 "내가 좌회전하는 걸 멀쩡히 보면서 속도를 더 내서 달려오면 어쩌느냐?" 했다. 상대방은 "직진 신호에 따라 내가 직진을 하고 있었는데 당신이 좌회전을 하는 것은 내 앞을 가로막는 일이고, 나는 이런 부당한 일이 일어나는 것을 참을 수가 없어서 내 권리를 철저히 주장하는 것이다"라고 말하는 듯했다. 그 사람은 직진을 하고 있었으니 파란불에서 그 사람이 우선순위인 것은 이론적으로는 맞는 일이다. 하지만 그것을 너무 융통성 없이 받아들이고 자신의 정의를 실현하기 위해 자신과 다른 사람의 희생을 마다하지 않는다는 것은 그 사람이 얼마나 사소한 것을 위험 상황으로 받아들이고 싸우기 방어기제를 작동하는지 잘 보여 준다. 이런 사람들은 늘 싸울 준비가 되어 있는 사람들이다. 조그만 자극이 와도 이게 정말 위험인지 아닌지, 내가 싸우는 게 나한테 도움이 되는지 아닌지 생각할 겨를도 없이 반사적으로 행동이 먼저 앞서게 된다.

쉽게 짜증을 내는 사람들이나 아이들에게 곧잘 화를 내는 부모들 모두 싸우기 방어기제가 너무 쉽게 작동되는 사람들이다. 의식적으로 싸우려고 해서 싸우는 경우도 있겠지만 이보다는 위협이 느껴지면 인간의 뇌가 작동하지 않고 동물처럼 본능적·반사적으로 반응하는 것이다. 예를 들어 갓난아이가 울고 있는데 달래도 울음을 그치지 않는 경우, 이를 위협으로 느끼지 않는 부모는 인간의 뇌가 계속 작동해 짜증이 나고 힘들더라도 자신의 감정을 추스르고 아이가 뭘 필요로 하는지 계속 살피며 그것을 제공해서 아이가 다시 편안한 상태로 가도록 도와줄 수 있다. 반면 아이의 울음을 나에 대한 도전(위협)으로 감지하는 경우는, 아이가 나를 힘들게 하기 위해 운다고 개인적으로 받아들여 아이가 더 미워지는 것이다. 그 순간에는 아이가 자신의 적이 되고, 적에 대항해 내가 살아남는 방법은 싸워서 이기는 것이다.

한번씩 대중매체를 통해 아이가 운다고 때리거나 심지어 사망에 이르게 하는 부모를 볼 수 있다. 많은 사람들이 분개하며 패륜이라고 비난하지만 신경생물학적으로는, 아이의 반응을 자신의 안전에 대한 위협 상황이라고 판단하면 편도체가 경보를 울려 인간의 뇌가 작동을 멈추고 뇌간에서 싸우기 방어기제가 작동한 결과 필연적으로 일어날 수 있는 일이다. 토끼나 개 같은 동물들이 새끼를 낳아 놓고 스트레스를 받으면 물어 죽이는 경우가 있는 것과 같다.

이렇게 극단적으로 행동하는 사람들, 아주 사소한 스트레스도 위협으로 받아들이고 싸우기 방어기제가 반사적으로 또 극단적으로 일어나는 사람들의 뇌는 일반 사람들의 뇌와 해부학적으로 다른 경우가 많다. 대개 이들은 오랫동안 극심한 스트레스를 받으며 살아온 경우가 많다 보니 위협을 감지하는 뉴로셉션이 지나치게 작동하고, 그 결과 편도체가 과잉 활성화되고, 지나친 스트레스 호르몬 방출의 결과로 해마의 크기가 줄어들어 경험을 처리하고 소화하는 것이 남들보다 더 힘들어진다. 그러면 남들보다 더 민감하게 위협을 감지하게 되고, 또 이에 과하게 반응하는 악순환이 계속된다.

신경생물학적으로 보면, 이런 사람들을 단지 나쁜 사람이라고 쉽게 단죄할 수가 없다. 이들은 생존의 수준에서 살아가는 사람들이고 자신의 생존을 보장받기 위해 극단적인 방어기제를 쓰는 것일 뿐이다. 주어진 상황에서 몸은 '싸우기'라는 최선의 선택을 한 것이고, 다른 선택은 불가능했기 때문에 일어난 일인 것이다. 이렇게 행동의 신경생물학적인 배경을 알게 되면 사람을 판단하기보다는 이해하게 되고, 이 이해를 바탕으로 나쁜 사람을 벌하는 것이 아니라 아픈 사람을 도와주고 치유해 줄 수 있게 된다.

부모나 교사, 치료사 등 남을 보살피는 입장에 있는 사람들이 특히 이런 신경생물학적인 이해를 가지는 것이 중요하다. '나쁜 사람'이 내 앞에 있으면 우리도 마찬가지로 방어기제가 발동해 그 사람과 싸우거나 도망가겠지만, '아픈 사람'이 내 앞에 있으면 연민이 생겨 그 사람에 대한 마음이 열리고 이해하고 또 도와주고 싶은 마음이 생긴다. 그러면 싸우기 방어기제를 쓰던 그 사람도 보다 안전을 느껴서 방어할 필요가 없어지고, 인간의 뇌를 쓸 수 있게 되어 잘잘못을 스스로 생각할 수 있게 된다.

2) 도망가기

도망가기 방어기제는 생리적으로는 싸우는 모드와 같이 교감신경이 작동되어 움직임에 최적합한 상황이 되지만 싸워서 승산이 없다는 판단이 들어 도망을 가는 방어기제다. 누가 싸움을 걸어올 때 만만해 보이는 사람이라면 맞받아서 싸우지만 나보다 힘이 월등하게 셀 것 같거나, 수적으로 내가 열세인 경우에는 줄행랑을 치는 것이 생존에 더 도움이 되는 것이다.

인간은 위험에 처했을 때 육체적으로 도망을 가기도 하지만 그보다는 '심리적으로' 도망을 가는 경우가 훨씬 더 많다. 숙제는 산더미처럼 쌓였는데 그걸 마주할 용기가 안 나 대신 컴퓨터 게임을 하는 학생들, 상대의 잔소리를 듣는 척하지만 머릿속으로는 공상을 하고 있는 경우, 실연의 상처가 아파 모든 것을 잊고자 술에 의지하는 사람 등등. 정도의 차이가 있긴 하지만 이것이 다 도망가기 방어기제를 쓰고 있는 것이다.

여기서, 숙제나 잔소리가 무슨 위협이 되는가 의아한 사람들도 있을 것이다. 위협이라는 것은 의식적·객관적으로 결정할 수 있는 것이 아니다. 의식적 감지를 하는 데는 0.5초가 걸리지만 비의식·무의식적 감지를 하는 데는 0.02~0.1초가 걸린다. 위협·위험 탐지기인 뉴로셉션이 우리가 미처 인식하기도 전에 엄청나게 빠른 속도로 위험을 감지하기 때문에, 우리는 이미 반사적으로 행동을 하고 난 이후에서야 비로소 내가 어떤 위험에 반응했는지 알 수 있다.

데이비드는 뉴욕 금융가에서 남들이 부러워하는 직장에 다니는 청년이다. 하지만 그에게는 고민이 있다. 처음 직장을 다니기 시작했을 때는 뭐든지 의욕적이고 열심히 해서 상사들의 인정을 받고 동료들보다 빠른 진급으로 남들의 부러움을 샀다. 하지만 어느 정도 일을 하다가 중요한 과제를 맡으면 내가 이 일을 할 수 있을까 의문이 들고 자신이 없어져 다른 사람이 자신의 부족함을 발견하기 전에 직장을 옮기는 식으로 도망을 다녔다. 그러다 보니 친구들은 한 직장에서 꾸준히 발전해 지금은 자기보다 더 높은 지위에 연봉도 더 높아졌는데, 자신은 계속해서 수평 이동만 했기 때문에 지위가 올라가지도 않고 연봉도 거의 제자리걸음이었다.

상담을 하면서 데이비드에게 위협이란 자신이 부족한 것을 들키는 것이 아니라, 자신의 힘과 능력을 인정하고 받아들였을 때 필수적으로 따라오는 상사들과의 갈등이라는 것을 발견했다. 자신이 상사들에게 도전자가 되고 어떤 때는 상사의 말에 반박해 자신의 논리를 펼치고 이겨야 하는 상황에 대한 두려움이 있었던 것이다.

데이비드는 모든 면에서 너무나 완벽한 아버지 밑에서, 항상 꾸지람을 들으며 자랐다. 98점을 받아도 100점이 아니어서 야단을 맞았다. 데이비드가 자신의 주장을 펼치면 아버지는 데이비드 논리의 허점을 기가 막히게 집어내서 공격했다. 자신이 가장 자랑스럽게 생각한 순간들이 아버지의 비판으로 금세 수치심과 열등감을 느끼는 순간으로 바뀐 어린 시절을 보냈던 것이다. 그 결과 데이비드는 점점 아버지와의 대화를 줄이고, 자신의 생각을 속으로 감추고 무조건 아버지에게 순응하고 동의하는 식으로 변하기 시작했다.

여기서 우리가 기억해야 할 것은 데이비드의 아버지가 나쁜 사람이 아니라는 것이다. 지극히 아들을 사랑하고, 또 사랑하기에 똑똑한 아들이 더 잘 되도록 자신의 입장에서 최선을 다한 것이다. 똑똑한 아이가 칭찬에 너무 자만할까 봐 걱정돼서 아이를 비판하고, 아들이 논리적 사고를 하고 건설적인 비판을 받아들일 수 있게 준비시키기 위해, 그래서 더 큰 사람이 되게 하기 위해 아이에게 공감하고 칭찬하기보다는 반박하고 비판했던 것이다.

데이비드도 아버지가 자신을 지극히 사랑했다는 것에는 조금의 의심도 없다. 하지만 데이비드가 아버지로부터 받은 메시지는 '나는 절대로 아버지 같이 성공할 수 없고, 나는 열등하며, 아버지 같이 권위가 있고 힘 있는 사람 앞에서는 항상 조심해야 하고 내 의견이 다르다는 것을 보이면 안 된다'는 것이다. 따라서 동료들과 경쟁하는 것은 아무런 문제가 없지만 권위자, 힘 있는 사람들과 직접 상대하는 것을 데이비드의 뉴로셉션은 위험·위협으로 받아들인 것이다. 그리고 이런 위협·위험 상황이 감지되면 늘 쓰던 도망가기 방어기제가 작동해 직장을 옮겼던 것이다.

어떤 이유에서든 자신감과 경쟁심, 힘을 너무 눌러 버리는 부모 밑에서 자란 아이들은 충분히 싸울 수 있는데도 도망가기 방어기제를 쓰게 된다. 정신분석에서는 이를 거세 공포 혹은 성공에 대한 두려움으로 이해하는데, 이런 현상이 신경생물학적으로도 이해될 수 있는 것이다. 어릴 때 어떤 경험을 많이 하고 어떤 방어기제를 많이 쓰느냐 하는 것이 정말 중요한 이유는 그것이 초기 설정default setting 이 되어 버리기 때문이다. 그래서 어른이 되었을 때 위협을 느끼는 상황이 닥치면 다양한 방어기제를 유연하게 사용하는 것이 아니라 자동적으로 늘 쓰던 방어기제를 쓰게 된다.

방어기제는 생존을 위해 꼭 필요한 것이다. 하지만 특정 방어기제를 지나치게 많이 사용하면 도움보다는 더 많은 문제를 만들게 된다. 어린 데이비드에게 도망가는 것은 아버지 밑에서 살아남고 평화를 유지하기에 유용한 도구였지만 성인인 데이비드에게 도망가기는 자신의 성공을 가로막는 걸림돌이 되고 있으니 말이다.

3) 얼어붙기

얼어붙는 반응은 위협이 있지만 싸우지도 도망가지도 못하는 상황에서 일어나는 신체적·심리적 반응으로, 말 그대로 몸과 정신이 얼어붙어 꼼짝도 못하는 부동의 상태를 말한다. 주로 이런 반응은 뉴로셉션이 목숨이 위태로울 정도의 극도의 위협을 감지할 때 나타난다. 파충류가 위험 상황에서 꼼짝도 하지 않는 것을 본 적이 있을 것이다. 이것이 바로 부교감신경을 극단적으로 작동시킨 상태로, 숨만 붙어 있고 모든 것을 중단시킨 절전 모드로 들어간 것이다. 자동차에 비유하면 운전 중 갑자기 장애물이 나타나 급브레이크를 밟고 모든 것을 멈추는 상황이라고 보면 된다. 이런 상태가 되면 모든 신진대사가 느려지고 동면 상태 혹은 죽은 듯 기절한 상태가 된다. 동물의 왕국이라는 틀에서 보면 이런 상태는 여러 가지 장점이 있다. 얼어붙기 방어기제가 작동하면 전체 시스템이 작동을 중지하기 때문에 포식자에게 잡아먹힐 때 전혀 고통을 느끼지 않는다. 또 포식자는 죽은 먹이에는 별로 관심을 보이지 않기 때문에 생존할 확률이 높아진다. 이런 상태에서는 에너지를 거의 쓰지 않으므로 죽을힘을 다해 도망갈 기회를 노리며 에너지를 모을 수도 있다. 상담에서 보면 어려서부터 지속적으로 학대를 당한 사람들, 고문 피해자들이 이런 얼어붙기 방어기제를 많이 쓰는 것을 볼 수 있다.

하지만 이 방어기제에는 심각한 문제가 있다. 뇌가 작은 파충류는 산소 공급을 제대로 받지 않고 이런 상태로 몇 시간씩 있어도 별 문제가 없지만, 뇌가 큰 대부분의 포유류와 인간은 이런 식으로 산소 공급이 원활하지 않으면 전체 시스템에 큰 악영향을 주며 심한 경우 생명에 지장이 갈 수도 있다. 작동 중지 상태에서 다시 원래 상태로 돌아오는 것은 마치 와장창 부서져서 산산조각이 난 유리를 본드로 붙이는 상황과 비슷하다고 할 수 있을 것이다. 심신이 다 조각나서 파편화된 것을 다시 붙이면 그 충격은 매우 심하고 극도로 혼란스런 상태가 된다. 이런 상태를 자주 경험하면 생각, 감정들도 연결이 되지 않고 정신이 없고 멍한 상태가 되며 기억력에도 심각한 손상을 받는다. 얼어붙기 방어기제를 많이 쓰는 사람들은 정신분열증으로 발전할 가능성이 높다.

우리는 의식적 노력으로 생리적 상태를 바꿀 수도 있다. 일어나서 달리기를 하면 교감신경을 활성화시켜 싸우거나 도망가는 모드를 작동시킬 수 있고, 심호흡을 하거나 명상을 해서 부교감신경을 작동시켜 편안한 상태로 만들 수 있다. 그러나 극단적인 부교감신경을 사용하는 얼어붙기 상태는 우리가 의식적으로 노력한다고 해서 만들 수 있는 상태가 아니다. 얼어붙기는 생존을 위한 다른 선택의 여지가 없을 때 일어나는 것이고, 이는 의식적 통제 밖의 일이다.

테레자는 내가 지역사회 봉사활동을 하면서 만난 내담자였는데, 첫 상담이 있던 날 사무실을 찾아오지 못해 몇 번이나 통화를 했었다. 전화로 내가 알려 주는 말을 들어야 사무실을 찾을 텐데, 계속 "어쩌지? 늦었는데 어쩌지? 제가 여기 고등학교 앞인데요, 어떻게 하지요? 미안합니다, 죄송합니다" 하고 자신이 어디서 어떻게 왔는지만을 반복하며 내 말을 듣지 않았다. 아니, 내가 하는 말을 들을 여유가 없는 것 같았다. 나도 난감했다. 결국 나는 테레자가 하는 말을 멈추게 했다. 아무 말도 하지 말고 숨을 크게 쉬어 보라고, 테레자를 심호흡으로 진정시킨 다음 내가 처음부터 다시 설명해 줄 테니 일단 듣기부터 하라고 했다. 그제야 테레자는 내 말을 들을 수 있었고, 방향을 찾아서 올 수 있었다.

통화를 몇 번이나 했는데도 약속 시간 30분이 지나갈 때까지 나타나지 않는 테레자를 기다릴 때는 짜증이 났지만, 처음 테레자의 얼굴을 보는 순간 '이래서 그랬구나' 하고 모든 것이 설명되었다. 테레자는 키가 작고 왜소한 몸매에 눈에는 극도의 공포가 담겨 있었다. 테레자의 표정과 몸이 백마디 말보다도 그녀가 어떤 삶을 살아왔는지 너무나 확연히 보여 주고 있었다. 그녀는 불법 체류자 신분으로 미국에 살고 있었고 심한 가정폭력의 피해자였는데, 도망갈 데도 없고 자신의 신분 때문에 신고도 못하며 문자 그대로 '도망가지도 싸우지도 못하는' 상황에서 얼어붙은 상태로 20년을 살아온 사람이었다.

남편은 쉽게 화를 내고 테레자에게 분풀이를 했는데 체구가 작은 테레자는 힘으로 저항도 할 수 없어 남편의 폭력을 고스란히 몸으로 받아 냈고 남편이 기분이 나쁘거나 화를 낼 때 극도의 공포를 느꼈지만 싸우지도 도망가지도 못하는 상황에서 아무것도 할 수 없는 무력감과 절망감에 몸과 마음이 얼어붙었다. 앞에서도 설명했듯이, 많이 쓰는 방어기제는 사소한 위협에도 자동적으로 작동한다. 테레자의 경우는 길을 못 찾거나, 심지어 어떤 것이 기억나지 않는 것만으로도 극도의 공포와 절망감을 느끼고 자동적으로 얼어붙기 방어기제가 작동되었다.

스티븐 포지스Stephen Porges 박사는 다미주신경 이론Polyvagal Theory 을 이용해 인간의 방어기제를 설명하는데, 특히 얼어붙기 방어기제 가 실제로 일어난다는 것을 증명해 주었다. 이 이론이 나오기 전까지 는 인간의 방어기제는 싸우기와 도망가기밖에 없다고 간주되었고, 위협·위험에 얼어붙는 반응을 보이는 트라우마 피해자들이 사람들 에게 오해를 사는 경우가 많았다. 특히 성폭행 상황에서 얼어붙어 아 무런 저항도 하지 못하고 당한 피해자에게, 조사 과정이나 법정에서 당시 싸우거나 도망가지 않은 이유를 의심하며 혹시 속으로는 즐기고 있지는 않았는지 같은 황당한 질문을 해서 피해자를 한 번 더 상처 주 는 경우들이 있었다. 다미주신경의 발견으로 많은 폭력의 피해자들이 극도의 공포 앞에서 생존을 위해 사용한 방어기제를 이해하게 되면서 자신을 비난하지 않고, 또 다른 사람들이 자신의 상태를 이해할 수 있 는 틀을 마련해 주어 회복을 촉진시키는 작용을 하게 되었다.

이제 다미주신경에 대해 좀 더 살펴보자.

4) 진정한 인간의 방어기제, 사회관계체계

스티븐 포지스 박사에 따르면 인간에게는 세 가지 방어기제가 있 는데, 진화론적으로 가장 먼저 생겨난 방어기제는 원시적 미주신경 이 작동해서 부교감신경을 극단적으로 쓰는 얼어붙기라고 한다. 위험이 닥쳤을 때 파충류는 움직이지 않고 부동의 자세로 있는데, 시스템이 작동을 중지해 호흡, 심장박동 등이 극단적으로 느려져 에너지를 절약하게 된다. 그 이후 교감신경을 쓰는 방어기제 즉, 심장과 호흡이 빨라져 적극적으로 위험·위협에 대처하는 싸우거나 도망가기 모드가 생겨났다. 그다음으로 새로운 미주신경을 쓰는 상태가 생겨났다. 이는 부교감신경이 작용하지만 극단적이지 않고 모든 것을 편안하고 균형 있게 몸의 항상성을 유지하게 해 주는 상태인데, 이를 사회관계체계social engagement system라고 부른다.

사회관계체계를 가능하게 하는 새로운 미주신경은 횡격막 윗부분 곧 심장과 기관지, 얼굴 근육과 머리에 연결되어 있다. 우리가 사람의 표정과 목소리를 보면 그 사람이 어떤 상태인지 알 수 있는 것이 바로 이 때문이다. 이 새로운 미주신경의 사회관계체계가 작동되면 사람들 표정이 다양해지고, 머리를 똑바로 들고, 목소리에 음조가 생긴다. 또한 이 신경은 중이의 근육과 연결되어 있기 때문에, 이것이 작동하면 중이의 근육이 팽팽해져 고주파의 소리를 잘 들을 수 있다. 그러면 고주파인 인간의 목소리가 잘 들리고 배경음인 저주파 소리는 잘 듣지 못하게 되어, 사람이 하는 말에 집중할 수 있고 대화와 학습이 가능해진다.

새로운 미주신경을 쓰는 사회관계체계가 작동할 때는, 우리 몸과 뇌가 위험을 감지하여 싸우거나 도망가기 방어기제가 올라오더라도 눈 맞춤이나 사람의 음조를 통해 그 사람과 관계하고 사회적 신호social cue를 사용해 위협 신호를 약하게 만들 수 있다.

예를 들어 스키를 타고 신나게 내려오고 있는데 초보자가 실수로 나를 들이받아 같이 넘어진 경우, 순간 너무 아프고 화가 나지만 상대방의 미안해하는 표정과 진정성이 느껴지는 사과의 말을 들으면 대부분의 사람은 괜찮다고 말하고 그냥 넘어갈 수 있다. 이 과정을 뇌과학적으로 다시 설명하면, 편안한 우리 시스템에 위협이 왔음을 뉴로셉션이 감지한 순간 편도체가 위험 신호를 보내고 몸과 마음이 이에 맞서 자동적으로 싸울 준비가 되지만, 상대방의 미안해하는 표정과 어조 즉 사회적 신호를 통해 싸우기 방어기제가 가라앉고 이 사건 전체를 관망하고 있던 전전두엽에서 그 사람이 나를 아프게 한 것은 의도적인 게 아니라 실수라는 것, 곧 이는 진정한 위협이 아니라 사고에 의한 것이니 싸우지 않아도 된다는 사실을 알려 주어 몸이 전쟁터에 있는 군인의 상태에서 다시 평화로운 사회에 살고 있는 민간인의 상태로 돌아오는 것이다. 그렇게 되면 아프지만 그 사람을 용서하고 아픔을 참을 수 있게 된다. 하지만 반대로 내게 부딪쳐 온 초보자가 사과도 하지 않고 미안해하는 기색이 없으면, 곧 사회적 신호를 통해 우리의 방어기제가 약화되지 않으면 그때부터는 본격적으로 육탄전에 돌입할 수도 있는 것이다.

또한 사회관계체계가 작동되면 싸우거나 도망가기 방어기제를 놀이의 요소로 쓸 수 있다. 아이들이 즐겨 하는 술래잡기 같은 놀이를 보면 도망을 방어가 아닌 놀이의 요소로 활용하고 있으며, 상대편과 싸워서 이기고자 하는 것도 반사적으로 올라오는 싸우기 모드를 싸움으로 발전시키는 대신 건전한 경쟁으로 이용하는 것이다. 유머도 싸우거나 도망가기 방어기제를 효과적으로 약화시킬 수 있는 방법이다. 예를 들어 운전하는데 내 차 뒤로 다른 차가 바짝 붙어서 따라온다거나 내 차 앞으로 무리하게 끼어드는 얌체 같은 행동을 할 때, 사회관계체계가 작동을 하지 않으면 위협으로 받아들이고 싸울 수 있다. 그렇지만 "정말 똥이 마려운가 보다. 얼마나 급하면 저렇게 운전을 할까? 저기 똥 마려운 사람 또 있네?"라고 말하고 한번 웃어 버리면 화가 가라앉고 내 갈 길을 편안하게 갈 수 있을 것이다.

사회관계체계가 작동하면 모든 것을 느리게 하는 부교감신경이 작동해도 이를 관계 향상에 이용할 수 있게 된다. 우리가 안전하게 느끼는 사람 품에서 잠들 수 있는 것, 밥 먹으면서 사교할 수 있는 것, 성행위를 할 수 있는 것 등이 그 예다.

사회관계체계가 작동하는 이런 상태는 세 가지 뇌 중에서 인간의 뇌인 대뇌피질이 하위 감정의 뇌인 변연계와 생존의 뇌인 뇌간을 통제하는 상황이다. 나라로 따지면 모든 정부 기관이 각자의 역할을 잘하고 서로 간의 의사소통도 원활히 잘 되는 상태라고 볼 수 있다. 이런 상태에서는 위협이 감지되어 편도체가 경보기를 울리면 전전두엽이 상태를 살펴 정말 위협인지 아닌지를 감별하고, 위협이 아닌 경우 전체 시스템에 잘못된 경보임을 알리고 다시 편안한 상태로 돌아간다. 사회관계체계가 작동될 때는 위협을 감지해 자동적으로 싸우거나 도망가기 방어기제가 올라오더라도 이를 안심시키고 다시 편안한 상태로 돌아가는 것을 반복해서 할 수 있다. 이 과정을 통해 감정 조절 능력이 강화되는 것이다.

캐리는 뉴욕에서 법무법인을 운영하고 있는 성공한 회계사다. 캐리가 심리 치료실을 찾은 이유는 그가 아주 작은 배경소음에도 민감하게 반응해 소음을 내는 사람을 공격하거나 보복해서 회사에서도 집에서도 문제가 되고 있었기 때문이다. 이비인후과며 신경과며 다 다녀 봤지만 의학적으로는 아무 문제가 없다는 진단을 받았다고 한다.

캐리의 소음에 대한 민감성은 20년 전으로 거슬러 올라간다. 대학교 기숙사에 있을 때부터 옆방에서 나는 소음 때문에 자주 싸우는 바람에, 캐리와 다른 기숙사생들을 중재하는 자리가 수도 없이 만들어졌다고 한다. 하나 흥미로운 것은 캐리가 거슬려 하는 이 소음이 절대적으로 '주관적인' 소음이라는 것이다. 보통 사람들은 전혀 신경 쓰지 않고 그냥 넘어갈 수 있는 소음 곧 옆 사무실에서 문 닫는 소리, 복도에서 들리는 웃음소리, 화장실 문이 닫히는 소리, 아파트 벽을 타고 아주 희미하게 들리는 옆집의 텔레비전 소리, 음악 소리 등이 캐리를 못살게 구는 것이다. 캐리는 그런 소리가 들리면 깜짝 놀라 온몸의 털이 곤두서고 자리에서 벌떡 일어나게 된다고 했다. 이성적 · 객관적으로 봤을 때 남들은 아무런 문제 삼지 않을 작은 소리에도 자신이 극단적으로 반응하는 것이 창피해질 때도 있지만, 막상 소음이 들리면 화가 나고 사람들이 자기를 존중하지 않기 때문에 조심하지 않는다는 생각이 들고, 심할 때는 저 사람들이 의도적으로 자신을 화나게 하기 위해 저렇게 한다는 생각이 든다. 그러면 보복하기 위해 자기는 벽을 쾅쾅 두드리며 더 큰 소음을 내고, 직접 찾아가서 따지고, 경찰에 신고를 하고, 변호사를 통해 법적 조치를 취하겠다고 이웃들을 협박해 대는 것이다. 사무실이 있는 건물에서도 그런 식으로 문제를 너무 많이 일으키다 보니 건물 주인이 더 이상 계약을 하지 않으려 해서 곤란한 상황에 빠지기도 했다. 단지 소음뿐 아니라 복잡한 뉴욕의 전철에서 누군가가 실수로 부딪치기만 해도 바로 욕을 퍼붓고 밀어버리는 등 문제를 일으켰다.

처음에 그가 이 문제로 상담을 받으러 왔을 때, 나는 내가 확실히 도와줄 수 있겠다고 말했다. 소음에 대한 민감한 반응이 서서히 줄어들다가 나중에는 보통 사람처럼 별로 반응하지 않게 될 것이라고 얘기했더니, 캐리는 어떻게 그렇게 확신할 수 있느냐고 물었다. 나를 만나기 전까지 열 명이 넘는 치료사들이며 정신과 의사들과 상담을 하고 약물 치료를 했지만 나아지지 않았다고 했다. 내가 자신감을 보이는 것은 좋지만 과연 낫게 할 수 있을지 믿지 못하겠다는 눈치였다.

나는 캐리의 몸과 마음이 소음에 반응하는 메커니즘을 알고 있었다. 따라서 캐리가 이를 배워서 적용할 수 있으면 쉽게 해결될 수 있는 문제라는 확신이 있었다.

캐리에게 호흡법과 점진적 근육 긴장 이완 훈련을 소개해 몸과 마음의 긴장을 푸는 방법을 가르쳐 주었다. 그다음 캐리에게 하루 동안 소음을 들었을 때 일어나는 몸과 마음의 반응에 대해 비판하지 말고 과학자가 현상을 연구하듯이 객관적으로 잘 살펴보라고 얘기했다.

캐리는 예기치 못한 소리를 감지했을 때 번개를 맞은 것처럼 온몸에 털이 곤두서면서 몸이 의자에서 자동적으로 튕겨져 나오고, 심장과 호흡이 가빠지면서 피가 가슴과 머리로 올라오며, 몸이 뜨거워지고, 손에 땀이 나고, 화가 치밀어 올라 복수를 해야겠다는 생각이 드는 일련의 반응을 관찰했다. 나는 우선 캐리 몸의 반응이 얼마나 자연스러운 현상인지 말해 주었다. 캐리가 이상하거나 미친 것이 아니라 캐리의 몸이 위협을 감지했기에 이에 대처하고자 교감신경이 작동되어 싸우거나 도망가기 방어기제가 작동되는 것이라고. 동물과 인간은 누구나 위협을 감지했을 때 반사적으로 이런 방어기제를 쓴다고 얘기해 주면서, 캐리의 신체적 · 심리적 반응에 대해 본격적인 설명에 들어갔다.

많은 환자들이 자신의 몸이 왜 이상한 반응을 보이는지, 왜 특정 감정에서 헤어나지 못하는지, 왜 이상한 생각이 떠오르는지 이해하게 되었을 때 안심하고, 자신을 비난하지 않게 되고, 죄책감에서 해방된다. 이렇게 자신의 상태를 알게 되면 뭔가 해 볼 수 있겠다는 느낌, 자신의 문제를 스스로 통제할 수 있겠다는 느낌이 들고, 그러면 보다 적극적으로 치료에 임하게 되어 상태가 빨리 호전되는 경우가 많다는 것을 경험했기 때문에 나는 치료할 때 심리 교육을 많이 하는 편이다. 나는 캐리에게 세 가지 뇌에 대해 간단히 설명해 주었다. 생존이 가장 중요한 목적인 파충류의 뇌인 뇌간과, 감정 · 기억 · 애착을 담당하는 포유류의 뇌인 변연계와 모든 것을 살필 수 있는 인간의 뇌인 대뇌피질에 대해서. 그다음에 스티븐 포지스의 사회관계체계와 방어기제에 대해서 얘기해 주고 신경생물학적으로 소음을 감지했을 때 캐리에게 어떤 일이 일어나는지 설명했다.

캐리의 뉴로셉션이 위험(소음)을 감지하면 포유류의 뇌인 변연계에서 위험경보기 역할을 담당하는 편도체가 '위험! 위험!' 신호를 파충류의 뇌인 뇌간에 보내 위협에 대처하는 싸우기 반응이 일어나는 것이다. 싸우기 반응이 일어나면 심장박동이 빨라지고 호흡이 가빠지며 모든 걸 흑과 백으로 보는 등 관점이 좁아지고, 그러면 기억도 영향을 받기 때문에 늘 이렇게 위협받았던 기억이 떠올라 이 상황을 더 극대화시키게 되고, 그러면 빨리 이 상태에서 벗어나기 위해 어떤 행동을 취하고 싶은 충동이 드는 것이라고 설명해 주었다.

이 설명에 캐리는 매우 흥미로워 했다. 오랫동안 자신이 정상이 아니라고 생각해 왔고, 캐리의 부인은 이제 캐리가 소음 얘기만 해도 진절머리를 내, 자신이 정말 미쳐 가고 있다는 것을 확인받는 느낌이었는데 신경생물학적으로 자신의 몸과 마음이 위협에 대해 지극히 정상적인 반응을 하고 있다는 것에 엄청난 안도감을 느꼈다. 문제는 위협을 감지하는 뉴로셉션과 편도체의 과잉 작동이라는 것을 알게 되었다. 캐리가 관심을 보이자 나는 캐리에게 오작동으로 일어난 경보 신호에 따라서 움직이면 더 많은 문제가 생길 수 있으니, 일단 편도체가 신호를 보내 몸과 마음이 싸우기 반응을 보이면 첫째, 아무런 행동을 하지 말고 이것이 위협을 감지했을 때 나타나는 아주 정상적인 반응으로 나의 생존을 보장하기 위한 것이니 고맙게 생각하라고 말했다. 그다음 전전두엽과 교신을 해서 정말 위험이 있는지 없는지 확인해 보고, 감시탑의 역할을 하는 전전두엽에서 위험 상황이 아니라고 알려 주면 스스로 경보기를 끄고 평상시로 돌아가는 연습을 하도록 했다. 그래서 싸우기 모드에서 사회관계체계로 갈 수 있도록.

캐리에게 하루에도 몇 번씩 힘든 순간이 찾아왔다. 하지만 그럴 때마다 캐리는 반사적으로 반응하기보다는 모든 것을 멈추고서 몸의 반응을 관찰하며, 이것을 위협에 대한 지극히 정상적인 반응으로 받아들이고 나를 보호하기 위해 내 몸이 이렇게 반응해 주는 것을 고맙게 생각하는 연습을 했다. 그다음 감시탑인 전전두엽과의 통신을 통해 이게 진짜 위협인지 아닌지 물어볼 수 있었고, 그때마다 소리를 내는 사람들이 자신을 미워하거나 공격하려고 일부러 그러는 게 아니고 사실은 좋은 사람들이라는 것을 상기할 수 있었다. 그다음 심호흡과 근육 긴장 이완 훈련을 통해 싸우기 방어기제로 활성화된 교감신경에 브레이크를 걸고 부교감신경이 작동하게 해 몸을 진정시키고 다시 자신이 하는 일에 집중할 수 있었다.

몇 년 전 아파트로 이사한 후 거의 들리지도 않는 옆집 할머니의 텔레비전 소리 때문에 안방에서 잠을 자지 못하고 혼자 계속 서재에서 잤던 캐리는 여기에서도 사회관계체계 개념을 자신에게 적용할 수 있게 되었다. 텔레비전 소리가 들려 몸이 바로 싸우거나 도망가기 방어기제를 쓰더라도, 전전두엽과 대화하여 그 할머니가 얼마나 인자하고 예의 바른 사람인지를 기억하고 이 소음이 진짜 위협이 아니라는 걸 자각하면 몸과 마음의 반응이 가라앉았다. 이런 훈련을 계속하면서 싸우기 모드에서 사회관계체계로 가는 시간이 점점 줄어들기 시작했고, 나중에는 거의 자동적으로 이루어져 소리에 민감하게 반응하지 않게 되었다. 물론 여전히 가끔씩은 스트레스를 받으면 소리에 민감하게 반응하기도 했다. 그러나 이것이 자신이 실패한 것도, 치료 효과가 없어서인 것도 아니라 스트레스를 받으면 더 오래된 뇌가 작동하기 때문에 이전의 방어기제를 자동적으로 쓰는 것이라는 뇌와 몸의 메커니즘을 알고 있기에 다시 전전두엽을 작동시켜 자신이나 다른 사람을 비난하지 않고 인내심을 가지고 문제를 잘 해결할 수 있었다.

캐리는 이 과정을 통해 세상과 사람들을 보다 안전하게 느끼게 되었고, 자신이 경계를 좀 늦춰도 된다는 것을 배웠다. 하지만 정말 문제는 그다음에 나타났다. 이렇게 소음에 대한 반응이 잦아들자 자신을 정말 괴롭히던 부인과의 관계에 대한 문제, 지금까지 애도하지 못했던 여러 가지 상실 등 오랫동안 묻어 두었던 이슈들이 표면으로 떠오른 것이다. 그런 면에서 보면 소음에 대한 캐리의 반응은 자신의 다루어야 하는 무겁고 심각한 이슈들에 접근하지 못하게 막는 문지기 역할을 한 것이다. 그 문지기가 문을 열어 주었을 때 우리는 캐리의 깊은 우울증에 접근할 수 있었다. 이와 비슷한 예로 많은 사람들이 공황장애가 치료하기 힘들다고 하는데, 내 경험상 공황장애를 치료하는 것은 그다지 힘들지 않다. 그 공황장애를 걷어 내고 나서 그들이 직면해야 할 상실과 그들을 괴롭히고 있는 깊은 상처들을 다루는 것이 더욱 힘든 일이다.

결국 안전이 중요하다

지금까지 신경생물학적 관점에서 감정 조절의 메커니즘을 살펴보았다. 우리가 정말 인간답게 살 수 있으려면 새로운 미주신경을 통한 사회관계체계가 작동해야 한다. 안전감을 느끼지 못해 사회관계체계가 작동하지 않으면 우리 생각과 감정에도 문제가 생길 뿐 아니라 각종 신체적 질환을 발전시킬 확률도 높아진다. 우선 위협이 감지되면 싸우거나 도망가기 방어기제를 쓰게 되는데 이걸 과다하게 쓰면 교감신경이 지나치게 작동해 각종 고혈압, 협심증, 심근경색, 부정맥 등 심장 관련 질환, 과호흡증후군 및 천식 등 호흡 질환이 생길 수 있다. 또한 안전하지 않으면 소화, 배설, 성행위 등에 문제가 올 수 있고 사람들과 사교하고 친밀감을 나누는 데에도 어려움이 생긴다. 스트레스 호르몬의 결과로 각종 궤양, 면역력 장애, 성 기능 장애, 당뇨, 고지혈증, 갑상선 기능 장애 같은 내분비계 질병과 만성피로가 올 수 있으며 우울증, 공황장애를 포함한 불안장애, 중독, 섭식장애, 수면장애, 기분장애, 편집증 등의 정신 질환이 생길 수 있다.

특히 어린이들이 안전감을 느껴 스트레스를 받지 않게 하는 것은 매우 중요하다. 아이들은 스트레스를 효과적으로 다룰 수 있는 자원이 없기 때문에 성인들보다 스트레스에 훨씬 더 취약하다. 어릴 때부터 스트레스를 많이 받는 환경에서 자란 아이들은 편도체가 과다하게 작동하고, 그러면 경험을 처리하는 해마와 이성적 사고를 하는 대뇌피질이 작동하지 않게 되고 스트레스 호르몬으로 해마의 크기가 줄어들어 변연계가 변하며, 이렇듯 변연계가 취약해지면 당연히 미래의 스트레스 처리에도 어려움을 겪게 된다.

심리학자들 중에서 아이들이 (학대를 포함한) 부정적 경험을 해도 회복 탄성이 있어서 괜찮다고 말하는 사람들은 철저히 대중을 오도하는 것이다. 부정적인 경험에도 불구하고 회복 탄성으로 자신의 상처를 극복하고 훌륭한 삶을 사는 사람들은 전체 인구에서 얼마 되지 않는 그야말로 '위대한 사람들'이기 때문이다. 물론 이런 놀라운 사람들이 실제 존재하며 우리가 본받아야 할 점들이 있지만, 그들과 우리를 나란히 놓고 비교하게 되면 '저 사람은 나보다 더 심한 상처를 받았는데 저렇게 훌륭한 삶을 살고 있네. 역시 나는 가망이 없는 사람인가 봐'라고 자신을 더 비난하고 더 깊은 상처를 받아 힘든 상황에서 헤쳐 나오는 것이 더 어려워질 수 있다.

그럼 어떻게 사회관계체계가 작동할 수 있는 안전한 환경을 만들어줄 수 있을까? 당연히 물리적·신체적 폭력과 위협이 없어야 할 것이고, 감정적인 취약함이 드러나도 이것이 비난이나 수치심을 불러일으키지 않고 편안히 잘 받아들여지는 경험을 해야 할 것이다. 슬프거나 화나는 감정들을 표현할 수 있고 이것이 주변 사람들에게 받아들여질 때 안전감을 느낄 수 있는 것이다. 애착이론의 창시자인 존 볼비john Bolwby는 부모가 아이에게 해 줄 수 있는 가장 큰 선물 중 하나가 바로 아이가 화를 낼 수 있게 허락해 주는 것이라고 했다. 감정, 특히 부정적 감정을 표현할 수 있는 것은 안전감을 느끼는 데 매우 중요한 요소가 된다.

불안장애나 공황장애가 있는 사람들은 답답한 자신의 상황에서 빠져나갈 탈출구가 없다고 느낀다. 탈출구만 찾을 수 있으면 패닉을 느낄 필요가 없다. 마찬가지로 우울하고 슬플 때 우리가 기대서 울 수 있는 누군가의 어깨나 품이 있으면 우울감에서 빨리 회복된다. 내가 잘못한 일이 있을 때 상대가 나를 이해해 주고 용서해 주면 내가 좀 더 빨리 좋은 사람으로 변할 수 있고, 내가 위험에 처했거나 힘들 때 누군가 나를 그 상황에서 구해 줄 수 있는 사람이 있으면(심지어 상상만으로라도 그런 경험을 할 수 있으면) 그 순간을 견딜 수 있게 된다. 스스로가 이 상황을 극복하기 위해 뭔가를 할 수 있다는 느낌 또한 안전감을 느끼는 데 매우 중요한 요소이기 때문이다.

학창 시절 한문 시간에 선생님이 하셨던 말씀이 떠오른다. 왜 사람을 한자어로 인간人間이라고 하는가? 선생님은 '사람 인人'과 '사이 간間'을 같이 쓰는 이유는 사람은 사람들 사이에서 살아야만 인간일 수 있기 때문이라고 하셨다. 서로 기대고 의지하고 부대끼며 살아가는 것이 인간의 본성인데, 과거의 상처와 앞으로 받을 상처 때문에 우리 스스로를 남들로부터 고립시켜 우리 안의 본성과 멀어졌을 때 병리가 생기는 것은 아닐까?

지금 한번 생각해 보자. 내가 기댈 수 있고, 나를 위험에서 보호해 주고, 위로해 주고, 이해해 주고, 내 편을 들어 줄 수 있는 누군가가 옆에 있는지. 나는 누군가에게 그런 존재가 되고 있는지. 그런 사람이 주변에 있다면 정말 다행이고, 없다면 적극적으로 찾아서 만들도록 하자. 내가 위협을 느꼈을 때 나를 안전하게 해 줄 수 있는 대상들을 찾아 스스로를 안전하게 만들 수 있고, 나 또한 다른 사람이 안전을 느끼게 하는 대상이 될 수 있다면 우리는 안전감을 느낀다. 그렇게 우리가 안전감을 느끼면 인간의 뇌가 동물의 뇌를 통제할 수 있는 사회관계체계가 작동되어 감정 조절을 잘 하게 되고, 그 결과 심리적·신체적으로 건강해질 것이며 이런 개인들이 모여 사는 사회는 건강하고 살기 좋은 곳이 될 것이다.

이 장에서는 감정 조절의 원인이자 배경이 되는 몸과 뇌의 메커니즘을 세 가지 뇌의 특징과 상호작용, 다미주신경으로 설명되는 방어기제 등 신경생물학적인 관점에서 알아보았다. 감정 조절을 잘 할 수 있는 인간의 뇌가 작동하기 위해서는 안전감이 얼마나 중요한지에 대해서도 살펴보았다. 다음 장에서는 부모에 의한 유아기 감정 조절의 결과로 형성되는 다양한 개인의 애착 유형을 살펴보고, 이 다양한 애착 유형을 형성한 사람들이 상호작용하는 가장 친밀한 단위인 부부 관계와 사회적 단위인 직장 속에서 어떤 갈등들을 필연적으로 일으키며 이를 어떻게 해결할 수 있는지 생각해 본다.

| 3장 |

어릴 적 감정 조절 경험은
우리를
어떤 사람으로 만드는가

앞서 감정 조절의 정의와 중요성, 감정 조절의 원인이자 배경이 되는 우리 몸과 뇌 구조를 살펴본 데 이어 3장에서는 유아기 감정 조절의 결과로 형성되는 다양한 애착 유형과, 이러한 애착 유형들이 어떤 성격으로 발전하기 쉬우며 감정 조절을 하는 데 어떤 문제를 일으킬 수 있는지 알아보겠다. 또 이를 바탕으로 어떻게 나와 내 주변 사람들을 더 잘 이해하고 조화롭게 살아갈 수 있을지 생각해 본다.

애착이론의 창시자인 존 볼비는 아동기에 경험한 부모와의 분리와 상실이 이후 다양한 문제행동을 일으키는 근본적인 원인이 된다는 것을 규명하고, 이런 문제행동은 고통스런 현실을 버텨 내기 위한 아이들의 피나는 노력의 결과라는 것을 알게 되었다. 볼비는 부모와의 분리에 대해 유아들이 처음 보이는 반응은 저항protest 즉 화내고 우는 것이고, 그다음은 절망despair, 마지막으로는 모든 것을 포기하고 무관심detachment을 보인다고 말했다.

볼비는 또한 아동기의 상실과 분리의 트라우마가 아이에게 심각한 부정적 영향을 미치지만 그보다 매일 일어나는 부모와의 상호작용이 아이들의 심리적 발달에 훨씬 더 중요한 역할을 한다고 보았다. 볼비는 진화론과 동물 생태학의 영향을 받아 애착이란 개념을 심리학에 가져오는데, 힘없고 취약한 포유류 새끼의 생존을 최적화하기 위해 진화를 거듭해 오면서 애착이 새끼와 엄마의 뇌에 깊숙이 프로그램화된 것으로 보았다. 볼비는 위협이 있고 불안한 상황에서 인간을 포함한 포유류의 새끼가 생존하기 위해 다음과 같은 세 가지 특징을 보이며 엄마는 새끼의 요구에 부응해 필요한 기능을 제공한다고 보았다.

첫 번째, 포유류 새끼는 자신을 보호해 주는 애착 대상과의 근접성을 유지한다. 자신을 지켜 주고 보살펴 줄 수 있는 엄마 옆에 꼭 붙어 있는 것을 통해 유아는 외부 위협에서 보호될 뿐 아니라 감정적인 안정감도 얻는다. 두 번째, 포유류 새끼는 애착 대상을 '안전기지secure base'로 이용해 새로운 환경을 탐색하고 경험한다. 엄마와 떨어져서 놀다가 지치거나 겁이 나면 다시 엄마한테 와서 에너지를 재충전한 다음 다시 엄마를 떠나 놀이나 탐색에 집중하는 것이다. 세 번째는 위험·위협 상황에서 자신을 지켜 주고 보호해 줄 안전한 피난처로 도망을 가는 것인데, 동물들은 대체로 포식자로부터 도망해 안전한 장소로 가지만 인간의 유아는 장소가 아닌 애착 대상 즉 엄마의 품으로 도피해 자신의 신체적·감정적 두려움을 피한다. 이 세 가지 모두 감정 조절에 관한 것이며, 유아는 스스로 이 기능을 할 수 없으니 엄마가 그 기능을 대신 해 감정적 항상성이 깨진 불편한 상태에서 조절이 된 항상성의 상태로 빨리 돌아오게 하는 것이다.

그러면 감정 조절의 결과로 형성되는 애착이론을 중심으로 한 개인의 성격이 어떻게 형성되고 이를 바탕으로 세상과 인간에 대한 기본적인 신념과 태도가 어떻게 자리 잡게 되는지 알아보자.

내가 아직 아이였을 때

상담실을 찾는 많은 부모님들이 아이들의 문제행동이나 병리를 어떻게 받아들여야 할지 모르겠다고 말한다. 아이의 문제인지 아니면 부모가 잘못해서 일어나는 문제인지 모르겠다는 말이다. 그럴 때 내 대답은 '둘 다 맞다'는 것이다. 아이들마다 타고난 기질이 다르기 마련이고, 이런 기질로 인해 양육자로부터 전혀 다른 반응을 이끌어 낼 수 있다. 하지만 그 반대도 가능한데, 아이에 대한 양육자의 태도가 아이의 타고난 기질을 변화시킬 수도 있는 것이다.

예를 들어 아이가 편안하고 순한 기질을 타고났다면 엄마는 자신에게 잘 반응하는 아이를 보면서 자신에 대해 긍정적인 느낌을 가지게 될 것이고, 그러면 아이의 필요나 요구에 더 긍정적으로 반응할 확률이 높다. 이는 서로 '윈-윈'하는 이상적인 모자관계가 된다.

하지만 기질이 까다롭고 쉽게 진정이 안 되는 아이라면 엄마가 신체적·감정적으로 너무 지치고 자신이 아이에게 좋은 엄마가 아닌 것처럼 느껴져 스스로를 부정적으로 바라보게 되며, 그러면 아이의 요구나 필요에 더 부담을 느끼고 짜증이나 분노 혹은 우울감으로 반응할 확률이 높은 것이다.

반대로 아이의 기질은 편안한데 엄마가 우울하거나 자신에게 너무 몰입해 있는 등 감정 조절이 잘 되지 않으면 아이의 자연스러운 요구에 제대로 반응해 줄 수 없게 되고, 이런 경우 아이는 자신의 요구와 필요를 알리기 위해 불편함을 더 과장해서 표현하거나 알려도 소용없다는 생각에 아예 표현하지 않게 될 수도 있다. 타고난 기질이 까다로운 아이여도 엄마가 최선을 다해 진정시키고 아이의 요구를 세심하게 파악해 필요한 것을 제공해 주면 나중에 편안한 아이로 변화되는 경우도 있다.

많은 사람들이 "나는 원래 이래", "나는 이런 성격을 타고났어"라고 얘기한다. 마치 성격이 타고나서 절대 변화되지 않는 것인 듯 말이다. 유아의 타고난 기질과 양육자의 태도에 따라 초기 2년 동안 기본적인 성격의 많은 부분이 형성되긴 하지만, 평생에 걸쳐 누구를 만나 어떤 애착 관계를 형성하는지에 따라 성격은 변할 수 있다. 심리 치료에서 제공할 수 있는 가장 중요한 요소 중 하나가 내담자의 기본적인 애착 유형이 어떤 것이든지 상관없이, 치료사와의 새로운 관계를 통해 원래는 없었던 안정적 애착을 획득할 수 있게 도와주는 것이다.

그럼 기본적으로 성격 유형이 어떻게 형성되는지 알아보도록 하자.

볼비의 제자였던 메리 에인스워스Mary Ainsworth는 포유류인 우리에게 내재된 타고난 애착 시스템이 변형 가능하다는 것, 그리고 양육자의 행동에 따라 개인의 애착 행동에 질적인 차이가 난다는 것을 발견하고 유아와 양육자 간의 애착 유형을 만들어 낸다.

에인스워스는 볼비의 애착이론을 실험실에서 테스트하기 위해 낯선 상황 실험strange situation을 했다. 이 실험을 간단히 설명하면 12개월 된 유아들이 엄마와 함께 있을 때, 엄마와 분리되었을 때, 다시 엄마와 재결합했을 때 어떻게 반응하는지를 관찰한 것으로 유아가 두려움을 느낄 때 엄마가 어떻게 반응하며 엄마의 특정 반응에 유아가 어떤 적응 반응을 보이는지를 연구한 것이라고 볼 수 있다. 에인스워스는 이 연구 결과를 토대로 애착 유형을 안정적인 애착, 회피형 불안정 애착, 양가적 불안정 애착, 혼돈형 애착의 네 가지로 분류했다.

1) 안정적인 애착, 편안한 아이

안정적인 애착을 보이는 아이들은 엄마와 함께 있을 때 놀이에 집중하며 엄마와 분리되었을 때는 울고 불안해 하고 화를 내는 등 부정적으로 반응한다. 아이에 따라 부정적인 반응 정도에는 차이가 있지만, 공통적인 것은 엄마가 다시 돌아왔을 때 엄마에게 기쁘게 달려가고 엄마 또한 아이를 기쁘게 맞고 안아 주며 달래 준다는 것이다. 그러면 아이는 엄마에 의해 쉽게 진정이 된다.

이런 아이들의 특징은 엄마와 함께 있을 때 놀이에 집중할 수 있고, 엄마와 분리되면 스트레스를 받고 부정적으로 반응하지만 엄마가 돌아오면 다시 놀이에 집중할 수 있다는 것이다. 엄마의 존재를 느끼면서 혼자 자율적으로 놀 수 있다는 말은 그만큼 스스로 편안한 상태를 유지할 수 있다는 것이고, 스트레스 상황에서 엄마를 찾고 엄마에 의해 진정된다는 것은 자신의 감정을 조절하는 데 다른 사람을 사용할 수 있다는 것이다. 편안한 상태를 유지하기 위해 나와 남을 다 쓸 수 있으니 감정 조절이 보다 쉽게 되는 것은 당연하다.

이런 아이들의 엄마를 보면 아이의 신체적·감정적 불편함과 스트레스를 민감하게 빨리 알아차리고 적절하게 반응해 준다. 위니콧이 말하는 충분히 좋은 엄마, 너무 지나치지도 않고 부족하지도 않은 적당한 사랑을 해 주는 엄마가 여기에 속한다. 그러면 적당하다는 것이 도대체 어떤 것인가? 적당히 민감한 반응이라는 것은 100% 아이의 불편함을 알아차리고 그에 대응하는 것을 말하지 않는다. 영유아와 엄마의 상호작용 연구에 따르면 적당하다는 것은 33.3% 정도라고 한다. 3번 중 1번만 잘 반응해 주면 그것이 아이에게는 심리적으로 건강하게 자랄 수 있는 충분한 요건이 되는 것이다.

안정형 애착을 형성한 아이들의 문제 해결 태도를 살펴보자. 이런 아이들은 문제(엄마와 분리되는 두려움으로 불안한 상태)가 있을 때 문제를 해결해 줄 수 있는 대상(엄마)에게 가 자신이 혼자 감당하기 힘든 두려움의 상태를 감소시킨다. 곧 엄마가 자신의 문제를 해결해 줄 수 있을 거라는 믿음이 있으며 그에 따라 엄마에게 의존하고, 엄마에 의해 자신의 문제가 해결되는 경험을 하며, 자신의 문제가 해결되면 다시 놀이에 집중할 수 있다.

2) 불안정한 애착, 안달복달하거나 무관심한 아이

에인스워스가 처음 애착 유형 실험을 했을 때의 가정은, 애착이 안정적으로 형성되지 않은 아이들은 엄마가 떠났을 때 심하게 부정적으로 반응하고 엄마가 돌아와도 계속해서 부정적 반응을 보이며 쉽게 진정되지 않을 거라는 거였다. 하지만 실험을 거듭하면서 엄마가 떠났을 때나 돌아왔을 때나 별로 반응을 보이지 않는 아이들을 관찰하게 되었다. 이 아이들은 겉으로 보기에는 아무런 스트레스가 없고 편안해 보이는 것 같지만, 심장박동이나 스트레스 호르몬인 코티졸 수치를 검사해 본 결과 엄마와 분리되었을 때 심하게 부정적 반응을 보이는 아이만큼 혹은 그 이상으로 수치가 높았다. 이에 따라 에인스워스는 불안정한 애착을 두 가지 형태로 나누었다.

회피형 불안정 애착
이런 아이들은 겉으로 보기에는 엄마가 오고 가는 것에 무관심하며 볼비가 말하는 애착 행동(엄마 옆에 있으려 하는 근접성, 엄마를 안전기지로 이용해 환경을 탐색하는 것, 두려움을 느끼면 엄마 품으로 달려가서 안식하는 것)을 보이지 않았다. 이는 볼비가 관찰했던 장기간 부모로부터 분리된 영유아들의 반응(처음에는 저항하고, 그다음에는 절망하고, 마지막에는 무관심) 중 마지막 반응과 같은 방어기제였다.

자신이 엄마로부터 위안과 보살핌을 받을 수 없다는 것을 알고 포기한 것이다. 울어봐야 소용없다는 것을 어린 나이에 간파한 것이다.

이런 아이들의 엄마들을 보면 아이가 슬플 때 위로해 주기보다는 더 차갑게 대하고, 아이가 감정을 표현하는 것에 부정적인 반응을 보이고, 아이가 신체적 접촉과 위안을 원할 때 불편해 하고 이를 받아 주지 못하는 경우가 많으며, 이런 감정적인 신호를 나약함으로 생각하고 부정적인 반응을 보이는 경우가 대부분이었다.

이런 엄마 밑에서 아이들은 감정을 표현하는 것이 아무 소용도 없고 자신의 불편함·두려움에서 구해 줄 사람이 없기 때문에, 그냥 그것을 표현하지 않고 혼자 견딘다. 이런 아이들은 문제(엄마가 없어져서 느끼는 두려움과 스트레스)가 생기면 문제를 표현하지도 않고 회피(엄마를 외면)한다. 내가 감정적으로 불편하다는 것을 엄마가 알면 엄마가 더 불편해 하거나 싫어하니까, 이제는 엄마의 감정이 내 감정보다 더 큰 문제가 되어 버려 문제인 엄마를 회피하는 것이다. 이런 아이들은 겉으로는 혼자서 잘 노는 것 같지만 사실 놀이에도 집중하지 못하는 경우가 많다. 감정 조절 측면에서 보자면 이런 아이들은 흥분하는 것을 엄마가 긍정적으로 받아들여 주지 않았기 때문에 자신의 몸과 마음이 흥분되는 상태에 대한 불안이 있다. 이런 아이들은 스트레스 상황에서 부교감신경이 주로 작동되어 수치심과 우울감이 팽배하고, 분노나 두려움, 즐거움, 행복감 등 흥분된 상태를 감당하지 못할 거라는 두려움 때문에 항상 모든 것에 감정을 잘 느끼지 않고 감정이 들뜨는 것을 금기시한다.

양가적 불안정 애착

이런 아이들은 엄마가 어디로 갈까 봐 지나치게 걱정해서 놀지 못하고 항상 시선과 관심이 엄마에게 향한다. 그래서 엄마가 같이 있을 때도 놀이에 집중하지 못하고(엄마를 안전기지로 이용해 주변 탐색을 할 수 없고), 엄마가 떠났을 때는 심하게 화를 내고 울고불고하지만, 엄마가 돌아왔을 때도 계속 화를 내고 엄마에 의해 진정되지 않는다(엄마를 안식처로 사용하지 못한다).

양가적 불안정 애착은 적극적으로 분노를 표현하는 유형과 수동적으로 대처하는 유형으로 나뉜다. 적극적으로 분노를 표출하는 아이는 엄마와 분리되었을 때 압도적인 스트레스 반응을 보이고, 엄마가 돌아왔을 때 기뻐하다가 금방 또 화를 내며 엄마를 밀쳐 내는 양가감정을 반복해서 보인다. 수동적인 유형은 엄마가 돌아왔을 때 조금의 위안을 찾긴 하지만 엄마한테 스스로 다가가지 못한다. 마치 엄마한테 다가가기에는 너무 무력하거나 너무 비참한 것처럼 말이다. 아무튼 이런 아이들은 엄마가 다시 와도 스트레스가 감소되지 않고 엄마의 행방에 대한 긴장을 풀지 못한다.

이런 아이들의 엄마들을 보면 엄마가 아이의 신체적·감정적 요구와 필요에 일관되지 않게 반응하는 경우가 많다. 아이의 신호에 민감하지 못하고 아이에게 필요한 자극과 정서적 지지보다 더 많은 것을 주는 등 아이의 자율성을 침범하고 아이의 독립심을 좌절시키는 경우가 많다.

이런 아이들은 늘 문제가 생길까 봐(엄마가 떠날까 봐) 전전긍긍하고 실제로 문제가 생기면(엄마가 떠나면) 어찌할 바를 모르고 감정에 압도되며, 문제를 해결할 수 있는 사람인 엄마를 믿고 싶지만 그렇게 하지 못해 자신의 괴로운 상태가 진정되지 않는다. 이런 아이들은 문제를 있는 것보다 더 크게 만들어서 엄마가 계속 자신에게 관심을 주고 떠나지 못하게 하는 전략을 발전시킨다. 감정 조절 측면에서 보자면 이런 아이들은 편안하거나 우울한 상태에 있으면 엄마 눈에 띄지 않아 필요한 관심을 받지 못할 거라는 두려움이 있으므로, 스트레스에 지나친 흥분 상태로 반응하고 이를 가라앉히지 못한다. 항상 각성된 상태로 있게 되므로 수치심이나 우울감을 느끼고 그 경험을 처리하기보다는 분노나 조증 방어로 반응하게 된다.

3) 혼돈형 애착, 공포에 사로잡혀 어쩔 줄 모르는 아이

위에서 말한 안정적 애착이나 불안정한 애착(회피형과 양가형)은 그래도 스트레스에 대한 일관적인 반응과 극복 전략이 있는 것이다. 안정적 애착을 형성한 아이는 문제를 풀어 줄 수 있는 사람에게 의존해서 문제를 풀고, 회피형은 자신이 문제를 가지고 있다는 것을 남이 알 때 문제가 더 커질 수 있으니 아무 문제가 없는 것처럼 문제를 회피함으로써 문제를 풀고, 양가형은 엄마가 어떤 때는 도와주고 어떤 때는 도와주지 않으므로 무조건 문제를 크게 만들어 엄마가 자기 옆을 떠나지 않게 하는, 늘 문제에 지나치게 집착하고 전전긍긍하며 대처하는 일관성을 보인다.

하지만 혼돈형은 불안정한 애착마저도 형성되지 않은 상태다. 이런 아이들은 스트레스에 대한 전략이 전무하므로, 스트레스가 생기면 어떻게 대처해야 할지 모르고 혼란스러워 한다. 엄마랑 함께 있을 때 상반되거나 이상한 행동을 보이고, 엄마가 자리를 비웠다 다시 올 때, 손은 뻗어서 엄마를 향하지만 다리는 뒷걸음질을 하는 등 다가가지도 도망가지도 못하는 현상을 보이거나 정신이 나간 듯한 해리 현상을 보인다. 이런 아이들의 엄마는 아이에게 안식처를 제공해 주기보다는 아이들을 공포에 빠뜨리는 위협적인 대상인 경우가 많은데, 정신 질환, 극심한 스트레스, 약물 중독에 빠져 있는 경우가 대부분이다. 아이는 부모를 두려운 존재 혹은 두려움에 떠는 존재로 경험한다. 문제 해결의 열쇠를 가진 사람이 문제 자체인 경우이기에 다가가지도 못하고 도망가지도 못하여 우왕좌왕하거나 중간에서 꼼짝도 못하는 상태가 되는 것이다. 감정 조절 측면에서 보면 이런 아이들은 예측 불가능하게 극심한 흥분 상태와 감정 저하 상태를 왔다 갔다 한다. 그 결과 심한 분노와 우울증을 경험할 수 있다.

여기까지 읽으면서 독자들은 어떤 생각을 했을지 궁금하다. 위에서 묘사한 반응들이 생후 12개월에 관찰되는 행동이라는 것이 놀랍지 않은가? 12개월 만에 우리는 이미 상대가 어떤 사람인지 간파하고 그 사람에게 무엇을 기대할지 알며, 스트레스를 받았을 때 어떤 전략을 써야 하는지에 대한 기본적인 청사진mental map을 갖게 된다는 것을 생각하면 충격적이다.

4) 내적 작동 모델, 생존을 위한 아이들의 몸부림

볼비는 유아가 세상에 태어나서 실제로 어떤 경험을 했는지가 세상, 자신, 남을 어떻게 바라보는지에 지대한 영향을 미친다고 보았다. 엄마와 상호작용을 반복하면서 내가 어떤 행동을 했을 때 엄마가 어떻게 반응할 거라는 기대 · 예측이 형성되는데 볼비는 이를 내적 작동 모델이라 불렀다. 아이들 머릿속에 형성되는 자신, 세상, 사람, 문제 해결 방법에 대한 기본적인 청사진이라 할 수 있다. 반복적인 상호작용으로 이런 기대와 예측이 형성되면 기대에 따른 행동을 하기 마련이다. 하지만 반대로 행동 자체가 청사진을 강화시키는 역할도 동시에 할 수 있다. 예를 들면 고통스런 상황에서 울어도 엄마가 반응해 주지 않는 경험을 반복해서 하면 울어 봤자 소용없다는 것을 알고 울지 않게 될 것이다. 이런 예측에 따라 고통스런 상황에서 표현하지 않으면 엄마를 포함한 다른 사람들은 아이가 고통을 받고 있는지 알 길이 없기 때문에 더더욱 아이를 고통에서 구해 주지 못하고, 그러면 '아무도 도와주지 않을 거다'라는 아이의 믿음은 한층 강화된다.

에인스워스의 제자 메리 메인Mary Main은 6세가 된 아이들의 애착 유형을 조사했는데, 12개월에 보였던 애착 유형이 6세에도 그대로 나타나며 이는 엄마의 애착 유형과도 일치한다는 놀라운 결과를 발견했다. 또한 엄마가 어떤 유형의 애착을 가지고 있는지에 따라 아이가 태어나기도 전에 그 아이의 애착 유형을 예측할 수 있으며 정확도는 75%나 된다고 한다.

내적 작동 모델은 엄마와의 관계에서 무엇이 효과적으로 작동하는지에 관한 것이다. 혼자서는 살 수 없는 아이가 엄마에게 효과적인 방법을 파악하고 거기에 자신을 맞춰서 살아남으려 하는 생존 본능의 일환이다. 다시 말하면 내적 작동 모델이란 연약한 유아들이 세상에서 살아남기 위한 눈물겨운 노력인 것이다.

엄마가 자신의 필요를 잘 알고 민감하게 반응해 줄 거라는 사실을 아는, 안정적 애착이 형성된 유아는 자신의 감정과 욕구/요구를 잘 알고 또 표현할 수 있다. 하지만 회피형 불안정 애착이 형성된 유아는 엄마가 거절할 것을 예상하고 그에 대한 자신의 분노를 예상하기 때문에, 자신의 느낌과 요구를 인식하는 것은 위험한 것이 되어 이를 인식하거나 표현하지 못한다. 따라서 자신의 내적 경험을 숨기거나 축소시키는 전략을 쓰게 된다. 양가적 불안정 애착을 가진 유아는 엄마가 어떤 때는 자신의 요구를 잘 파악해 보살펴 주고, 또 다른 때는 전혀 반응해 주지 않기 때문에 자신의 상태와 욕구를 과장되게 인식하고 과장되게 표현해서 엄마가 어쩔 수 없이 관심을 기울이게 하는 전략을 발전시킨다.

볼비는 애착 시스템attachment system과 탐색 시스템exploratory system에 대해 이야기하는데 이 두 가지 시스템은 상보적이다. 애착 시스템은 유아가 두렵거나 스트레스를 받을 때 자신보다 강하고 현명한 엄마에게 가서 도움을 받고 다시 편안한 상태로 돌아오게 하는 것이 목적이고, 탐색 시스템은 유아가 독립적으로 밖에 나가 세상을 탐색하게 한다. 이 두 가지 시스템은 동시에 일어날 수 없다. 하나가 작동되면 다른 하나는 억제된다.

이런 측면에서 보면 회피형 애착을 형성한 아이가 표면적으로 엄마의 존재와 부재에 무관심한 반응을 보이는 것은 엄마에게 관심이 없기 때문이 아니라 이를 적극적으로 무시하고 자신의 관심을 장난감이나 놀이에 지나치게 쏟으려 하는 노력이다. 자신의 불안을 회피하려는 전략인 것이다. 회피형 불안정 애착을 형성한 아이는 애착 시스템을 억제하기 위해 지나치게 탐색 시스템을 가동시키는 전략을 쓴다.

양가적 불안정 애착을 형성한 아이는 단순히 엄마한테 집착하는 것이 아니라 엄마와 접촉하기 위해 피나는 노력을 한다. 그 과정에서 엄마의 소재에 지나치게 초점을 두는 것처럼 보인다. 이런 아이들은 놀이나 장난감에는 신경을 쓰지 않고 항상 엄마가 뭘 하고 어디 가는지 감시하며 자신의 스트레스를 증가시킬 수 있는 작은 신호들에 매우 민감하게 반응한다. 이런 아이들은 애착 시스템을 지나치게 작동시켜 엄마의 예측 불가능한 관심을 잡고 그 결과 자신의 자율적인 탐색 시스템을 억제시키는 전략을 쓰는 것이다. 혼돈형은 애착 시스템과 탐색 시스템 사이에서 우왕좌왕하다 아무것도 사용하지 못하는 '아무 전략이 없는' 상태이다.

자, 그럼 이런 아이들이 자라서 성인이 되었을 때 어떤 성격을 형성하는지 살펴보자.

나는 어떤 사람이 되었나

1) 진정한 배우자감: 편안하고 안정적인 사람

안정적 애착을 형성한 아이들은 커서 편안하고 안정적인 사람이된다. 대체로 세상과 사람에 대한 믿음이 있고, 문제가 있으면 어떤식으로든 해결이 될 거라고 생각한다. 그러니 당연히 자신감이 있고자존감이 높다. 자신의 중심이 잡혀 있으며 실망, 상실, 좌절, 상처등 부정적 경험에 영향을 받긴 하되 심하게 받지는 않고, 비교적 빨리 자신의 중심을 찾을 수 있으며 보다 쉽게 평상심으로 돌아올 수있다.

자신에게 도움이 되는 사람과 도움이 되지 않는 사람이 누구인지 알고, 문제가 생겼을 때는 도움을 줄 수 있는 사람들에게 도움을청해 문제를 해결할 수 있다. 나쁜 일이 생기고 일이 잘 풀리지 않을 때도 잘될 거라는 믿음이 있어 힘든 시기를 참고 버텨 나갈 수 있다. 가족과 친구, 연인/배우자를 사랑할 수 있다. 타인을 인격적으로존중하고 또한 남들로부터 사랑받고 존중받기를 기대한다. 남의 도움도 받고 스스로도 도울 수 있어 문제를 보다 쉽게 헤쳐 나갈 수 있다. 또 이런 믿음 때문에 스트레스를 덜 받고 긍정적인 태도를 유지할 수 있다. 남들과 자신에 대한 이해와 감정 이입이 잘 되고, 쉽게용서하고, 문제에 오래 머무르지 않고 편안한 상태에 오래 머물러있다.

이런 사람 곁에 있으면 편안하고, 꾸미지 않아도 되고, 나 자신으로 있을 수 있다. 최고의 배우자감이며, 같이 일하기 좋은 사람이다.

2) 외딴 섬 회피형: 말을 해 주지 않으면 모른다

그러면 회피형 애착 유형을 형성한 아이들은 어떤 성격의 성인이 될까? 회피형은 남에게 의존할 수 없다는 강한 생각을 갖고 자라기 때문에, 남을 믿지 못하고 자신의 자율성과 독립심을 과장되게 생각한다. 이런 사람들은 문제의 소지가 있으면 신경을 끄도록 뇌가 훈련되었기 때문에 문제가 될 수 있는 자신의 감정·필요·요구·욕망을 잘 인식하지 못한다. 그래서 다른 사람이 위로하고 감정적 지지를 해 줄 상황에 자신을 놓지도 않을 뿐 아니라 그럴 필요도 잘 느끼지 못한다. 이에 더해 누군가 감정적 위로를 하려고 하면 이를 자신이 취약하다는 신호로 받아들여 부정적으로 반응하고 화를 낸다.

항상 '나는 괜찮아'라는 태도로 일관하고, 자신과 다른 사람의 감정을 불편해 한다. 이들은 자신의 감정을 표현하는 것이 남들의 불편을 초래해 결국은 자신에게 불리하다는 것을 의식적·무의식적으로 알고 있으므로 자신의 감정뿐 아니라 상대방의 감정에 이입하는 것도 힘들다. 내가 남을 간섭하는 것도 싫고 남이 나를 간섭하는 것도 싫다는 주의다.

회피형은 크게 네 가지로 분류할 수 있다.

불행한 완벽주의자

한국 드라마에 단골로 등장하는 인물 중 하나는 잘생기고 능력 있고 재산도 많고 학식도 높고 무엇 하나 부러울 것 없는 까칠한 재벌 2세다. 너무나 완벽해서 자기 스스로도 자신을 이상적으로 생각하고 자기보다 못한 다른 사람들을 무시한다. 하지만 드라마에서도 언뜻 비치듯이 겉으로 완벽해 보이는 이들의 완벽함은 자신이 스스로 만들어 낸 사랑의 대체물이다. 그리스 신화에 나오는 나르키소스는 여신 네메시스의 미움을 받아 우물에 비친 자신의 모습과 사랑에 빠지고 그 사랑을 만나기 위해 우물 속으로 몸을 던진다. 이런 식의 자기애는 자신을 있는 그대로 받아들이고 수용하는 마음으로 사랑하는 것과 다르다. 자신을 마음으로 받아들이고 사랑하는 것은 자신이 부족함에도 불구하고 자신을 사랑하는 것이지만, 이런 사람의 자신에 대한 사랑은 자기가 완벽함을 유지할 때만 유효하기 때문에 자신의 완벽함에 조금이라도 흠집이 나면 스스로를 못살게 굴며 힘들어 한다. 이들의 완벽함이란 객관적인 것이 아니라 철저히 주관적인 것으로 남들이 봐서는 이미 너무 완벽한데 그들에게는 늘 뭔가 부족한 부분이 느껴지는 것이다.

하나의 목표를 달성하면 만족하고 안주하기보다는 다른 목표를 찾아서 또 달려간다. 이런 사람들은 일중독에 빠지기 쉽다. 늘 앞을 향해 달려가기 때문에 자신에게 쉴 수 있는 시간과 마음의 여유를 허락하지 않는다. 그러니 자신의 시간과 감정을 소모해야 하는 인간관계며 로맨스에 관심을 가질 턱이 없다.

이런 사람들은 한편으로는 자신이 완벽하다고 생각하면서 자신의 모습에 만족하지만, 다른 한편으로는 자기 마음속 깊은 곳에 깔려 있는 열등감과 수치심을 알고 있다. 이 불편한 감정에서 도망가기 위해 자신보다 못한, 소위 완벽하지 못한 사람들에게 자신의 열등감과 수치심을 투사하고 그 사람들을 무시하고 경멸하면서 마치 자신에게는 그런 마음이 없는 듯 살고 있는 것이다.

그들은 남들로부터 아무것도 원하지 않고 혼자만의 세계에서 자신의 완벽함에 감탄하면서 외롭게 지내지만 자신이 외로운지 자각도 하지 못한다. 드라마를 보면 겉으로 완벽한 이들은 부모가 너무 바빠 보모의 손에 자랐다거나 부모에게서 진정한 사랑을 받은 적이 없어 사랑을 할 줄 모르는 사람으로 묘사된다. 이런 사람이 너무나 부족하고 학식과 재산, 인물도 없으나 마음이 따뜻한 인간적인 여자(안정적 애착을 형성한 사람)를 만나서, 자기애의 거품이 터지고 겉으로 완벽해 보이는 차가운 세상을 버리고 부족하지만 따뜻한 인간적인 세상으로 가는 것이 드라마의 뻔한 결론이다. 이를 애착이론으로 설명하면 회피형 애착 유형의 사람이 안정형 애착 대상을 만나서 안정적인 애착을 획득해 가는 과정을 그린 것이라고 볼 수 있다.

이런 사람들과 같이 있으면 괜히 주눅이 든다. 내가 뭔가 잘못하고 있는 것 같고, 부족한 것 같고, 자신이 한없이 작아진다. 따라서 이런 사람과 같이 있으면 부족한 내가 초라해지고 싫어진다. 이런 완벽한 사람들에게는 가까이 다가가기가 힘들다. 그들은 모든 것을 가지고 있는 듯 보이기 때문에 내가 그들에게 중요한 뭔가를 할 수 있고 줄 수 있다는 것은 꿈조차 꾸지 못하는 것이다. 완벽주의자들은 이런 식의 불편한 마음을 주변 사람들에게 불러일으키기 때문에 가까이 접근하는 사람이 잘 없고, 이는 남들과 거리를 두어 영향을 받지 않으려 하는 완벽주의자의 기대를 강화시킨다. 이들은 사람을 가까이에서 경험하지 않기 때문에 전체적인 맥락에서 사람의 행동을 이해하지 않고 한 부분에만 집중하며, 결과적으로 남들을 더 쉽게 비판하고 경멸한다.

과대망상 돈키호테형

불행한 완벽주의자에서 변형된 성격으로, 자신을 대단하게 생각하지만 앞에서 말한 완벽남처럼 현실에 근거한 것이 아니라 철저히 주관적으로 자신을 대단하게 여기고 남들을 무시한다. 이들은 완벽남과 비슷한 점이 많지만 환경에서 차이가 있다. 완벽남은 환경이 받쳐 줘 자신이 완벽해질 기회를 가졌지만, 이들은 환경이 받쳐 주지 못해 자신의 이상과 현실 사이에 상당한 괴리가 있다. 이들은 근거 없는 자신감으로 가득하고, 자신을 너무나 그럴듯하게 잘 포장해 처음에는 남들이 대단한 사람일 거라고 속는다. 이들은 한편으로 자신의 열등감과 수치심을 잘 알고 있으므로 이를 속이고 숨기려 안간힘을 쓰고, 그래서 더 자신을 과장되게 포장한다. 따라서 자신의 진짜 모습을 들킬까 봐 남들과 절대로 가까워질 수 없다. 남과 항상 일정한 거리를 두고 내가 보이고 싶은 모습만 보여 주어 자신의 허상을 유지하는 방법을 쓰는 것이다.

　이런 사람은 자신의 공적은 과대평가하고 다른 사람의 공적은 무시하며, 자신의 단점은 최소화하고 남의 단점은 극대화해 잘못이나 단점을 용서하지 못하고 화를 내는 경우가 많다. 자신이 하고 싶은 것과 할 수 있는 것을 잘 구분하지 못하고 동일시하는 경향이 있으며, 내가 하고 싶다고 생각했기 때문에 이미 이뤘다고 여기고 목표를 위한 실질적 노력은 잘 하지 않는다. 이상적인 목표를 세우고 그 생각으로 행복해 하며 처음에는 최선을 다해 목표를 향해 간다. 모든 것이 순조롭게 잘될 때는 힘을 받아 더 열심히 잘할 수 있지만 어떤 문제가 생기면 그 문제를 극복하기 위한 최선의 노력을 하기보다는(문제를 해결하는 방향으로 다가가기보다는) 이를 지나치게 개인적으로 받아들여(자신에 대한 공격으로 생각하여) 자존감에 심한 상처를 입고, 이로부터 도망가기 위해 TV, 컴퓨터, 또는 자신과 별 상관없는 정치·사회적 이슈에 지나치게 집중하거나 자신을 흥분시키는 새로운 일을 도모하고 시도한다. 하지만 이 새로운 일에도 문제가 생기면 같은 패턴으로 돌아가 계속해서 문제를 회피하는 것으로 문제를 해결한다.

　이들은 문제가 풀리지 않으면 자존감이 상하고 강한 수치심을 느끼며 결국 깊은 우울감에 빠지게 되므로 이를 회피하기 위한 전략을 끊임없이 쓰는 것이다. 이런 사람들은 자신이 최고라는 극치의 경험을 유지하기 위해 엄청난 대가를 치르는 것도 마다하지 않는다. 실패에 대한 수치심으로 깊은 우울감이 느껴지면 바로 거기에서 빠져나오기 위해 더 큰 한 방을 노리고, 그러기 위해서는 더 큰 판돈이 필요하기 때문이다.

표면적으로 아는 사람들은 이들을 에너지 넘치는 사람, 아이디어가 많은 똑똑한 사람, 멋있는 사람으로 생각할 수 있으나 가까이에서 지켜보는 가족은 무기력하게 느끼는데, 매번 이들이 하는 말에 속고, 나중에는 속지 않더라도 이들을 막을 방법이 없다고 느끼기 때문이다. 이들은 어떤 계획을 세우거나 일을 할 때 너무나 긍정적이고 희망적인 부분만을 제시하며, 그것이 정말 중대한 일인 것처럼 접근하기 때문에 상당히 설득력이 있다. 하지만 신기루 같은 계획일 때가 많아서 배우자나 가족이 이를 통제하지 않으면 엄청난 경제적 손실을 입을 수도 있다. 어떤 이유에서든 더 이상 자신을 흥분시킬 수 있는 출구 전략exit plan을 찾지 못하면 깊은 우울감으로 떨어지고, 이 우울감에서 헤어나는 방법은 자신에 대한 성찰이 아니라 또 다른 흥분 자극제인 한탕, 기회를 붙잡는 것이다.

이런 사람들은 잘되는 것은 자기 탓이고 못되는 것은 남의 탓이라고 생각한다. 문제가 있을 때 자신의 과오를 깊이 반성하여 이런 일이 없도록 하는 것이 아니라 남의 탓, 환경 탓을 하기 때문에 힘든 상황에서 자신이 스스로 통제할 수 없는, 자신은 아무것도 할 수 없는 무기력한 상황에 자신을 계속 놓는 것이다. 가족들은 이들에게 강하게 설득되거나 혹은 지원해 주지 않을 경우 그들이 깊은 우울감에 빠지는 것을 보고 싶지 않아서, 밑 빠진 독에 물 붓기 식으로 계속 지원해 주는 악순환을 반복하기 쉽다.

게리는 아내 손에 이끌려 상담실을 찾았다. 연이은 투자 실패로 가정형편이 어려워졌는데도 아내더러 친정에서 돈을 빌려서 자신의 엄청난 계획에 투자하라는 걸 보다 못한 아내가 이혼을 고려하면서 마지막으로 부부 상담을 받으려고 온 것이다. 게리는 경제적으로 어려운 집안에 장남으로 태어나 부모의 관심을 받지 못하고 거의 혼자 자라다시피 했다. 부모와의 관계를 물어 봤을 때 자신은 부모의 사랑을 많이 받았다고 했지만, 이를 뒷받침할 수 있는 일화를 얘기해 달라고 했을 때는 아무것도 답하지 못했으며 현재는 부모님과 연락을 하고 있지 않다고 했다.

명석한 두뇌와 잘생긴 외모로 친구들과 선생님의 관심을 받았고, 한 번도 집에 돈이 많다는 거짓말을 하지 않았지만 친구들과 선생님은 당연히 게리 집은 잘 살 거라 가정했는데, 이런 태도가 늘 게리를 불편하게 했다. 자신이 직접 거짓말을 한 것은 아니지만 자신에 대한 남들의 허상을 깨지 않는 것에 죄책감이 있었고, 학교에서는 자신이 대단한 사람처럼 느껴지다가 집에 가면 아무것도 아닌 사람이 되는 경험을 하면서 지냈다.

게리는 명문대를 나오고 남들이 부러워하는 직장에 다녔다. 직장에서도 새로운 사업을 기획해 성공적으로 이끌어 나가며 모든 것이 순조롭게 풀리는 듯했다. 하지만 미국에 경제위기가 닥치고 고객들의 회사가 문을 닫아 게리의 실적이 떨어지면서부터 문제가 생기기 시작했다. 911 테러가 사실은 미국 정부에서 꾸민 일이라는 음모론에 심취한 게리는 관련 자료를 모아 동료들과 고객, 주변 사람들에게 알리고 다녔다. 특히나 미국에서는 더욱 보수적인 게리의 직업상 이는 치명적으로 작용할 수밖에 없어 고객들의 신뢰가 떨어지며 게리의 일들은 더욱 안 풀리게 되었다. 직장에서 신나게 할 일이 없어진 게리는 종일 인터넷으로 가십거리나 다른 음모론을 찾아 거기에 빠졌고, 이를 눈치 챈 부인이 한가한 시간을 이용해 공부를 하거나 책을 보고 사람들을 만나는 시간으로 사용하라고 권했지만 게리는 여러 가지 핑계를 대며 자신이 할 수 있는 것은 하지 않고 혼자 상상의 나래를 펴고서, 자신이 알고 있는 이렇게 중요한 정보를 모르고 살아가는 사람들을 불쌍하게 생각하며 스스로 자신이 중요한 사람이라는 허상을 붙잡고 시간을 허비했다.

그것도 좀 시들해지자 게리는 자신을 흥분시킬 수 있는 또 다른 일을 찾기 시작했다. 부동산 투자를 하면 엄청나게 돈을 벌겠다는 생각에 경제관념이 없는 아내를 들들 볶아 친정에서 돈을 빌렸고, 부동산 투자를 했다가 엄청난 손해를 보았다. 그다음에는 이를 만회하기 위해 주식에 투자했다 실패를 맛보고 경제적으로 매우 어려워졌는데, 설상가상으로 직장에서도 해고를 당했다.

게리의 사례는 진득하게 한 목표를 향해 달려가고 문제가 생기면 진중하게 받아들여 해결 방법을 모색하는 데 최선을 다하기보다는 문제가 생기면 이를 회피하는 방식으로 해결하는 전형적인 과대망상 돈키호테형의 특성을 잘 보여 준다.

영혼 없는 열성팬

이런 사람들은 엄마가 자기애적인 성향이 강해서 아이의 욕구나 요구에 우선적으로 반응해 주기보다는 엄마 자신의 욕구나 요구를 우선시한 경우 생길 수 있다. 아이는 항상 자신의 욕구나 요구는 뒷전이라는 걸 파악하고, 엄마가 얼마나 위대한가를 인정하고 이를 반영해 주는 것이 자신이 살아남는 방법임을 터득한다.

이렇게 자란 사람들은 남들을 이상화하는 경향이 있다. 이들은 경험을 통해서 마음속에서 우러나는 존경과 흠모의 특질을 근거로 하기보다는 상대방이 어떤 사람인지 알기도 전에 미리 이상화하기로 결정한 사람처럼 행동한다. 이들은 남을 이상화하고 칭찬해 주어 상대의 기분을 좋게 하고 상대가 매우 중요한 사람인 것처럼 느끼게 하는 데 탁월한 능력이 있다. 하지만 이런 사람과는 깊고 친밀한 관계를 맺는 것이 매우 힘들다.

보통 사람들은 새로운 사람을 만나면 서서히 알아가는 과정에서 그 사람을 내가 얼마나 신뢰할 수 있는지 나와 얼마나 잘 맞는지 등을 파악하며 표면적으로 웃으며 인사 정도만 하는 사람에서부터 많은 것을 믿고 공유하는 진정한 친구에 이르기까지 다양한 종류의 인간관계를 형성해 나간다. 하지만 남을 이상화하는 사람들은 '친구니까 당연히 믿을 수 있겠지', '남자 친구니까 당연히 나를 사랑하겠지', '교회 다니는 사람이니까 당연히 좋은 사람이겠지' 하는 식으로 경험과 상호작용의 결과로 사람을 믿고 경계를 조절하기보다는 처음부터 이 관계가 어떨 거라고 혼자서 결정하고 그에 따라 행동한다. 뒤집어 말하면 이들은 자신이 이상화하는 대상이 정말 자기가 생각하는 정도의 이상적인 사람이 아니면 어떡하지 하는 두려움이 너무 커서 실제 내 앞에 있는 사람이 어떤 사람인지 직면하지 못한다.

몇 년 전 TV 드라마에서 보았던 내용이다. 남편과 사별한 할머니가 처녀 시절 첫사랑이었던 할아버지를 만나 다시 연애를 하면서 정말 행복한 시간을 보낸다. 자식들도 어머니가 새로운 사람을 만나 행복해 하는 것을 진심으로 기뻐하고 축하하면서 어머니와 함께 재혼 계획을 잡기 시작한다. 그러던 어느 날, 주인공 할머니는 연애를 하던 할아버지의 부인에게서 전화를 받는다. 당신이 지금 만나고 있는 사람은 아내가 있는 사람이니 정신 차리라는 내용의 전화였다. 심한 충격과 상실감에 우울해 하는 할머니를 보고 딸이 묻는다. "엄마는 왜 그분이 혼자 되셨는지 아닌지 물어보지 않았어요?" 그 할머니 대답이 기가 막힌다. "부인이 있다는 걸 아는 게 두려웠어." 부인이 있다는 걸 알면 자신이 연애를 할 수 없으니 내가 그 사실을 모르는 한 나는 잘못한 것이 없는 것이고, 지금 이 순간을 즐길 수 있는 것이니까. 이것이 바로 이런 사람들의 특징을 잘 보여 준다. 실제를 보는 게 아니라 자기가 보고 싶은 것만 보는 것. 그리고 다른 것이 보일까 봐 눈을 꼭 감는 것.

앞에서도 말했듯이 이들은 늘 남들을 대단하게 생각하고 칭찬해서 기분 좋게 만들어 주기에 처음에는 관계를 맺기가 쉽다. 하지만 시간이 지날수록 상대방은 관계에 구멍이 메워지지 않은 듯 공허함을 느낀다. 이런 사람들은 상대방을 있는 그대로 보기보다는 자신이 보고 싶어 하는 모습만을 보려고 하기 때문에 온전히 수용되지 않는 느낌이 들고 내가 그 관계에 없는 느낌을 불러일으키기 때문이다. 상대방이 느끼는 이런 구멍들은 더 친밀한 관계로 나아가려 하는 데 엄청난 장애물이 되고, 아무리 상대가 이에 대한 문제를 제기하고 고쳐보려고 해도 이들은 상대가 무슨 말을 하는지 잘 알아듣지 못하거나 알아도 고치려 하지 않는다. 이런 식으로 서로 좌절감을 느껴 관계가 깨지는 경우가 많은데, 이들과의 친밀함은 이들이 정해 놓은 수준까지만 갈 수 있고 더 깊은 관계로 진행하려 하면 심한 저항을 경험하게 된다.

사람들을 늘 칭찬하고 대단한 사람으로 받들어 주는 만큼 사람들은 이들과 같이 있는 것을 좋아할 수 있지만, 정작 이들은 자신의 불안과 이익 때문에 남들을 이상화하고 잘해 주는 것이라 남들의 진심은 별로 신경 쓰지 않는다. 따라서 함께 있으면 너무 일방적인 느낌이 든다.

모든 것을 제 맘대로 하는 독재자

이런 사람은 모든 것을 자기가 통제하려고 하고 남들에게 통제당하는 것을 극도로 싫어한다. 참을성이 없고 지나치게 아이의 행동을 통제하려 하는 부모 밑에서 자란 아이들이 자라서 남들과 타협하지 못하고 지나칠 정도로 모든 것을 자기 방식대로만 하려 하는 성격을 발전시킬 수 있다.

이들은 친밀한 인간관계를 맺지 못하고, 다른 사람들로부터 감정적 지지를 받는 것을 거부한다. 누가 자신에게 관심 보이는 것을 싫어하고, 남들이 잘해 주려고 다가오면 자신을 통제하려는 의도로 보고 화를 내거나 도망간다.

이런 사람들과 있으면 다가가서 도와주려는 나의 좋은 의도가 나쁘게 받아들여지기 때문에 오해받는 느낌이 들고 화가 나서, 다시 손을 내밀거나 가까이 지내고 싶은 마음이 들지 않는다.

혜진은 독재자 같은 아버지 밑에서 자랐다. 아버지의 말은 곧 법이었다. 워낙 강한 아버지 밑에서 어머니도 불만은 있었지만 시끄러워지는 게 싫어 늘 아버지가 원하는 대로 맞추려 노력했고 아이들에게도 이를 강요했다. 정말 많은 사소한 규칙들을 어린아이가 지키기는 쉽지 않았다. 밥 먹을 때만 예로 들어 봐도 음식을 흘리면 안 되고, 소리를 내서도 안 되고, 말을 해서도 안 되고, 수저를 한 손에 들면 안 되고, 수저는 각도에 맞춰 놓아야 하고, 고기를 먹고 나서는 물을 마시면 안 되고, 밥을 먹는 도중에도 물을 먹으면 안 되고, 첫술에 쌈을 싸서 먹으면 안 되고 등등 혜진이 따라야 했던 규칙만 수십 가지였다.

대학 입학을 계기로 처음으로 부모 품을 떠나 자신을 옭아매던 모든 규칙에서 벗어나니 처음에는 내 맘대로 살 수 있다는 것이 너무나 좋았다. 하지만 이 자유를 지키고 싶은 마음이 너무 크다 보니 사람들과의 관계를 조율하는 것도 힘들고, 과제나 자신이 해야 할 일들도 하지 못하는 상태에 이르렀다. 다른 사람과 만날 약속을 하다가도 자신이 원하는 시간이나 장소가 아니면 약속을 포기한다. 나를 불편하게 하면서 다른 사람에게 맞춘다는 것은 과거 자신의 집에서 아버지 법대로 살았던 끔찍한 기억을 떠오르게 하기 때문이다. 매사에 이러다 보니 사람들에게 혜진은 이기적인 사람, 뭐든지 자기 맘대로 하는 사람으로 비춰졌다. 이제는 자신이 아버지가 되고 남들을 아버지 밑에 있었던 어린 혜진으로 만드는 것이다.

학교에서 보내는 이메일이나 우편도 잘 열어 보지 않는다. 열어 보면 뭔가 자신에게 요구하는 내용이 들어 있을 수 있으니, 열어 보지 않는 한 자신은 모르기 때문에 좀 더 자유를 누릴 수 있다는 생각에서였다. 그러니 당연히 과제나 중요한 서류들을 제때 제출하지 못해 항상 문제에 봉착하게 되었다.

자신이 남을 위해 조금이라도 손해를 보는 것을 견디지 못하는데, 최근에는 이런 태도 때문에 아르바이트를 하던 슈퍼마켓에서도 해고를 당했다. 내막은 이렇다. 한 고객이 케이크를 구입하려고 계산대에 올려놓자 혜진이 계산을 위해 바코드를 찍으려 했다. 그런데 바코드가 케이크 상자의 바닥 면이 아니라 옆면에 있었다. 그러자 혜진은 케이크 상자를 비스듬히 눕혀 바코드를 찍었고, 그 바람에 케이크가 찌그러지자 고객이 매니저에게 불만을 제기했다. 그리고 혜진이 계속해서 고객 중심으로 서비스를 제공하지 못하는 것을 지켜보던 매니저는 해고를 결정했다. 보통 사람이라면 케이크가 상하지 않도록 상자를 똑바로 두고서 손으로 들 수 있는 바코드 리더를 이용할 텐데, 혜진은 케이크가 무너지든 말든 계산대에 부착된 바코드 리더에 찍었다. 상대가 어떻든 어떤 요구가 있든 상관없이 내가 하던 대로 그냥 하는 것이다. 누군가를 위해 자신이 평소에 하던 것보다 조금 더 신경을 쓰고 노력을 기울이는 것을 자신이 통제당하고 착취당하는 신호로 여기고 이로부터 도망가기 위해 최선을 다한 것이다. 표면적으로 이런 사람은 융통성 없고 이기적이고 남의 호의를 무시하는 배은망덕한 사람으로 보일 수 있다. 하지만 이는 자신이 통제당하는 것이 너무나 두려워 어떤 수단과 방법을 써서라도 도망가려고 하는 회피적인 성향 때문에 일어나는 것이다.

신경생물학적 관점에서 보면 이런 회피형 성격이 형성된 사람은 언어와 논리적 사고, 직렬 정보 처리를 담당하는 좌뇌가 지나치게 발달한 반면 감정과 다양한 정보를 동시에 처리하는 우뇌는 상대적으로 발달하지 못했기 때문에 자신과 상대방의 감정적·비언어적·신체적 신호를 잘 읽지 못한다. 회피형의 공통적인 특징은 '말을 해 주지 않으면 모른다'는 것이다. 배우자가 이런 사람일 경우, 사람들은 자신의 마음을 몰라주는 배우자를 야속하게 여기면서 정말 몰라서 그런 건지 알면서 모르는 척하는 건지 궁금해 한다. 마음을 몰라준다고 화를 내거나 투정을 하면 이들은 "말을 하지 않으면 내가 어떻게 아느냐? 내가 당신의 마음속을 다 읽기를 바라느냐?"라고 상대방을 비난한다.

이런 사람들은 정말 상대가 원하는 것을 알면서도 모르는 척하는 걸까, 아니면 몰라서 못하는 걸까? 정답은 둘 다. 회피형은 문제가 되는 감정적 요구에 대해서는 회피하도록 자동적으로 입력되어 있다. 일단 이렇게 청사진이 형성되면 이제는 시스템이 자동적으로 반응해 의식하기도 전에 반사적으로 회피하게 되므로 한편으로는 의식적인 것은 아니다. 하지만 귀찮기 때문에 알면서도 모르는 척하는 부분이 전혀 없는 것도 아니다. 이런 회피형이 변하기 위해서는 무의식적·반사적 회피 성향을 의식적으로 자각하고 억지로 방향을 틀어 관심을 기울이는 노력을 해야 한다.

3) 안달복달 집착형: 말하지 않아도 내 마음 알지?

양가적 불안정 애착을 형성한 아이들은 자라서 집착하는 성격으로 발전한다. 대체로 이들은 겉으로 봤을 때는 활기차고 생동감이 있지만 자신의 감정을 잘 주체하지 못하고 다른 사람들과 거리를 두는 것을 극도로 두려워한다. 늘 남들이 나에게 어떻게 하는지에 신경이 곤두서고, 자신이 혼자 남겨지는 것을 극도로 두려워한다. 자신을 믿고 자기가 남의 도움 없이 스스로 문제를 극복할 수 있다는 것을 믿지 못한다.

회피형은 일단 남들을 별로 신경 쓰지 않기 때문에 표면적으로는 스스로 자존감을 유지하는 데 별 문제가 없지만, 집착형은 남의 반응을 지나치게 중요하게 생각하고 남이 어떻게 자신에게 반응하는지가 자신을 반영하는 거울이라 여기기 때문에 상대의 반응에 따라 자신의 자존감이 올라갔다 내려갔다 한다.

이들에게 최대의 위협은 남들과 분리되는 것이다. 이들은 모든 문제에 대한 해결책을 다른 사람과 같이 있는 것에서 찾으려 한다. 버림받을까 늘 걱정하며 사람들을 시험하게 되고, 그 결과로 결국은 버림받는 일이 생긴다.

예측 불가능하게 반응하는 엄마로부터 관심과 지지를 받는 가장 좋은 방법으로, 자신의 괴로움을 과장해서 엄마가 자신의 상태를 무시할 수 없게 하는 것이 생존 전략이 되어 버렸다. 문제는 항상 자신의 내적·외적 괴로움에 대한 신호가 혹시 나타나지 않을까 지나치게 걱정하고, 이런 신호가 감지되는 것 같으면 과장되게 문제를 삼는다는 것이다. 마찬가지로 혹시 애착 대상이 자신을 떠나지 않을까, 거절하지 않을까, 자신에게 관심을 주지 않으면 어쩌나, 자신을 아프게 하지 않을까 늘 노심초사하다 보니 이런 부정적 신호가 상대로부터 감지되면 죽을 것처럼 반응한다. 이 사람들은 늘 애착 시스템을 작동시켜야 하기 때문에 탐색 시스템이 중지되어 일에 집중하는 것이 힘들다. 자신의 안녕을 남에게 지나치게 의존하기 때문에 자신이 가지고 있는 능력과 잠재력을 펼쳐 나가기 어렵다.

회피형은 좌뇌가 지나치게 발달한 반면 우뇌 기능의 발달이 떨어져 감정적·비언어적 신호를 읽는 게 힘들고 말에 지나치게 의존해, 말을 해 주지 않으면 잘 모른다. 하지만 집착형은 반대로 좌뇌보다는 우뇌가 더 발달했기 때문에, 말을 믿지 않고 비언어적·감정적 신호에 훨씬 더 민감하다. 이런 사람들은 내가 말해서 상대방이 들어주는 것은 엎드려서 절 받기라며 매우 싫어하고, 자신이 원하는 것을 말해 줘서 상대가 그걸 해 주면 발로 걷어차 버린다. 이런 사람들은 말

하지 않아도 상대가 자기 마음을 알고 자신이 원하는 대로 해 주기를
바란다. 상대에게 자신의 마음을 읽을 것을 강요한다.

나는 너 없으면 안 돼: 무기력형

이 사람들은 남에게 의존하긴 하지만 그 정도가 극단적이지는 않
다. 이들은 분노보다는 무력감으로 다른 사람들과 관계를 맺는다. 늘
자신이 부족하고 아무것도 할 수 없다고 생각하기 때문에 자기 스스
로 자신의 문제를 해결하거나 욕구/요구를 충족시키지 못한다. 늘
관심의 초점이 다른 사람에게 가 있고, 남들로부터 미움받고 버림받
을까 봐 두려워 자기주장을 펼치지 못하고 늘 남들의 비위를 맞추려
한다.

애슐리는 남편과 함께 디저트 사업을 하고 있다. 탁월한 능력의
소유자이며 회사 절반의 주인이지만 애슐리는 회사에서 존재감이
전혀 없다. 직원들에게 '안 된다'는 말을 못하고 자신의 의견을 강하
게 밀어붙이지 못하다 보니 직원들이 점점 애슐리를 우습게 보기 시
작했다. 이제는 직원들이 애슐리에게 보고도 잘 하지 않고, 애슐리가
뭔가를 요구하면 화를 내고, 휴가나 조퇴도 마음대로 하는 지경에까
지 이르게 되었다.

애슐리가 상담을 받으러 온 계기는 다음과 같다. 자기 책상에 자
신이 좋아하는 비싼 명품 초콜릿을 담아 둔 상자가 있었는데, 한 직
원이 자신에게 물어보지도 않고 와서는 그냥 꺼내서 먹더라는 것이
다. 애슐리는 그것이 너무 싫어서 이건 내 거니까 먹지 말라고 혹은

먹고 싶으면 적어도 나한테 물어보고 먹으라고 말하고 싶었는데, 이 말을 어떻게 해야 할지 몰라서 또 이걸 말하면 자신이 너무 쩨쩨한 사람으로 보일까 봐 걱정되어 며칠을 혼자 끙끙 앓았다. 그러다 도저히 더는 참을 수 없어서 말을 해야겠다고 결심하고는, 거울을 보고 몇 번 연습한 끝에 그 직원에게 말을 꺼냈다. 애슐리는 직원에게 이런 말을 해서 너무 미안하다는 투로 "일반 초콜릿은 당신이 맘대로 먹어도 내가 별로 상관하지 않을 텐데, 이건 내가 정말 아끼는 거니까 먹고 싶으면 먼저 나한테 물어보고 먹었으면 좋겠어요"라고 얘기했다. 그러자 부하 직원이 "내가 이거 먹는 데 뭐 문제 있어요?"라고 되물었고, 애슐리는 '멘붕'에 빠졌다. 직원에게 화가 나서? 천만의 말씀이다. 직원이 그 말을 하자마자 심한 죄책감이 밀려오고 자기가 너무 쩨쩨한 사람인 것처럼 느껴져서 마치 자신이 큰 잘못을 한 것 같아졌기 때문이다. 애슐리는 심한 수치심에 쥐구멍에라도 숨고 싶은 심정으로, 왜 쓸데없는 얘기를 해 그 사람을 기분 나쁘게 했을까 생각했다. 이 말을 들은 남편이 상담을 좀 받아 보라고 해서 상담실 문을 두드리게 된 것이다.

애슐리의 가장 큰 걱정은 남들이 혹시 화가 나면 어쩌나 하는 것이다. 살다 보면 남들이 나한테 화가 날 때도 있을 텐데 그게 왜 그렇게 나쁜 거냐고 물었더니 "그럼 그 사람들이 나를 싫어할 거잖아요"라는 대답이 돌아왔다. 남들이 싫어하는 게 왜 그렇게 나쁜 일이냐고 묻자 "그러면 내가 나쁜 사람이 되고 내가 나쁘다는 걸 알면 그들이 나를 떠날 거잖아요" 했다. 남들의 기분을 상하게 하면 자신이 버림받는다는 것이 머리 깊숙이 프로그램화되었기 때문에 남들이 기분 나빠하는 신호를 감지하면 무조건 어떤 방법을 써서든 비위를 맞추게 된 것이다.

애슐리의 엄마는 자신의 불행한 삶을 애슐리 탓이라고 공공연히 비난했다. 모든 것은 엄마 기분에 따라 결정되었고 똑같은 행동을 하더라도 엄마 기분이 어떤지에 따라 정반대의 결과가 나왔다. 심지어 아이의 작은 실수에도 "나가서 죽어 버려"라는 말을 서슴지 않았다. 네가 말을 듣지 않으면 엄마가 집을 나가거나 죽어 버리겠다는 협박을 들으며 자란 애슐리는 늘 엄마가 떠날까 봐 불안에 떨었고 엄마를 옆에 붙어 있게 하기 위해 엄마가 원하는 모든 것을 다 하려고 최선을 다했다. 따라서 애슐리는 자신이 중심을 잡고 상황을 판단하고 자기 의지대로 밀고 나가기보다는 늘 엄마의 반응을 보면서 자신이 잘하고 있는지 아닌지를 가늠하게 된 것이다. 자신의 작은 실수에도 엄마가 너무 극적인 반응을 보였기에, 커서도 다른 사람의 불편함을 조금이라도 감지하면 애슐리는 극도의 불안을 느꼈고 그걸 무마하느라 본인이 최선의 노력을 하게 되었다. 직장에 있는 동안 다른 사람들의 부정적 반응을 예민하게 감지하고 그로 인한 자신의 불안감에 고통받고 이를 잠재우기 위한 노력을 하는 데 많은 시간과 에너지를 소비하게 되니, 결국은 일할 시간이 모자라 퇴근 후 집에서 밤잠을 줄여 일하고 주말까지 일을 하게 되었다.

버스에서 성추행범이 자신을 더듬는데도 소리를 지르거나 무안을 주면 그 사람이 불편해 할까 봐 걱정돼 아무 말도 못하는 사람,

남편이 바람을 피운다는 걸 알지만 얘기를 하면 남편이 기분이 상해 혹시 자신을 떠날까 봐 말도 못 꺼내는 사람 등이 이 범주에 속한다.

이런 사람들은 객관적으로 능력과 재능이 있음에도 자신의 재능이나 능력을 과소평가해 부당한 대우를 받으며 일하는 경우가 많고 자신이 도움을 받기보다는 도움을 주는 인간관계를 만들기 쉽다. 앞에서 말한 영혼 없는 열성팬(회피형)과 마찬가지로 상대와 함께 만들어 가는 관계를 맺는 대신 일방적으로 상대를 칭찬하고 그 사람에게 맞춰 주려는 욕구가 강하지만 그 동기는 서로 다르다. 영혼 없는 열성팬은 더 가까워지는 것을 회피하기 위해 이런 전략을 쓰는 반면, 이들은 상대가 떠날까 봐, 거리가 생길까 봐 두려워 이 전략을 쓴다. 갑이 아닌 을로써라도 상대를 붙잡아 두고 싶어 하는 것이다. 따라서 나쁜 마음을 먹은 사람들에게 이용당하고 착취당하기 쉽다.

은혜를 원수로 갚는 분노 폭발형

이런 유형의 사람들은 늘 화가 나 있고, 남들에게 의존하는 정도가 극단적이다. 삶에서 크고 작은 트라우마를 많이 경험했기에 공포로 가득한 집착을 갖고 있다.

이런 유형의 사람들은 매일매일이 위기의 연속이다. 인간관계가 너무 힘들어 감정이 너무 압도적이고 고통스럽고 혼란스럽고 텅 빈 것 같다. 이들은 항상 배신이나 거절을 당할까 걱정하며 이런 신호가 주관적으로든 객관적으로든 상대방으로부터 느껴지면 엄청난 불안과 분노가 일어나 이를 전적으로 상대방에 의존해 해결하려고 한다. 상대의 도움이 절실하고 의지하고 싶지만 자신의 요구/욕구가 너무 커서 상대가 이를 견디지 못하면 어쩌나 극도로 두려워한다. 하지만 자신이 스스로 감정을 담아 낼 능력이 없기 때문에 어쩔 수 없이 불안해 하면서도 상대에게 의존한다. 상대가 잘해 주면 잘해 줄수록 의존도는 높아지고, 그럴수록 상대가 떠나면 어쩌나 하는 불안감이 더 커진다. 따라서 상대가 자신의 불안과 분노를 이해하고 감싸 주고 안심시켜 주지 않으면 더 큰 불안과 분노가 일어나고, 그러면 보복하고 싶은 충동이 들고, 이를 실현에 옮겨 상대를 힘들게 해 결국은 떠나가게 만드는 경우가 많다. 이렇게 상대가 떠나면 이런 사람들은 '역시나 올 게 왔구나'라고 생각하고, 그 사람을 믿었던 자신을 미워하며 끝까지 남지도 않을 거면서 관계를 시작한 상대를 비난한다. 이때 상대에게 엄청난 배신감을 느끼는데, 상대가 떠나기까지 자신이 어떻게 기여를 했는지는 생각하지 않는다.

어렸을 때 읽었던 『아라비안나이트』에 이런 이야기가 있다. 한 어부가 바닷가에서 고기를 잡는데 그날따라 고기는 안 잡히고 이상한 호리병 하나를 건진다. 병을 열었더니 그 속에서 무시무시한 마귀가 나와서 이 어부를 죽이려고 하는 것이다. 그때 어부가 마귀에게 묻는다. "왜 너는 너를 살려 준 은인을 죽이려고 하는가?" 마귀의 대답이 가관이다. 이 마귀는 죄를 지어 수천 년 동안 호리병에 갇혀 해저에 묻혔는데, 마귀가 나올 수 있는 유일한 방법은 누군가 이 병을 열어 그 속에 있는 자신을 꺼내 주는 것뿐이었다. 처음 천 년 동안은 누군가가 자신을 꺼내 주기를 기다리면서, 자신을 꺼내 주는 사람에게 보답으로 금은보화를 주겠노라 생각했다. 하지만 아무도 그를 꺼내 주지 않았다. 그다음 천 년은 누가 나를 꺼내 주면 금은보화를 더 많이 주겠다고 생각하며 호리병에서 나갈 날을 고대했다. 하지만 또 아무도 그를 꺼내 주지 않았다. 그다음에는 수많은 시간과 기다림이 미움과 증오로 변해, 이제 누구든 자기를 꺼내 주는 사람이 있으면 죽여 버리겠다는 마음으로 복수의 칼날을 갈게 된 것이다. 희망을 가지는 것이 너무 힘들어 이를 절망과 미움, 복수로 바꿔 버린 좋은 예라서 나는 이 이야기를 내 내담자에게 가끔 하곤 한다.

호리병에 갇힌 마귀처럼, 화내고 복수할 준비가 된 집착형의 사람은 자신을 도와주려는 사람을 계속 테스트하고 그 사람들이 질려서 도망가게 만들고는 그 사람들이 떠나면 '그것 봐, 믿을 수 없는 사람이잖아. 내가 안 잘해 주기를 잘했어'라고 생각한다. 하지만 사실은 그 사람들이 믿을 수 없는 사람이어서 떠난 것이 아니라 워낙 그들을 힘들게 해서 견디지 못하고 떠나는 것인데, 자신이 그런 상황으로 몰고 갔다는 것은 보지 못하는 것이다. 경계성 인격장애가 여기 포함될 수 있다.

제시카는 심리학 박사과정 학생으로 대학 일학년 때 만난 남자친구와 계속 사귀고 있다. 다른 사람들과의 관계는 대체로 원만한데, 남자 친구에게는 지나치게 신경을 썼다. 온통 이 사람이 자신을 진정으로 사랑하는지, 혹시 싫증내지 않는지, 오래 사귄 만큼 편해서 자신을 계속 만나는 건지 아니면 자신을 진정으로 사랑해서 아직도 만나는 건지 계속 의심하며 남자 친구의 일거수일투족을 꼬투리 잡아 몰아세우고 심지어는 폭행까지 하게 되어 치료실을 찾았다.

어려서 부모님이 이혼하고 일관되지 않은 어머니 밑에서 자란 제시카는 늘 남의 눈치를 보며 남이 어떻게 자신을 바라보는지에 따라 자존감이 오르락내리락하며 살았다. 처음으로 남자 친구를 사귀면서 자신을 좋아해 주는 사람이 있다는 것이 기뻤지만 동시에 이런 일은 있을 수 없다는 생각이 들었다. '보잘것없는 나를 사랑해 주는 남자 친구는 혹시 이상한 사람이 아닐까?', '뭔가 다른 꿍꿍이가 있나?', '내 옆에 얼마나 오래 있을 수 있을까?' 늘 걱정하면서 지내다 보니, 남자 친구와 정작 즐거운 시간을 보내고 사랑을 나누기는커녕 사귀는 시간들이 지옥과도 같아진 것이다. 조금이라도 좋은 시간을 보내고 나면 어김없이 제시카의 불안이 올라와 남자 친구를 공격했고, 화가 난 제시카를 남자 친구가 달래 주는 식으로 마무리되는 패턴이 반복되었다. 10년 동안 사랑으로 제시카를 보듬어 준 남자 친구도 대로에서 제시카에게 폭행을 당하는 일이 생기자 더 이상 참지 못하고 헤어지자는 선언을 했다. 폭탄선언에 충격을 받은 제시카는 잘못했다고 남자 친구에게 매달렸는데, 제시카가 아무리 사과하고 매달려도 남자 친구는 더 이상 돌아보지 않고 제시카를 떠났다. 제시카는 결국 이렇게 자신을 버릴 거면서 왜 오랫동안 자신을 만나서 자신에게 희망을 주었냐고 남자 친구를 비난하고 원망했지만, 남자 친구는 처음부터 헤어질 작정으로 만난 게 아니라 최선을 다해서 사랑을 해 줘도 받아 주지 않고 이를 원수로 갚는 제시카에게 심한 상처를 받고 떠날 수밖에 없었던 것이다.

이런 사람들은 상대에게 가까이 다가가기를 너무나 간절히 원하지만 동시에 그러면 상대가 자신이 얼마나 추악하고 원하는 게 많은지 파악하고 도망갈까 봐 극심한 불안에 떤다. 친밀감을 원하지만 막상 그것이 올 때는 너무나 두렵기 때문에 이를 밀쳐 버리는데, 이것이 분노의 형태로 많이 나타난다. 관계에서 친밀감을 느끼면 어김없이 상대를 공격하거나 관계를 단절하여 이를 무너뜨리고, 상대가 잘해 주면 잠시 고마움을 느끼다가도 불손한 의도가 있을 거라고 의심하며 그들을 나쁜 사람으로 몰아간다. 이런 일을 당하는 상대방은 너무나 황당할 수밖에 없다.

집착형 사람들은 너무 빨리, 또 극적인 반응을 보인다. 이들의 뇌는 인간관계에서 부정적인 요소에 초점을 맞추도록 프로그램화되어 있기 때문에 긍정적인 것보다는 부정적인 자극에 지나치게 민감하게 반응한다. 신경생물학적으로 보자면 이들은 편도체가 지나치게 작동하고 해마와 전두엽이 기능을 잘 못하는 것이다.

4) 무대책 혼돈형: 이러지도 못하고 저러지도 못하고

혼돈형 애착을 형성한 아이들은 문제를 해결할 수도, 문제를 피할 수도 없는 상황에 놓였던 아이들이다. 이런 경험을 반복하면서 자라면, 성인이 되어서도 문제나 고통스러운 경험을 맞닥뜨렸을 때 이를 해결하거나 다룰 수 있는 도구가 전혀 없다. 고통스런 상황을 피하기 위한 방법으로 이들이 할 수 있는 것은 정신이 신체를 떠나는 해리 현상과, 상대방에게 자신의 불편한 감정을 투사해 집어넣고는 그에 반응하는 방어기제인 투사적 동일시 정도다.

얼마 전 내담자 세라가 새벽에 전화를 했다. 남자 친구가 지금 밖에서 문을 두드리는데 너무 무섭다고 말이다. 사태의 심각성을 파악한 나는 전화기를 들고 문 앞으로 가서 남자 친구에게 나와 전화 중이라는 걸 알리고 무슨 일로 왔는지 물어보라고 했다. 문 앞에 가서 묻자 남자 친구는 자신의 물건을 가지러 왔다고 했다. 나는 지금은 밤이 너무 늦었고 미안하지만 안전하게 느껴지지 않아 문을 열어 줄 수 없으니 내일 오전에 약속을 정하고 다시 와 달라고 말하라고 얘기하게 했다. 세라는 남자 친구에게 그렇게 말했고, 남자 친구는 욕을 하면서 떠났다. 최근에 계속 다툼이 있었고 남자 친구가 신체적 폭력을 쓰지는 않았지만 눈빛과 제스처로 자신을 위협하고 있다는 걸 느끼고는 극도의 불안에 시달리고 있었는데, 새벽에 이런 일까지 생기니 세라의 불안은 극에 달했다. 남자 친구가 돌아간 후에도 혹시 남자 친구가 숨어 있다가 몰래 들어오지는 않을지, 이미 들어와서 숨어 있는 건 아닌지 걱정이 되고, 과거에 남자 친구로 인해 극도로 두려웠던 순간들이 떠오르면서 현실과 상상의 구별이 잘 가지 않는 상태까지 가게 되었다. 나는 전화로 계속 얘기하면서 숨쉬기, 그라운딩 작업(내담자들이 감정 조절이 안 되거나 해리 현상을 보일 때 현재 이 순간에 자신의 몸과 마음을 안전하게 느낄 수 있도록 도와주는 방법)을 하면서 겨우 진정을 좀 시킨다음 친구를 불러 같이 있어 달라고 부탁하라고 했고, 친구가 온 것을 확인하고 나서야 전화를 끊었다. 그다음 날 아침에 급히 상담 약속을 잡아 세라를 만났다.

세라가 하는 말이 전형적인 혼돈형 애착을 보여 준다. "남자 친구가 저에게 불안과 고통을 주는 건 사실이고 저도 그게 너무 싫어요. 하지만 그 사람 때문에 내가 다쳐서 도움이 필요하면 그 사람에게 더 매달리게 돼요. 내가 잘못하지 않았다는 걸 아는데도 비굴하게 잘못했다고 얘기해서 그 사람을 진정시키고 내 옆에 두는 거죠. 그러고 나면 또 후회해요. 왜 내가 이런 바보 같은 일을 반복하는가? 도대체 이 사람에게 뭘 기대하는 건가? 하지만 그런 상황이 또 오면 똑같이 행동할 거라는 걸 알아요."

세라는 아동기에 극도의 공포에서 자랐다. 월남전 참전 군인이었던 아버지는 늘 술을 드셨고, 그러면 어김없이 집이 난장판이 되었다. 참다못한 엄마는 세라가 5살 때 집을 나가고, 그 이후 아버지의 음주와 그에 따른 폭행과 폭언은 더 심해졌다. 이런 일이 있을 때마다 세라와 어린 동생들은 아버지의 기분이 어떤지 신경을 쓰는 데 모든 초점을 맞추었고, 아버지 심기가 불편한 건 모두 세라와 동생들의 탓이라고 생각했다. 심지어 세라가 말을 듣지 않으면 아버지는 세라를 묶어 깜깜한 지하실에 가두어 놓았다. 시간개념이 없는 어린 아이로서는 실제로 그 안에 얼마나 있었는지 모르지만, 세라에게 그 시간은 영원처럼 느껴졌고 그 속에서 느꼈던 공포와 어둠은 상상을 초월하는 끔찍한 경험이었다. 하지만 이 끔찍한 지옥에서 자신을 구해 준 유일한 사람도 역시 아버지였던 것이다. 아버지가 세라를 꺼내 주려고 지하실 문을 열 때 어둠만이 있던 지하실에 광명이 비치고, 묶여 있던 세라를 풀어 주고 구해 주는 순간 세라에게 아버지는 둘도 없는 영웅, 생명의 은인이 되는 것이다. 이 순간 세라에게는 그 아버지가 자신을 아프게 하고 깜깜한 지하실에 가둔 장본인이라는 것은 떠오르지도 않을 뿐 아니라 중요하지 않은 일이 되는 것이다. 세라에게는 이것이 친밀한 관계, 보살핌을 받는 관계였다. 이것 말고는 무엇을 기대해야 하는지 알 수 없었고, 다른 대안은 전혀 머릿속에 없었다.

위험을 해결하기 위한 아무런 전략이 없고 싸우지도 피하지도 못하는 상태일 때, 곧 가해자가 동시에 나의 생명줄이라는 것을 알 때 우리는 무슨 선택을 할 수 있을까? 눈앞에 빵이 있다. 배가 너무 고파 그 빵을 먹지 않으면 굶어 죽는다. 하지만 그 빵에는 독이 들어 있기 때문에 먹으면 죽는다는 것을 안다. 이런 상황에서 아이들은 어떤 선택을 할 것인가? 대부분의 아이들은 먹고 죽는 방법을 선택한다.

이것이 바로 혼돈형 애착의 머릿속에 프로그램화된 해결책이다. 독이 든 빵을 먹고 죽는 것. 썩은 동아줄인 걸 알면서, 이걸 잡으면 떨어져 죽을 것을 알면서도 혹시나 이번에는 다르지 않을까 하는 부질없는 희망으로 썩은 동아줄을 잡고, 역시나 하면서 떨어져 죽는 것이다. 이 사람들에게는 독이 든 빵, 썩은 동아줄만이 해결책이었기 때문에 독이 들어 있지 않은 빵도 있다는 것, 빵을 먹지 않고 다른 것을 먹어도 된다는 것, 다양한 선택의 여지가 있다는 것은 상상조차 할 수 없는 일이다.

지금까지 애착 유형에 따른 성격 형성에 대해 살펴보았다. 이 글을 읽으면서 '어, 이건 우리 부부 이야기 같은데' 싶었던 독자들도 있을 것이다. 대개의 경우 아내는 집착형, 남편은 회피형인 경우가 많다. 처음에는 서로 다른 점들이 매력적으로 보여 사랑에 빠지고 결혼하지만, 나중에는 바로 이 다른 점 때문에 이혼하기도 한다.

나는 여기에도 속하고 저기에도 속한다고 생각한 사람도 물론 있을 것이다. 당연하다. 안정적인 애착은 완전한 애착 유형이기 때문에 온전히 하나로 존재하지만 불안정한 애착은 불완전해서 다른 애착 유형과 공존할 수밖에 없다. 또한 우리는 살아가면서 여러 명의 애착 대상을 가지는 경우가 많다. 엄마, 아빠, 할머니, 할아버지, 형제, 자매, 이웃, 친척, 선생님, 보모 등 우리에게 강한 영향을 미친 사람들이 있을 텐데 이 다양한 관계에 따라 우리 성격 속에 다양한 애착 유형이 생길 수 있다.

다음은 일반적으로 가장 흔히 볼 수 있는 조합인 회피형과 집착형을 중심으로, 각기 다른 애착 유형을 가진 사람들이 함께 살아갈 때 어떤 갈등이 생길 수 있고 어떻게 해결할 수 있는지 살펴보도록 하겠다.

우리는 어떻게 살아가는가

1) 말하지 않으면 모르는 남자 vs. 말하지 않아도 알아주기를 바라는 여자

회피형인 남편 철수와 집착형인 아내 영희가 서로의 감정 조절 결과로 나타나는 애착 유형을 이해하지 못하면 어떤 일이 일어날 수 있을까? 철수는 살면서 별로 중요한 게 없다. 생일이나 기념일들은 그냥 365일 중 하루일 뿐 이게 왜 중요한지 왜 기억해야 하는지 이해할 수가 없다. 아내 영희가 올해도 또 결혼기념일을 기억하지 못했다고 화를 냈지만, 도대체 영희는 왜 이런 작은 문제를 크게 만드는지 알 수가 없다. 근사한 데 가서 저녁을 먹고 싶으면 내가 하기를 기다리지 말고 자기가 예약을 해서 가자고 하면 되고, 선물을 받고 싶으면 자기가 직접 사면 될 텐데 왜 그걸 나한테서 꼭 받아 내야 되는지 도대체 이해할 수 없다. 매번 영희가 이럴 때마다 철수는 영희가 자신을 시험하는 것 같아서 더 기분이 나쁘다.

영희는 매년 생일이나 기념일을 기억하지 못하는 남편에게 너무 섭섭하고 화가 난다. 남편이 이를 기억 못하고 대수롭지 않게 지나가는 것은 나를 사랑하지 않는 증거처럼 느껴진다. 나를 사랑하고 나를 생각한다면 왜 그걸 기억하지 못하는 걸까, 매번 화를 내는데도 올해 또 기념일을 기억하지 못하는 것은 내가 중요하지 않다는 증거가 확실하다. 남편은 나를 사랑하는 게 아니라 내가 밥해 주고 잠자리를 해 주고 자기를 불편하지 않게 돌봐 주니까 좋은 거지 나를 한 인간으로, 여자로 좋아하는 게 아닌 것 같다. 이런 생각이 들면 내가 왜 이런 남자에게 희생하면서 잘해 줘야 하는지 화가 나고 인생이 억울해진다. 내가 예약을 할 수 없어서 예약을 안 하고 신용카드가 없어서 갖고 싶은 걸 못 사는 게 아니라 남편이 나를 생각하고 사랑한다는 걸 확인받고 싶어서 그러는 건데, 이런 노력을 전혀 하지 않는 철수는 나를 더 이상 사랑하지 않는 게 틀림없다는 생각이 든다. 심지어 가끔은 딴 여자가 생겼나 하는 의심마저 든다.

문제가 생기면 집착형은 문제를 붙들고 늘어지고, 스스로 감정을 조절하기 힘드니 상대에게 감정적으로 더 의존한다. 즉 상대가 자신을 진정시켜 주고 안심시켜 주기를 바라는 것이다. 이런 감정 조절 특성 때문에 영희는 문제가 생기면 계속해서 철수를 따라다니고 전화를 계속하면서 이야기를 해야 한다고, 도대체 왜 그랬는지 설명을 하라고 독촉하고 화를 낸다.

회피형은 문제가 생기면 문제를 회피하고, 감정 조절을 남에게 의존하지 못하고 스스로 하는 유형이기 때문에 영희가 화를 내면 일단 피하고 보는 것이 상책이라 생각하며 혼자 있는 시간을 통해 평정심을 찾으려 한다. 그러니 영희가 화가 났다는 기미가 보이면 일을 만들어서라도 회사에 늦게까지 있다가 집에는 12시가 넘어 들어가고 아침에도 눈뜨자마자 일 핑계로 집을 빠져나오고, 집에 있을 때에도 영희를 계속 외면하고 혼자 있으려고 한다.

이런 철수의 행동으로 영희는 더 상처를 받는다. 너무나 필요로 할 때 옆에 있어 주지 않는 철수를 보면서 영희는 자신이 너무 가치 없는 사람처럼 느껴지고 이런 감정이 들게 하는 철수를 용서할 수 없고, 또 이런 철수를 필요로 하는 자신이 너무 한심하게 느껴지고 싫어진다. 이렇게 되면 영희는 내가 왜 이렇게 거지처럼 사랑을 구걸하면서 살아야 하느냐고, 이렇게는 못살겠다고 이혼 얘기를 꺼내기 시작한다.

그러면 철수는 영희를 더 외면하고 혼자 있으려 하고 영희는 더 쫓아다니며 화를 내는 악순환이 지속되다가, 결국 견디다 못한 철수가 분노를 폭발시키고 영희의 감정을 압도해 모든 것을 파괴하는 식으로 일단락이 된다. 그 이후 두 사람은 아무 말도 하지 않고 며칠을 보내며, 시간이 지난 후 다시 상호작용을 시작한다. 하지만 이미 두 사람은 서로에게 상처를 심하게 받았고, 이런 패턴이 반복될 때마다 두 사람 사이에는 한층 더 거리가 생긴 것처럼 느껴진다.

이런 문제를 어떻게 해결해야 할 것인가? 해결책은 바로 서로의 애착 유형을 알고 스트레스 상황에서 내게 필요한 것은 무엇인지, 상대가 필요로 하는 것은 무엇인지를 안 다음 내게 필요한 경험을 스스로 제공하고 또 상대가 필요로 하는 경험을 제공해 주려는 노력을 하는 것이다. 상담을 통해 영희는 자신이 집착형이고 버림받을 것이 두려워 항상 긍정적인 반응보다는 부정적인 반응을 더 크게 받아들인다는 것을 알았다. 이 때문에 철수가 잘해 준 것은 기억하지 못하고 철수가 잊어 버리는 것, 못해 주는 것을 크게 받아들여 화를 내고, 기념일도 미리 알려 주어 철수가 준비하게 하기보다는 철수가 자신을 사랑하는지 아닌지 시험에 들게 했다는 것을 알았다. 어떻게 보면 철수가 자신을 사랑하지 않을 거고 자신의 요구를 들어주지 않을 거라는 마음(유기 불안)이 있기 때문에, 철수가 뭘 하기도 전에 이미 화를 낼 준비를 하고 있었다는 것을 이해하게 된 것이다. 이를 바탕으로 영희는 자신이 필요로 하는 것은 철수가 자신을 사랑하고 버리지 않을 거라는 확신이므로, 철수가 이런 마음을 표현할 수 있는 환경을 만들어 주어 자신이 필요로 하는 확신을 받는 것이 중요하다는 것을 깨달았다. 예를 들면 결혼기념일이 언제니까 어느 식당을 예약해 달라고 애교 있게 미리 부탁하는 것이다.

영희는 철수가 회피형으로 비난받는 것을 매우 두려워한다는 것을 알았으므로, 철수의 행동이 마음에 들지 않을 때 바로 철수를 공격하고 비난하기보다는 좋은 뜻은 인정해 주고 난 다음 섭섭한 마음을 전달하려고 노력했다. 예를 들면 "올해도 또 결혼기념일 잊어 먹었지? 그럴 줄 알았어. 당신이 그렇지 뭐. 기대한 내가 잘못이지. 당신은 나랑 결혼한 게 엄청 후회되지?"라고 하기보다는 "당신이 나를 사랑하고 기념일에 나랑 특별한 시간을 보내고 싶어 한다는 걸 알아. 하지만 생각은 너무 많은데, 아무 행동을 하지 않으면 내가 그 좋은 마음을 알 수가 없잖아"라고 얘기하면 철수의 마음이 더 열리고 더 노력하려고 애쓴다는 것을 알게 된 것이다. 그리고 회피형은 누군가 자신을 통제하려 하는 것을 매우 싫어하므로 당장 이야기를 하고 싶더라도 "지금 당장 해야 돼"라고 쫓아다니기보다는 "얘기 좀 할 수 있을까? 몇 분이면 되는데. 지금 하는 게 좋겠어? 아니면 나중에 하는 게 좋겠어?" 하고 선택권을 주는 것도 도움이 된다는 것을 알았다.

철수도 자신의 애착 유형을 알고, 영희가 자신에게 화내는 것이 자기가 뭘 잘못해서 야단을 치는 것이 아니라 사랑에 대한 영희 스스로의 불안 때문임을 이해하게 되었다. 그러자 영희의 불안이 감지되면 이를 회피하기보다는 진정시켜 주려는 노력을 했다. 예를 들면 밖에 담배를 사러 나가거나 서재에 일을 하러 갈 때 그냥 슬쩍 사라지는 게 아니라 어떤 일 때문에 나가니까 얼마 정도 시간이 걸릴 거라는 것을 알려 주려는 노력을 했고, 하루 종일 직장에 있을 때면 가끔 전화나 문자로 잘 있는지 물어보고, 출장을 가면 얼마나 영희가 보고 싶은지 말해 주어 철수가 영희를 사랑하고 필요로 한다는 것을 계속해서 알려 주는 노력을 했다.

서로 이런 노력들을 하자 관계는 눈에 띄게 좋아졌고, 서로가 필요한 것을 줄 수 있고 서로 더 의지하고 믿을 수 있는 이상적인 관계가 되었다. 다시 서로의 다른 점이 매력으로 비쳐지고, 서로의 부족한 점을 잘 보완할 수 있는 이상적 커플이 된 것이다.

자신의 애착 유형과 상대방의 애착 유형을 안다는 것은 모국어에 더해 제2외국어를 배우는 것과 비슷하다. 내가 아무리 한국어를 잘 해도 영어를 모르면 미국에서 의사소통이 안 되고 오해의 여지가 많이 생기듯이, 상대방의 애착 유형을 모르고 상대가 무엇을 원하는지, 왜 그것을 원하는지 모르면 오해가 쌓일 여지가 많다. 어떤 사람들은 '나는 원래 그래. 그걸 일일이 설명해야 해? 내 마음이 중요한 거지'라고 생각할 수도 있을 텐데, 사실은 마음보다 행동이 더 중요하다. 행동으로 마음이 전달되지 않으면 그 마음을 알 길이 없기 때문이다. 또 상대가 자신의 마음을 몰라서 오해하고 미워할 수 있기 때문이다.

모든 부부는 서로 사랑하면서 화목하게 잘 살고 싶어 한다. 하지만 이 목적을 어떻게 이룰 것인가가 중요한 과제다. 나의 방식을 고집하고 상대의 방식을 인정해 주거나 맞춰 주려는 노력을 하지 않고는, 곧 상대의 언어를 알려는 노력을 하지 않고서는 사랑하고 화목하고 서로 의지하는 관계가 되지 못한다. 나의 배우자가 나와 어떻게 비슷하고 어떻게 다른지 파악하고 내가 주고 싶은 것보다는 상대가 받고 싶은 것을 해 주는 노력이 서로를 더 가깝게 만들어 주는 지름길이 될 것이다.

2) 될 대로 되라 **방임형** vs. 무슨 일이든 **안달복달형**

유아기에 부모가 어떻게 감정 조절을 해 주었는지에 따라 각기 다른 성격 유형을 가지게 된다고 했다. 이미 강하게 형성된 다양한 성격 유형의 사람들이 모여서 함께 일해야 하는 직장에서는 다양한 오해와 갈등들이 생기기 마련이다. 각각 다른 성격 유형과 감정 조절을 위한 그 사람의 생존 전략을 아는 것은 다양한 갈등을 해결하고 문제를 조율해 나가는 데 매우 도움이 된다.

톰은 회사 일로 지나치게 스트레스를 받아 상담실을 찾았다. 톰은 이메일이나 전화, 읽어야 할 문서들을 빨리빨리 읽고 처리하는 대신 끝까지 미루다가 마지막에 가서 모든 것을 해결하려 하다 보니 문제가 많이 생겼다. 또한 회사 파트너인 에릭과도 갈등이 많아 극심한 스트레스를 받고 있었는데, 처음에는 서로가 많이 다르고 자신에게 없는 부분들이 상대에게 있으니 파트너로서 환상의 궁합이라고 생각했다. 하지만 계속 일을 같이 하면서 에릭의 불안과 분노가 톰을 너무 힘들게 해 톰이 에릭과의 일 자체를 회피하는 일이 생기고, 공들여 하고 있던 큰 프로젝트까지 무산될 위기에 처하자 도움을 찾게 된 것이다.

톰의 애착 유형은 회피형으로, 문제가 있으면 문제를 피하는 식으로 감정의 항상성을 찾으려고 한다. 톰의 회피형 성향은 일을 하는 데 치명적으로 작용했다. 하는 일이 순조롭게 풀리지 않으면 그와 관련된 이메일이나 문서들을 바로바로 보지 않고 끝까지 미룰 수 있는 만큼 미루고 전화가 와도 받지 않는 등 모든 것을 회피했고, 막판에 겨우 그 상황을 직면했을 때는 일을 할 시간이 충분하지 않거나 이미 기회는 지나가 버린 경우가 많았으니 회사 운영이 힘들어진 것은 당연했다. 이뿐 아니라 고객과 대화를 할 때도 고객의 말을 잘 듣고 그들이 무엇을 원하는지에 귀 기울이기보다는 톰이 듣고 싶은 말만 선택적으로 과장해서 듣고, 듣기 싫은 내용에는 별로 관심을 기울이지 않아 고객과 자신의 계획 간에 차이가 나는 일이 많았다.

나는 톰에게 회피성 성향에 대해 이야기해 주고, 어렸을 때는 회피를 하는 것이 톰의 생존 전략이었고 그래서 톰이 살아남았기 때문에 고마운 것이라고 얘기해 주었다. 하지만 이제는 과거의 생존 전략이 문제를 해결해 주는 것이 아니라 더 많은 문제를 일으키고 있으므로 다른 방법을 찾아봐야 한다고 설명했다. 과거로 가서 아동기에 필요했지만 하지 못했던 경험들에 대해 얘기하고 애도하는 작업을 하는 동시에, 회사에서 자신의 회피하고자 하는 행동(이메일이 왔는데 열어보지 않고 인터넷 검색을 한다거나 아침에 전화 메시지가 온 것을 확인했는데 점심 먹고 나서 확인하자 싶을 때 등)을 알아차리면 모든 것을 멈추고 가슴에 손을 얹고서 자기 마음속에 있는 겁에 질린 어린아이와 대화를 하라고 했다. '지금 네가 이메일을 보고 도망가려고 했는데, 뭔가 무서운 게 있었니?' 하고 부드럽게 친절하게 따뜻하게 물어보라고 말이다. 그러고 나서는 그 아이의 말을 인내심을 가지고 경청하고 안심시켜 준 다음, 그 아이가 마침내 안심이 되어 이메일을 열 수 있게 되었을 때 그 아이 옆에 있어 주는 것이다. 이런 식으로 톰은 회피 성향을 인지하고 그것이 감지되면 불안을 자각하고, 불안을 잠재우고 나서 다시 그 상황을 직면할 수 있게 의식적인 노력을 하는 것을 연습하기 시작했다.

처음에는 어색하고 쉽지 않았지만 계속 연습을 할수록 좀 더 쉽게, 자연스럽게 할 수 있게 되었으며 그 자체가 좋은 동기 부여가되었다. 바로바로 이메일이나 처리해야 할 문서들을 읽게 되니 일을 처리하고 협상할 시간이 많아져서 효율도 높아졌고, 그러다 보니 이메일이나 문서를 자동적으로 회피하고자 하는 성향이 줄어들었다.

그럼 이제 파트너인 에릭과의 관계를 살펴보자. 에릭은 심한 집착형으로, 자신이 버림받을 거라는 불안이 매우 강한 사람이었다. 회사에서 버림받는다는 것은 '나는 일을 열심히 하는데 남들은 그렇게 하지 않아서 결국은 내 손해다', '내가 이렇게 열심히 일해도 아무도 알아주지 않을 거다', '저 사람은 지금 내가 필요하니까 잘해 주지만 내게 이용가치가 없으면 당장 나를 자를 거다', '내가 해고당하기 전에 먼저 회사를 그만둬야 되는 건 아닌가?' 같은 생각으로 나타난다. 자신이 버림받을 것을 미리 알고 있기 때문에 늘 불안하고, 화가 나고, 이에 대한 대비를 하고 복수를 하려 하는 것이다. 따라서 에릭은 맡은 프로젝트마다 고객을 믿지 못하고 돈을 제대로 주지 않을 거라는 불안, 일을 제대로 할 수 있을 만큼 충분한 정보를 주지 않을 거라는 불안, 우리를 고용해서 정보만 빼내고는 우리를 버릴 거라는 생각 등등을 톰에게 매번 심하게 토로해 톰을 너무 힘들게 했다. 하지만 이런 미래에 대한 불안 때문에 매사에 철저히 준비하고 세부사항들까지도 꼼꼼히 챙기는 장점도 있었다.

에릭의 이런 성향은 톰에게 어떤 영향을 미쳤을까? 톰은 에릭의 불안과 불만을 들으면 자기 속의 불안과 분노가 심하게 올라오며 고객이 비합리적이고 이기적인 인간들로 보였다. 톰이 그들을 비난하고 공격해서 고객의 기분을 나쁘게 하니 자신들에게 더 불리한 상황이 만들어졌고, 어느 순간 이것이 심해지면 톰은 파트너인 에릭뿐 아니라 모든 일들을 다 회피하고 잠수를 탔다. 이러니 일이 잘될 리가 없었다.

톰은 에릭이 집착형이라는 것을 알자, 왜 에릭이 그렇게 생각하고 행동할 수밖에 없었는지 이해하게 되었다. 에릭이 부정적인 것을 훨씬 더 과장되게 보고 긍정적인 것은 잘 보지 못한다는 것을 알게 되면서, 에릭이 하는 말을 곧이곧대로 듣는 것이 아니라 걸러서 듣게 되고, 에릭이 흥분해서 불안해 하면 그에 너무 심하게 동요되지 않고 '불안해서 그렇구나' 하며 개인적으로 받아들이지 않게 되었다. 에릭이 어떻게 하든 톰이 중심을 잡을 수 있게 되니, 에릭도 따라서 좀 더 안정이 되었다. 이에 더해 톰은 에릭이 부정적인 것에 초점을 맞출 때 에릭의 불안을 들어 주고 안심시켜 주면 에릭이 자신의 장점을 더 잘 발휘한다는 것을 알게 되었다. 톰은 에릭의 불안과 불만을 인내심을 가지고 들어 주고 공감해 준 다음 긍정적인 부분들, 곧 고객이 프로젝트를 꼭 성사시키고 싶다는 마음을 보여 준 증거들, 비슷한 경우가 있었지만 잘 해결해 나갔던 선례들, 일이 잘 되겠지만 만약 잘 풀리지 않더라도 나는 너와 한 팀이고 우리가 함께 극복할 거라는 얘기들을 반복적으로 해 주었다. 에릭이 편도체의 작동으로 모든 것을 흑과 백으로 보는 관점에 빠져나와, 전전두엽을 작동해 다양한 색채가 있다는 것을 상기시키게 했다. 그렇게 에릭의 불안을 진정시키자 에릭은 다시 둘도 없는 유능한 파트너로 변신했다.

직장에 다니는 사람들은 잘 알 것이다. 실제 내 일보다도 직장 내 인간관계 때문에 얼마나 힘들고 일의 능률이 올라가지 않는지. 이렇게 직장에서 다양한 성격 유형의 사람들이 함께 협업하는 과정에서 내가 어떤 성격 유형이고 감정 조절을 잘 하기 위해서는 무엇이 필요한지, 또 내가 함께 일하는 사람이 어떤 성격 유형이며 감정 조절을 위해 어떤 것이 필요한지 아는 것은 매우 도움이 된다. 지피지기면 백전백승, 즉 나를 알고 상대를 알면 모든 문제를 성공적으로 해결할 수 있다. 내가 스스로 감정 조절을 할 수 있고 상대방이 감정 조절을 할 수 있게 도와줄 도구들이 있으면, 누구와 함께 일하든 어떤 일이 닥치든 잘 헤쳐 나갈 수 있다. 특히 고용주들이나 관리직에 있는 사람들이 이런 지식을 가진다면 보다 생산적이고 경제적으로 효용가치가 있는 조직을 만들 수 있을 것이다.

변하지 않는 것은 없다

애착 유형이란 심신을 스스로 조절할 능력이 없는 유아의 심신 반응을 양육자가 어떻게 보살펴 주고 대신 조절을 해 주는가에 따라서 결정되는 것이다. 이 세상에 태어난 순간 유아의 생존은 완전히 부모에게 달려 있다. 유아가 자신의 생존 확률을 높이기 위해서 부모가 어떤 것을 좋아하고 어떤 것을 싫어하는지를 직감적으로 파악하고 부모의 감정 조절 틀에 자신을 맞춰 나가는 피나는 노력을 한 결과가 바로 애착 유형이다. 최근 뇌과학 연구들에 따르면 사람이 과거의 경험을 현재 상황에 투사하는 확률이 거의 90%에 이른다고 한다. 이는 내가 누구를 만나고 어떤 상황에 처하든지, 상대나 지금 처한 상황에 반응하는 것이 아니라 많은 부분 과거 경험을 통해 형성된 세상과 사람에 대한 청사진으로 내 눈앞에 있는 사람과 현상을 본다는 것이다. 이는 마치 수십 년 전에 만들어진 내비게이션의 안내를 따라 운전하는 것과 같다. 오래된 내비게이션은 새로운 길을 전혀 인식하지 못하고, 이미 없어진 길도 없어졌는지 몰라 우리를 목적지로 안전하고 빠르게 인도할 수 없는데도 계속해서 확신에 찬 목소리로 우리를 엉뚱한 길로 안내하는 것이다.

그러면 이렇게 결정되는 애착 유형은 변하지 않고 평생 가는가? 답은 '그렇기도 하고 아니기도 하다'다. 애착 유형은 우리가 누구를 만나서 어떤 경험을 하느냐에 따라 변한다. '나는 원래 이래'라고 단정 짓고 변화할 노력을 전혀 하지 않으면 그 사람의 애착 유형은 2살에 형성된 그대로 고착될 것이고, 보다 만족스런 삶을 살기 위해 계속 노력하면 안정된 애착 유형을 획득하게 되는 것이다. 우리 뇌는 평생에 걸쳐 우리가 반복하는 것, 경험하는 것에 따라 변화된다. 자신의 생존 전략이었던 애착 유형에 따라 형성된 기본적인 성격에 만족하고, 삶을 살아가면서 자신의 잠재력을 충분히 펼치고 있고 현재의 인간관계가 만족스럽다면 계속 그대로 살아가면 된다. 하지만 자신의 기본적인 성격이 자신을 불행하게 만들고, 자신의 잠재력을 충분히 펼치는 데 방해가 되고, 현재 맺고 있는 인간관계가 만족스럽지 못하다면 새로운 시도들을 반복함으로써 이를 변화시킬 수 있다.

이 장에서는 감정 조절의 결과로 생기는 다양한 애착 유형에 대한 이해와, 이런 애착 유형이 성인이 되었을 때 어떤 성격으로 발전할 수 있는지 알아보고, 사람들 사이에서 흔히 나타날 수 있는 갈등과 해결 사례를 함께 살펴보았다. 하지만 여기에 역사적·사회적·문화적 맥락은 빠져 있다. 앞서의 사례에 시댁과의 갈등, 경제적 빈곤, 남들의 시선을 지나치게 의식하는 사회 분위기, 개인보다 조직을 훨씬 더 중시하는 직장 문화, 위계적이고 억압적인 사회 구조적 문제 등이 덧붙여지면 개인이 기본적으로 가지고 있는 애착 유형으로 인해 발생할 수 있는 갈등들이 더 첨예하고 복잡해질 수 있으며, 그 결과 개인의 감정 조절 능력에도 부정적인 영향을 줄 수 있다. 다음 4장에서 한국의 역사적·사회적·문화적 측면이 개인의 감정 조절에 어떤 영향을 미치는지 자세히 살펴보자.

| 4장 |

안전하지 않은 사회는
우리를
어떤 사람으로 만드는가

이 장에서는 역사적 사건들과 깊이 뿌리박힌 문화적 태도 혹은 관습이 우리나라 국민들의 감정 조절에 어떤 영향을 미쳤고, 또 취약한 감정 조절의 결과 우리 한국 사람들이 역사적 · 사회적 트라우마에 왜 더 취약할 수밖에 없는지를 풀어 본다.

　미국에서 트라우마에 대해 배우면서 제일 많이 접했던 문헌은 홀로코스트에 관한 것이었다. 당시 나치에 의한 유대인의 박해와 살상이 어땠는지, 그런 끔찍한 사건이 홀로코스트의 생존자 및 목격자들에게 어떤 트라우마를 남겼는지, 그 트라우마가 가족과 후손들에게 어떻게 대물림되는지, 그러한 대물림을 막으려면 치료사인 우리가 어떻게 도와줄 수 있는지에 대한 내용이었다.

　이런 문헌들을 읽고 토론하면서 나는 우리나라 생각을 많이 했다. 우리나라에서도 외세의 침입과 일제 강점, 6.25 전쟁, 이승만 독재, 군부 독재를 거치면서 많은 사람이 박해와 살상을 당했고 그 가족들이 아직도 상처를 가지고 살아가는데, 이런 것들은 왜 유대인들처럼 양지에서 조망되지 않는지 안타까웠다. 유대인들은 자신들의 트라우마를 전 세계가 풀어나가야 할 숙제이자 과학적 연구 과제로 당당하게 제시하고 있는데, 대한민국에서는 왜 아직까지도 친일파나 군부 독재의 만행을 조사하고 역사를 바로 세우려 하는 사람들이 빨갱이로 내몰리는지 답답해졌다.

수업 시간에 토론을 하면서 나는 유대인들이 부럽다고 말했다. 유대인들은 자신들의 트라우마를 연구한 논문을 통해, 또 소설, 영화, 다큐멘터리, 세계 곳곳의 홀로코스트 박물관을 통해 전 세계 사람들에게 자신들이 피해자임을 알리는 노력을 해 왔다. 그 결과 전 세계가 유대인들을 피해자로 증언하고 또 인정하고, 가해자들이 사과하고, 필요한 도움을 주고받아 피해자들의 상처가 회복되는 데 큰 도움이 되었다. 하지만 한국은 너무나 많은 트라우마가 있었으나 이를 안전하게 알리는 것이 쉽지 않고, 마음을 열고 알아주려 하는 사람들도 많지 않아 피해자들은 영원히 피해자로 남아 있으며 상처가 치유되지 않아 슬프다고 말이다. 그러자 선생님과 동료들(나 말고는 다 유대인이었다)은 나더러 직접 이를 알리는 작업을 해 보면 어떻겠느냐 했다.

나는 여러 생각으로 마음이 복잡해졌다. '아, 이게 내가 할 수 있는 일이구나.' 나는 항상 남들이 뭔가를 해 주기를 바랐지 내가 스스로 대한민국의 트라우마를 알리는 일을 할 수 있다는 생각조차 하지 않았다는 것에 우선 놀랐다. 그다음에는 '이 힘든 일을 왜 내가 해야 하지? 괜히 시작했다가 본전도 못 건지는 건 아닌가?'라는, 책임을 회피하고 싶은 마음이 들었다. 그다음에 든 생각은 '많은 사람들이 이런 갈등을 하겠구나. 그래서 불만은 많지만 막상 본인이 나서서 뭔가를 시작하지는 못했구나'라는 대한민국 사람들에 대한 이해였다.

이런 복잡한 생각들을 하면서 내가 내린 결론은 '내가 지금 할 수 있는 것만 우선 시작해 보자'였다. 내가 한국의 역사적 사건들과 문화적 측면이 대한민국 사람들의 감정 조절에 어떤 영향을 미치게 되었는지를 연결하는 작업을 할 수 있는 만큼 하면, 누군가 나의 생각을 징검다리로 삼아 더 큰 일, 더 많은 일을 할 수 있을 거라는 희망이 생겼다. 그러자 마음이 편안해지면서 내가 대한민국을 위해 작지만 뭔가를 할 수 있다는 마음에 가슴이 뛰었다. 우리나라와 우리 국민들을 이해해 나가는 긴 여정에 한 걸음을 보태는 마음으로, 이 장을 시작한다.

감정 조절과 트라우마

먼저 트라우마에 대한 이해가 필요하다. 감정 조절과 트라우마는 매우 밀접한 상관관계가 있기 때문이다. 트라우마란 개인이 예측하지 못한 충격적 사건을 말하는 것으로, 이런 경험을 할 때 우리 몸과 마음은 상당히 심각한 영향을 받는다. 트라우마를 경험하면 너무나 고통스러워 강렬한 감정의 쓰나미가 몰려오거나 아니면 우리 시스템이 완전히 정지되어 아무것도 느끼지 못하는 상태가 되기도 한다. 감정 조절이 전혀 되지 않는 상태가 되는 것이다.

2장에서 감정 조절의 신경생물학적 배경을 다루면서 '감정 조절의 범위'에 대해 언급했는데, 트라우마는 이 범위를 넘어서는 경험을 말한다. 충격적 사건에 대한 반응은 사람마다 다르다. 똑같이 충격적인 사고를 당해도 어떤 사람은 어느 정도 영향을 받지만 일정 시간이 지나고 필요한 도움을 받으면 회복되어 다시 일상생활로 돌아갈 수 있는 반면, 어떤 사람은 불안, 우울감, 무력감 등이 너무 심해 오랫동안 그 속에 머물러 있거나 다시 일상생활을 할 수 없는 지경에 이르기도 한다. 왜 이런 개인차가 생기는 것일까? 답은 바로 감정 조절 능력에서 찾을 수 있다. 감정 조절을 잘 할 수 있는 사람은 트라우마를 경험했을 때 PTSD를 발전시킬 가능성이 낮고 감정 조절을 잘 하지 못하는 사람들은 트라우마를 경험했을 때 PTSD를 발전시킬 가능성이 높다. 반대로, 어떤 이유에서든 트라우마를 많이 경험한 사람들은 몸과 마음이 심한 충격을 받기 때문에 감정 조절 능력이 떨어져서 사소한 일상생활에서 일어나는 스트레스를 심하게 경험할 뿐 아니라 예측하지 못한 충격적인 경험을 할 때 PTSD를 발전시킬 가능성이 더 높다. 이렇게 감정 조절 능력과 트라우마는 떼려야 뗄 수 없는 관계다.

1) 트라우마에 대한 자연스런 몸과 마음의 반응

우리는 수천만 년에 걸쳐 진화해 오면서 척박한 환경에서 살아남는 전략을 발전시켜 왔다. 천재지변이나 굶주린 포식자가 우리를 쫓아올 때, 다쳤을 때 어떻게 해야 살아남을 확률이 높은지 우리 몸과 뇌에 고스란히 프로그램화되어 있는 것이다.

2장 내용을 더듬어 보자. 뉴로셉션이 위험·위협을 감지하면 우리 몸은 방어태세로 들어간다. 제일 먼저 우리 몸이 보이는 것은 즉각적인 교감신경의 활성화로, 이 상황에 맞서 싸우거나 도망가는 반응이다. 평소에 예상치 못한 재난적 사건을 경험할 때, 우리 몸과 마음이 위험·위협에 맞춰 우리에게 '뭐라도 좀 해 보라'고 요구하는 것이다. 그래서 순식간에 교감신경이 작동되고 엄청난 에너지가 생겨 상황에 적극적으로 대처하게 한다. 사자를 감지한 사슴이 즉각적으로 죽을힘을 다해서 도망가듯이. 하지만 어떤 이유에서든 생존을 향한 이런 자연스런 움직임이 끝까지 가지 못하고 중간에 중단되거나 아예 일어나지 못하는(얼어붙는) 상황이 되면 심각한 문제가 생긴다.

피터 레빈Peter Levine 박사는 트라우마가 몸에 미치는 영향을 연구하고 몸을 트라우마 치료의 핵심 관문으로 사용하는 치료 방법인 신체화 경험Somatic Experience을 창시한 트라우마 치료 전문가다. 그의 유명한 사례 중 하나인 레이의 이야기를 보면, 아프간 참전 용사였던 레이는 전쟁에서 돌아온 후 PTSD, 외상성 뇌손상Traumatic Brain Injury, 만성 통증, 투렛 증후군(자신의 의지와 상관없이 이상한 소리나 행동을 반복하는 증상), 인지장애, 불면증 등 여러 가지 신체적·심리적 증상들을 발전시켜 일상생활이 불가능해진 상태였다. 레빈 박사는 레이와 얘기하면서 몸의 반응, 투렛 증후군에 주시했다. 레이는 마치 우리가 깜짝 놀랐을 때 몸이 자동적으로 튀어 오르는 식의 행동을 몇 초 간격으로 계속 반복했다. 레빈 박사는 이 움직임이 폭탄이 터졌을 때 깜짝 놀란 우리 몸에서 자연스럽게 일어나는 반응과 같다고 설명하며, 레이의 증상을 병리적으로 보지 않고 자연스러운 몸의 반응으로 정상화시킨다. 그다음으로 당시 위험에 대한 자연스런 몸의 반응이 시작은 했지만 완전히 끝나지 못했음을 지적하고, 몸의 충동을 따라 시작했던 동작이 끝까지 마무리될 수 있게 도와준다. 이러면서 레이의 투렛 증후군이 기적처럼 사라지고 레이의 일상생활을 심각하게 제한했던 증상들이 사라진다.

레빈 박사는 레이의 모든 증상이 전쟁터의 위험에서 자신을 보호하려는 생존 전략인 방어기제가 작동한 것이지만 당시 이것이 성공적으로 끝까지 가지 못했기 때문에, 이 중단된 움직임을 끝내고 싶은 충동으로 계속 반복한다고 설명한다. 프로이트의 개념을 빌자면 레이의 행동은 반복 강박repetition compulsion에 갇혀 버린 것이다. 이런 반복 강박에서 풀려나는 길은 승리의 행위act of triumph, 즉 당시 끝내지 못했던 동작이나 과제를 성공적으로 끝낼 수 있게 해 주는 것이다.

이야기를 예로 들면 스토리가 시작되다가 감정이 최고조로 오른 클라이맥스에서 멈추고는 다시 처음부터 시작해 같은 지점에서 멈추는 것을 반복하는 것과 같다. 이런 일이 있으면 글을 쓰는 작가나

독자들이 얼마나 공포스럽고 동시에 좌절하겠는가? 레빈 박사의 치료법을 포함한 트라우마 포커스 치료법은 클라이맥스에서 멈출 수밖에 없었던 스토리를 안전하게, 해피엔딩으로 끝낼 수 있게 도와주는 작업이다. 이야기가 끝나지 않고 가장 감정적으로 고조된 상태까지 가는 것만을 반복하게 되면 비록 전쟁터에서 살아남아 왔더라도 해피엔딩을 기억하는 것이 아니라 끔찍한 과정만을 기억하며 되풀이한다. 이를 의식적으로 천천히 끝낼 수 있게 도와주면 그제야 몸에 쌓여 있던 트라우마 에너지가 해소되어 편안한 상태가 될 수 있다는 것이다.

많은 사람들이 우리나라는 역사적으로 많은 트라우마가 있었지만 이를 극복하고 눈부신 경제 성장을 해왔으며 트라우마는 과거의 일이지 현재와 상관이 없다고 믿고 있다. 과연 우리는 우리가 믿고 싶어 하는 것만큼 과거의 트라우마를 극복했을까? 미완의 일제 과거사 청산, 선거 때마다 불거지는 빨갱이 논쟁들, 자식을 있는 그대로 받아들이고 사랑하기보다는 남들보다 더 우월한 사람으로 만들기 위해 끊임없이 불안을 조장하고 비난하며 학원으로 몰아넣는 부모들, OECD 국가 중 자살률 1위라는 불명예를 안고 있는 현상은 무얼 말하는가? 표면적으로 우리는 당당하게 살아남아 선진국 반열에 들어선 자랑스러운 대한민국 국민이지만 한편으로 과거의 상처가 아직 치유되지 않고 그 상처가 계속해서 건드려지는 건 아닐까? 레이가 무사히 전쟁에서 살아 돌아왔지만 과거의 상처에 갇혀 이를 반복하는 것처럼.

2)트라우마에 대한 자연스런 사회적 반응

레빈 박사는 위험에 대한 몸의 자연스런 반응을 이해하고 이것이 일어날 수 있게 도와주는 것이 트라우마에서 회복되는 가장 빠른 방법이라고 말한다. 지진이나 전쟁 등 재난이 일어난 지역에서 공통적으로 나타나는 특징이 바로 사람들 사이에 엄청나게 많은 활동이 일어난다는 것이다. 사람들이 자신의 경험을 말하고 싶어 하고, 알리고 싶어 하고, 도와주려 하고, 만들고 싶어 하는 등 무언가 하고자 하는 엄청난 에너지가 있다. 이는 위기를 감지한 우리 몸과 마음이 이를 극복하기 위해 교감신경을 작동시키고 엄청난 에너지를 생성해 활동을 통해 이를 방출하게 하는 자연스런 우리 몸의 생존 전략이다. 이 과정에서 사람들은 불만을 표현하고, 사회 구조나 정책을 바꾸려는 움직임들이 일어나는데, 이는 매우 자연스러운 행동이다. 몸에 쌓인 에너지가 안전하게 발산될 출구가 있으면 우리 몸과 마음은 자연스럽게 다시 항상성을 찾아서 편안한 상태로 돌아오기 때문이다.

레빈 박사가 한 강의에서 국가적 재난이 일어났을 때 정책 입안자들에게 트라우마에 대한 이해가 없으면 어떤 비극이 일어날 수 있는지 언급한 적이 있다. 트라우마 치료를 위해 재난이 일어난 아프리카의 한 나라에 방문한 레빈 박사가 목격한 것은 다음과 같았다. 큰 재난 이후 뭔가 하고자 하는 엄청난 개인적·사회적 움직임들이 일어났다. 하지만 이를 정권에 대한 위협으로 간주한 정부는 사람들이 모이지 못하게 금지했고, 불만을 공개적으로 표현하는 사람들을 잡아들이며 감정을 표현할 수 있는 출구를 봉쇄해 버렸다. 그러자 그다음에 일어난 것은 폭동이었다. 트라우마로 인해 자연스럽게 발생된 엄청난 에너지들이 갈 곳을 잃자 사람들 속에 갇혀 혼란스러워졌고, 그 결과 사람들이 폭도로 변하거나 술, 마약 등 중독의 매개체를 쓰기 시작한 것이다. 레빈 박사는 정부에서 재난에 대한 자연스런 몸과 마음의 반응을 담아 주고 이 에너지들을 긍정적으로 사용할 방법들을 제시할 수 있었다면 선량한 시민들이 폭도로 변하지 않을 수 있었을 뿐 아니라 재난을 빨리 극복할 수 있었을 것이라고 말했다. 정부나 정책을 입안하는 사람들이 트라우마에 대한 인간의 자연스런 반응을 기본적으로 알고 있었다면 이런 일을 막을 수 있었을 거라는 말이다.

이런 일은 먼 나라 아프리카에서만 일어나는 일은 아니다. 우리나라도 잦은 외세의 침입, 일제 강점, 6.25 전쟁, 이승만 독재, 군부 독재, 자연재해, 삼풍백화점 붕괴 사건, 대구 지하철 참사, 세월호 참사 등 무수히 많은 트라우마가 있었다. 상처를 입으면 세균에 대항해 우리 면역 체계가 열심히 싸우는 것처럼 역사적 · 사회적 · 자연적 트라우마를 겪으면서 우리나라 국민들 사이에서도 다양한 민중 봉기, 독립 운동, 민주화 운동, 자원봉사, 구조 활동 등이 자연스럽게 일어났다. 레빈 박사의 말처럼 국가와 사회가 트라우마를 해결하려 하는 이런 움직임을 잘 담아서 사람들이 안전하게 에너지를 해소할 방법을 제시할 수 있었다면 다시 안정된 사회로 제자리를 잡았을 텐데, 한국 정부는 이런 움직임을 정권에 대한 도전 혹은 위협으로 감지해 사람들의 불만과 이를 조직화하고 변화해 나가려는 움직임을 과잉 진압하고 언론을 이용해 국가 전복 세력으로 몰아 일반 대중들로부터 철저히 고립시켜 오해와 비난을 받게 했다는 인상을 지울 수 없다. 대표적인 것이 광주 민주화 운동일 것이다.

공권력을 이용한 과잉 진압은 사회 혼란과 불만을 빠른 시간에 없앨 수 있는 효과적인 방법이라는 측면에서 만병통치약으로 쓰이는 스테로이드제에 비유할 수 있을 것이다. 스테로이드를 장기적으로 과다 복용했을 때 증상의 호전보다는 부작용이 훨씬 더 커지는 것처럼, 지나친 과잉 진압은 사회를 더 병리적으로 만들고 사회 안전 기반을 무너뜨릴 수 있다. 사람들은 서로 고립되어 문제를 연계해서 풀 수 없게 되고 유기적으로 도움을 주고받을 고리가 끊어지기 때문에, 피해자들은 대중으로부터 이해와 도움을 받지 못하고 극단적인 방법을 쓰는 폭도가 되거나 자포자기하여 무기력한 상태가 되는 것이다.

3) 트라우마를 악화시키는 요인들

트라우마 연구 결과를 보면 트라우마의 부정적인 경험을 더 악화시킬 수 있는 요인들이 있다. 첫 번째 요인은 나이다. 나이가 어릴수록 훨씬 더 심각한 영향을 받을 수 있는데, 어릴 때는 신경계가 완전히 성숙하지 않아 더 쉽게 압도되고, 일단 신경계가 압도되는 경험을 하면 그다음부터는 사소한 자극에도 더 쉽게 압도되기 때문에 경험을 소화하고 처리하는 게 매우 힘들어진다.

두 번째, 가해자와의 애착 정도가 강할수록 피해가 더 커질 수 있다. 나를 다치게 한 사람이 전혀 모르는 사람이거나 천재지변이라면 그냥 그 사람을 전적으로 미워하거나 상황을 원망할 수 있다. 그러나 나에게 피해를 준 사람이 내가 아는 사람이고, 의도적으로 나를 다치게 하려던 것이라면, 곧 가족, 친구, 친척에게서 신체적 폭행이나 성폭행을 당하면 좋았던 기억과 상처가 겹쳐서 매우 혼란스러워지고 심한 배신감을 느껴 훨씬 더 상황을 견디기 힘들어진다.

세 번째, 가학의 정도가 심할수록 더 큰 상처를 받게 된다는 것은 상식적으로도 알 수 있겠다. 네 번째로 고립의 정도를 들 수 있는데, 누군가에게 알리고 도움을 받을 수 있으면 회복에 많은 도움이 되지만 어떤 이유에서든 자신의 상처를 아무에게도 말할 수 없어 고립되고 남들의 공감이나 필요한 물질적 · 감정적 지원을 받지 못하면 상처가 훨씬 더 깊어진다. 마지막으로 지속 기간과 강도를 들 수 있는데, 한 번으로 끝난 상처보다 지속적으로 오랜 시간에 걸쳐 반복적으로 상처를 받으면 훨씬 더 상처가 커지고 회복도 더뎌진다.

이런 관점에서 우리나라의 트라우마가 일어난 상황을 돌아보면 트라우마를 악화시킬 만한 요소들이 많았다. 지리적으로 강대국 사이에 끼어 크고 작은 전쟁과 수탈을 지속적 · 반복적으로 경험했지만 멀리 갈 것 없이 최근 100년의 역사만 보더라도 트라우마가 끊임없이 있었다. 35년간의 일제 강점(1910~1945)에서 해방된 후, 그동안 식민지의 국민으로 살아왔던 서러움을 위로받고 크고 작은 상처들에서 회복되기도 전에 6.25 전쟁(1950~1953)을 겪으며 동족상잔의 비극을 경험했고, 이런 상처들이 아물기 전에 이승만 독재

(1948~1960)와 군부 독재(1961~1988)를 거쳤다.

하나의 상처가 미처 아물기도 전에 다른 상처를 입고 또 그 상처가 아물기도 전에 다른 상처가 생기는 식으로 트라우마를 지속적으로 경험한 것이다. 우리 국민들은 이렇게 지속적으로 다양한 트라우마에 오랫동안 노출되어 여전히 아픈 것 같다. 우리 정서를 한의 정서라고 하는데, 한이란 분노와 무기력이 함께 있는 우울증의 형태다. 보통 분노는 우리의 교감신경을 활성화시켜 싸우거나 도망가게 해 상황에 적극적으로 대처하게 하는데, 역사적 경험을 통해 분하고 화가 나긴 하지만 어떤 행동을 취해도 소용없다는 무력감과 자포자기 learned helplessness가 동시에 있는 것이다. 새가 지저귀는 소리를 다른 나라에서는 새가 '노래한다'고 표현한다. 새가 '운다'고 표현하는 나라는 우리나라가 유일하지 않을까 싶다. 그만큼 한국인의 정서에 슬픔과 아픔이 녹아 있기 때문일 것이다.

또한 트라우마를 입힌 가해자는 남이 아닌 우리 가족과 친구를 포함한 동족이었으며, 우리가 당연히 믿고 따라야 할 우리 정부와 리더들이었기에, 나와 전혀 상관없는 외부의 적에 의한 상처에 비해 그 상처가 더 아프게 경험될 수밖에 없다.

고립의 측면에서 보면, 체제에 반하거나 비판적인 움직임을 수용하기보다는 체제의 적으로 규정하고 언론과 공권력을 이용해 마녀사냥식으로 몰아가는 독재의 특성상 피해자들이 도움과 관심이 필요한 피해자로 인식되지 않고 공공의 적으로 비춰져 대중으로부터 철저히 외면당하고 고립되어 상처는 속으로 곪아 들어갈 수밖에 없었다. 피해자들은 너무나 필요한 대중의 관심과 이해, 감정적 지지를 받지 못했기 때문에 더 억울하고 상처가 더 깊어졌던 것이다. 이런 태도는 경제적 성장과 경쟁을 지나치게 중시하는 문화적 풍토 안에서 상처받는 것을 취약함의 징표로 생각하고, 무엇이 이들을 이토록 상처받게 했는지에 관심을 가지기보다는 내가 그렇지 않다는 데 안도감을 더 많이 느끼고, 나와 그들을 분리시키고자 하는 경향 때문에 더 심해지지 않았나 생각한다.

4) 트라우마 회복에 도움을 주는 요인들

반면 트라우마 회복에 도움을 주는 요인으로는 사람들의 감정적 지지와 이해, 가해자에 대한 정당한 처벌, 이런 일이 일어나지 않게 하려는 노력 등을 꼽을 수 있다. 우리나라는 이런 부분에서는 많이 부족했던 것 같다. 독립군들과 민주화 항쟁의 영웅들은 영웅으로 대우받기는커녕 심지어 국가 전복 세력으로 낙인 찍혀 일반 대중들의 감정적 지지와 이해를 받을 수 없었다. 민주화 항쟁의 피해자뿐 아니라 모든 크고 작은 트라우마가 일어났을 때도 별다른 차이는 없었던 것 같다. 삼풍백화점, 성수대교, 대구 지하철 사고, 최근의 세월호 참사 등을 예로 들어도 가해자에 대한 명확한 규명과 정당한 처벌은 잘 일어나지 않았으며 관련자를 해고하는 식으로 마무리되고 피해자들은 정말 필요한 도움을 받지 못했다.

성장과 경쟁을 지나치게 중시하고 뭐든 빨리빨리 하는 문화 때문인지, 우리나라 사람들은 참을성이 부족해 보인다. 충격적 사건이 일어나면 이에 반응하고 깊이 공감하지만 1~2주만 지나면 잊어버리고는 왜 피해자들은 빨리 잊어버리고 일상으로 돌아가지 않는지 비난하며 그들을 약한 사람 혹은 뭔가를 더 받아 내려는 나쁜 목적이 있는 사람으로 몰아간다. 이는 피해자들을 더 힘들게 해 회복을 더디게 할 수 있다.

　이런 끔찍한 일이 일어날 때마다 지도자들은 다시는 이런 사고가 없게 대처하겠노라 하지만, 그 말을 곧이곧대로 믿는 사람이 누가 있을까 한다면, 내가 너무 비관적인 사람일까? 트라우마의 회복을 돕는 행동이 국가적·사회적 차원에서 잘 일어나지 않기 때문에 역사적·사회적으로 경험하는 트라우마는 온전히 개인이 해결해야 할 문제로 내몰리며, 상처로 아파하는 사람들은 약하고 경쟁력이 없는 사람으로 매도되어 그들의 상처를 더 악화시키는 결과를 낳는다. 상처로 아픈 상태에서 사건사고가 직간접적으로 또 일어나면, 그 상처가 다시 건드려져 아픈 한편 아무것도 바뀌지 않는다는 좌절감으로 무감각해지는 일이 사회적으로 계속 일어나는 것으로 보인다. 흔히 우리 국민 근성을 '냄비 근성'이라고 하는데 말 그대로 쉽게 끓고 쉽게 식는다는 것이다. 이는 상처가 조금만 건드려져도 이전에 아물지 않은 상처들이 있었기에 반응이 즉각적으로 오고 더 많이 아프지만, 노력해도 아무것도 바뀌지 않는다는 것을 경험으로 알기에 빨리 정신 차리고 생업에 집중하는, 변화를 위한 노력에 절망하고 무감각하게 되는 현상으로 볼 수 있지 않을까?

5) 미국 911 테러와 세월호 참사

세월호 참사를 예로 들어보자. 미국에서 사건을 접하다 보니 한국에 있던 사람들만큼 직접적으로 느끼지 못한 부분이 있을 거라는 점을 감안해야겠지만, 적어도 나는 사회에 만연한 안전 불감증과 비리 탓에 일어나지 말아야 할 사고가 일어났고, 사회 구조적 문제로 일어난 이 사고의 희생양이 바로 죄 없는 아이들이었다는 것을 느꼈다. 많은 자원봉사자들이 현장에 내려가 도움의 손길을 내밀었지만 여러 가지 행정적 이유로 빨리 연결이 되지 않았고, 유가족들과 자원봉사자들은 현장에서 경험하는 것과 대중매체를 통해 일반인들에게 전달되는 메시지 사이에 차이가 있다고 느꼈으며, 자신들의 의도와 진심이 오해받는다는 생각에 상처를 받고 대화를 단절하고 언론과 정부를 믿지 못하게 된 듯했다.

세월호 참사가 있던 2014년 여름, 한국에서 처음으로 트라우마 세미나를 기획하면서 언론의 관심을 받게 된 나에게 많은 기자들은 미국의 911 테러와 세월호 참사가 어떻게 다른지 질문했다. 911 테러와 세월호 참사를 동일 선상에 놓고 비교할 수는 없겠지만, 나의 생각을 다음과 같이 정리해 볼 수 있겠다.

누가 가해자인가? 가해자에 대한 규명

미국의 911 테러는 외부의 적에 의한 공격이고, 세월호 참사는 외부의 적이 아니라 내부의 부패와 안전 불감증에 의해 일어난 사건이다. 따라서 뉴욕 시민을 포함한 미국 국민들은 외부의 적에 대항해 하나로 뭉칠 수 있었던 반면, 세월호 참사에서는 가해자에 대한 명확한 규명과 대응이 신속하게 일어나지 않았다. 명백히 분노를 표출할 대상에 대한 이견들이 있었기 때문에 상처를 입힌 적에 대항해 피해자들과 국민들이 하나로 뭉치는 경험을 할 수 없었다.

재난 대처 시스템

두 참사의 공통점은 자발적으로 구조 현장에 가거나 어떤 식으로든 물심양면으로 도우려는 자원봉사자들이 많이 있었다는 점이다. 그러나 이들을 조직적으로 현장에 투입해 도와주려는 사람과 도움을 받는 사람이 유기적으로 잘 연결되게 하는 부분에서는 차이가 있었다. 구조 현장에서 민간 잠수부들이 해경의 신호가 떨어지지 않아 빨리 구조하지 못했던 것이며, 자원봉사 신청을 했지만 연결이 되지 않아 실질적 도움을 주지 못한 사람들도 있었다는 얘기를 들었다. 보다 조직적으로 자원봉사자들을 현장에 투입하는 기술과 노력이 절실히 필요하다는 증거다. 이를 위해서는 안정기에 재난 대처 시스템을 철저히 점검해 위기 상황에 바로 쓸 수 있게 해야 한다.

미국에는 트라우마 회복 네트워크가 있다. 이 조직은 재난 시 치료사들을 바로 가동해서 쓸 수 있게 만드는 자원봉사 조직으로, 일 년에 3~4번 만나 서로 얼굴을 익히고, 트라우마와 재난 대처 방법에 대한 교육을 받는다. 재난이 일어나면 공지를 받은 치료사들이 현장에서 또 자신의 사무실에서 재난에 영향을 받은 사람들을 단기간 무료로 도와준다. 이 조직은 마치 군대처럼 움직이며 협업의 중요성을 매우 강조한다. 평화 시에 이런 준비를 해 놓기 때문에 재난이 생기면 우왕좌왕하는 시간을 최소한으로 줄이고 바로 치료사들이 현장에 연결되어 필요한 도움을 줄 수 있는 것이다. 크고 작은 사건사고가 많은 한국에서는 특히 이런 조직이 탄탄한 기반을 가지고 가동되어야 하지 않을까 생각한다.

사건과 피해자에 대한 일반인의 감정적 공감과 지지

14년이 지난 오늘날까지 뉴욕 사람들은 911에 대해 기억하고 얘기한다. 특히 매년 9월 11일이 되면 공영라디오NPR에서는 시민들이 911에 관한 어떤 얘기든 하게 하고, 이를 거르지 않고 방송에 내보낸다. 생존자들, 가족들, 구조자들, 지켜보던 시민들이 그 사건을 겪은 경험에 대해, 그 사건이 자신의 삶에 어떤 영향을 미쳤는지에 대해 허심탄회하게 얘기하며 그 얘기들은 시민들에게 받아들여지고 공감과 지지를 받는다. 하지만 세월호의 경우 일어난 지 불과 2년밖에 지나지 않았음에도 한국 사람들은 아직까지 세월호 이야기를 하느냐며 참을성 없이 반응하는 것을 본다. 상처를 받았을 때 가장 좋은 치료는 아파하는 사람을 보듬어 주는 것이다. 누군가가 자신이 얼마나 아파하고 있는지 판단하지 않고 받아준다는 생각이 들면 아픔이 반이 되고 그것을 극복할 용기가 생긴다. 하지만 아픈데 주변에서 계속 빨리 털어버리라고 재촉하고, 꾀병이 아닌가 의심하고, 뭔가 더 받아내려고 하는 건 아닌가 색안경을 끼고 바라보면 상처는 더 깊어지고 그 상처에 더 매달리게 되는 것이 사람의 심리다. 아무도 알아주고 기억하려 하지 않는 아픈 기억을 나라도 붙잡지 않으면 그 상처가 무가치하고 의미 없어지는 것 같고, 무슨 일이 일어났는지 아무도 기억해 주지 않으면 그 상처와 내 고통이 물거품이 되는 느낌을 받기 때문이다. 세월호 유가족들과 심한 충격을 받은 사람들이 회복할 수 있게 도와주는 방법은 그들에게 충분한 시간을 주고, 그들의 얘기를 들어주고, 공감해 주는 것이다.

가해자에 대한 처벌

911 이후 미국은 테러리스트들 색출과 방지를 철저히 한다. 공항의 검문이 지나치다 싶을 정도로 까다롭게 변했고, 외국인에 대한 엄격한 심사와 차별 등을 통해 자국민의 이익과 안전을 도모하기 위한 최선을 다하고 있다. 하지만 세월호는 아직도 책임 소재가 불분명하고, 속 시원한 처벌 방안을 내놓지 않으니 유가족들이 더 답답해 할 수밖에 없다. 가해자가 진심으로 자신의 잘못을 뉘우치고 피해자에게 사과를 하는 것만큼 마음의 치유를 돕는 것은 없다. 하지만 피해자는 명백한데 가해자는 모호하고, 따라서 가해자로부터 진심 어린 사과를 받지 못할 뿐 아니라 정부는 이 사건이 빨리 무마되고 피해자들이 잊어주기만을 바란다는 인상을 받으면 더 용서하기가 힘들고 더 강하게 타협하려 하지 않게 된다.

몇 년 전 의료사고로 심한 PTSD 증상을 발전시킨 환자를 치료한 적이 있다. 20분 정도 걸리는 아주 간단한 수술이 의사의 실수로 생명이 위독한 지경까지 간 경우였다. 이 환자를 PTSD로 몰고 간 것은 죽음의 문턱까지 간 사건 자체이기도 하지만 그것보다 환자를 더 힘들게 한 것은 사고 후 의사의 태도였다. 너무 놀란 환자와 가족들은 의사를 만나려 했으나 그 의사가 만나 주지도 않았을 뿐더러 잘못을 인정하는 사과 한마디도 하지 않았다. 사람은 누구나 실수할 수 있고, 의사도 사람이니까 실수할 수 있다. 그 환자는 의사가 고의로 자신을 힘들게 하려고 한 것이 아니라 그냥 재수 없는 사고였다는 것을 잘 안다고 말했다. 그러니까 그 의사가 자신에게 와서 진심으로 미안하다고 사과하면 자신도 용서하고 넘어갈 수 있었을 텐데, 자신이 전화를 해도 받지 않고 병원 기록을 숨기는 등 사과는커녕 잘못을 가리기에 급급한 모습을 보면서 너무나 심한 배신감이 들었다고 한다. 그리고 자신과 같은 피해자가 다시는 생기지 않게 해야겠다는 마음에 소송을 결심했다. 결국 그 의사는 소송에서 져서 엄청난 보상금을 지불하게 되었다.

이 환자는 수술 후 약 3년 동안 정말 힘든 시간을 보냈다. 사람들에 대한 신뢰가 완전히 무너지고 사람이 두려워 밖에 나가 일상생활을 할 수 없었고, 집 안에서도 혼자 있지 못해 가족 중 누군가가 항상 같이 있어야 했다. 매일 누군가가 자신을 쫓아와 죽이는 악몽에 시달려 잠을 자지 못했고, 위생과 건강에 대한 강박증으로 하루에 수십 번씩 샤워를 하고 손을 씻고 병균이 옮을까 봐 다른 사람들은 물론 심지어 식구들과도 신체적 접촉을 할 수 없었다.

자신의 잘못을 뉘우치지 않는 의사가 괘씸해서 법적인 처벌을 받게 소송을 결정했지만, 승소했을 때 돈을 받는 것이 이 환자에게는 매우 불편하게 느껴졌다. 자신의 상처와 고통은 돈으로 보상받을 수 있는 것이 아니라고 생각했기 때문이다. 돈을 받기 위해 자신의 고통을 과장했다고 남들이 오해하지는 않을까 두렵기도 했다. 그 환자가 늘 하던 말은, 지금이라도 그 의사가 진심으로 자신의 잘못을 뉘우치고 사과하면 소송을 취하할 수 있다는 것이었다. 의사가 잘못을 인정하지 않으니, 즉 피해자는 있는데 가해자가 없으니 혹은 가해자가 자신을 가해자로 인정하지 않으니, 자기라도 자신의 고통을 꼭 붙들고 아파해야 자신의 상처가 덜 억울할 것 같다고 했다.

지난해 세월호 특별조사위원회의 초청을 받아 그들을 대상으로 트라우마 세미나를 하면서 조사위원들로부터 세월호 유가족들이 정부와 심지어 특별조사위원회 사람들도 잘 믿지 않아 협상을 하는 데 어려움이 있다는 얘기를 들었다. 세월호 유가족들도 앞의 환자와 비슷한 심정이 아닐까 생각한다. 이미 사건은 일어났으니 그냥 적당히 보상금 받고 일상으로 돌아가면 되는 게 아닌가 생각할 수 있지만, 유가족들은 어떤 보상도 아이들의 죽음과 상처를 대신할 수 없다는 것을 잘 알고 있다. 이들은 경제적인 보상보다는 사람들이 그 아이들의 죽음에 관심을 가져 주고, 그 아이들을 잃은 가족과 친구들의 마음이 어떤지 진심으로 헤아려 주기를 원하는 것이 아닐까? 자신이라도 그 상처를 붙잡고 있지 않으면 이 아이들의 죽음이, 그 고통이 사람들에게서 잊힐 것이기 때문에. 그들이 가장 두려워하는 건 이 비극이 사람들 기억에서 잊히는 것이 아닐까? 그렇게 되면 아이들의 죽음이 무의미해지는 것이므로 이는 절대로 일어나게 할 수 없으며, 목숨을 바쳐서라도 지켜내야 한다는 너무나 절실한 마음이 있는 것이다.

언젠가 베를린에 갔을 때 정부청사 근처에 있는 홀로코스트 조각상과 거기 새겨진 말들을 보고 매우 감동을 받았던 기억이 난다. 원래 독일의 헌법 1조는 '독일제국은 공화국이다. 국가의 권력은 국민으로부터 나온다'라는 내용이었는데, 패전 이후 독일의 헌법 1조가 다음과 같이 바뀌었다고 한다. '인간의 존엄성은 훼손할 수 없다. 이를 존중하고 보호하는 것은 모든 국가 권력의 의무다. 독일 국민은 불가침, 불가양의 인권을 모든 인간 공동체의 기초이자 이 세상의 평화와 정의의 기초로 신봉한다. 이하의 기본권은 직접 효력을 가지는 법으로서 입법권과 행정권 및 사법권을 구속한다.'

나치와 집단이기주의로 유대인들을 포함한 다른 민족과 사람들의 인권을 유린한 데 대한 철저한 반성과 예방을 가장 중요한 헌법 1조에 새겨 넣은 것이다. 정부 청사 근처에 홀로코스트 조각상이 있다는 것에도, 이런 일을 계기로 헌법 1조를 바꿨다는 것에도 너무나 놀란 나는 역시 독일이구나 하는 생각을 했다. 아직도 100살에 가까운 전범들을 찾아내 재판받게 하고 처벌하는 모습을 보면 정말 피해자인 유대인들과 가해자인 독일인들 모두의 과거 청산 의지가 얼마나 대단한지 놀라울 따름이다. 과거의 비극을 매일매일 일상에서 되새기고 다시는 이런 일이 일어나지 않도록 예방하면서, 수용소에서 죽어간 유대인들의 목숨이 헛되지 않게 하는 것이다. 그들의 죽음은 우리를 돌아보고 반성하게 하고 중요한 것들에 관심을 기울이게 한다.

이런 관점에서 세월호 참사로 목숨을 잃은 아이들과 어른들이 희생자면서도 한편으로 영웅이 될 수 있는 것은, 물론 자신이 의도하지는 않았지만 한국 사회에 만연한 부패와 안전 불감증에 큰 경종을 울리고 사회 안전 기반을 점검하여 보다 나은 사회로 가게 하는 큰 계기를 마련했기 때문이다. 이들의 죽음이 헛되지 않게 하기 위해서는 무슨 일이 일어났는지, 왜 일어났는지에 대한 철저한 진상 규명과 가해자 및 관련자 처벌, 다시는 이런 일이 일어나지 않도록 하려는 노력이 꼭 필요하다.

이렇게 911과 세월호에 대한 단순한 비교만 놓고 봐도 우리나라는 사회적 · 국가적 트라우마가 일어났을 때 이를 효과적으로 해결하지 못하는 것이 명백하다. 그 결과 한국 사람들은 트라우마를 경험했을 때 PTSD를 발전시킬 가능성이 높아진다.

세대 간의 저주: 트라우마의 대물림

몇 년 전 친구가 재미로 점을 보러 가는 데 따라간 적이 있다. '사이킥'이라는 미국식 점집은 주로 집시들이 손금이나 타로카드, 에너지 크리스털 볼을 읽어 그 사람의 운명을 말해 준다. 그곳에서 집시는 30분에 걸쳐 친구의 에너지를 읽더니, 능력이 많은데 주변 사람들이 그 능력을 시기 질투하고 상사들이 이끌어 주지 않아 가능성을 30%밖에 못 펼치면서 살아가고 있다고 했다. 아버지와 관계가 좋지 않았던 한 친척이 마음에 원한을 품은 채 돌아가셨고, 그 원혼이 친구에게 붙어 될 일도 안 되게 한다는 것이다. 이걸 해결하지 않으면 계속해서 일이 꼬일 것인데, 원혼을 달래는 천도재 같은 의식을 하면 이 저주를 풀 수 있고, 이 의식을 하려면 몇천 달러가 필요하다는 얘기였다. 재미로 본 거였으니 별로 심각하게 받아들이지는 않았지만 세대 간의 저주를 미끼로 약한 사람의 마음을 이용한다는 것이 썩 기분 좋지 않았다.

세대 간의 저주는 내가 잘못하지 않아도 전대에서 누군가 잘못하면 그 죄가 자손 대대로 이어 내려간다는 것으로 다양한 문화에 걸쳐 통용되는 개념이다. 문자 그대로만 보면 나에게 일어나는 모든 일이 나와는 아무 상관이 없는 전대의 잘못이라는 것처럼 느껴질 수 있다. 하지만 심리학적으로 본다면, 부모의 역할이 가정에서 매우 중요하고 자녀들에게 지대한 영향을 미친다는 말로 풀어 볼 수 있다. 예를 들어 아버지가 알코올 중독자로 무책임하고 가족에게 폭력을 휘두르는 사람이라면 자식들이 필요한 관심과 보살핌을 받고 자랄 가능성이 낮다. 그 결과 자식들도 아버지를 미워하지만 아버지와 비슷한 삶을 살 확률이 높을 것이고, 그 자식의 자식들도 비슷한 삶의 패턴을 보일 것이다. 부모가 자신들의 삶을 제대로 살지 못한 책임을 그 자식들이 대대손손 지게 되는 것이 바로 세대 간의 저주인 것이다.

1) 저주의 피해자는 어떻게 만들어지는가

세대 간의 저주는 한 세대가 자신의 삶을 책임감 있게 바르게 살지 못한 결과가 다음 세대로 넘어가는 것으로도 나타나고, 한 세대가 스스로 소화해 내지 못한 경험이나 느낌들이 그다음 세대에 원혼처럼 들러붙어 삶을 제약하는 것으로도 나타난다.

얼마 전 「국제시장」이라는 영화를 보았다. 주인공 윤덕수의 경험이 내 내담자 존의 아버지의 삶과 너무나 비슷하다는 것에 우선 놀랐다. 어린 나이에 지나치게 많은 책임감이 주어지고, 어려서 당연히 하지 못했던 것들에 죄책감을 느끼고, 항상 내가 하고 싶은 것보다 가족이 원하는 것을 해 주기 위해 나를 포기하는 삶을 사는 주인공 윤덕수. 그의 삶은 항상 괜찮아야 하고, 남을 위해 이용된다. 무엇이 올바른 길이고 정의인지 질문할 여유도 없이 가족을 먹여 살릴 수 있다면 법을 위반하지 않는 한에서 뭐든지 하는 것, 삶을 영위하기보다는 생존을 위해 몸부림쳐야만 했던 우리 어르신들의 모습을 고스란히 보여 준다.

주인공 윤덕수 할아버지가 사소한 것에 화를 내고 가족들로부터 철저히 소외되는 모습은 트라우마로 감정 조절이 되지 않는 상태를 잘 보여 준다. 이는 수많은 트라우마로 신경계가 압도되는 경험을 많이 해서 일상적인 중립적 정보도 처리하지 못하고 상황의 위험 정도와 상관없이 싸우거나 도망가기 방어기제가 습관적으로 작동되는 현상을 보여 준다. 그가 유일하게 감정을 느끼는 순간은 혼자 방에서 아버지의 사진을 볼 때다. 하지만 이런 약한 아버지 윤덕수의 모습은 관객들에게만 보이지 자식들에게는 보이지 않는다. 가족들에게는 아버지의 분노만 보이는 것이다.

이 영화는 아버지의 경험에 초점이 맞추어져 있다. 역사적 트라우마를 통해 어떻게 아버지의 삶이 형성되는지, 왜 아버지가 그렇게 괴팍하고 가족들로부터 소외될 수밖에 없는지. 이 영화는 아버지를 우리 근대사의 피해자라는 시선으로 보고 있다. 맞는 말이다. 영화에서는 아버지를 이해하는 데 중점을 두었다면 나는 존의 이야기를 통해 역사의 피해자인 아버지가 가족들에게는 어떻게 가해자로 돌변하며, 그런 아버지가 가족과 자식들에게 어떤 영향을 미치는지 살펴보겠다.

역사의 피해자: 존의 아버지 이야기

존의 아버지는 전쟁으로 아버지를 잃고 병약한 홀어머니를 모시면서 6살 때부터 스스로 돈을 벌어야 했다. 학교를 다니면서는 매번 등록금을 못내 전교생들 앞에서 창피를 당했고, 점심에 먹을 게 없어 수돗물로 배를 채웠다. 월남전 파병을 계기로 친해진 한 미군을 따라 미국에 와서 정착하게 되었다. 가정을 이루고 자신이 받지 못했던 것을 자식들에게 제공하기 위해 존의 아버지는 죽도록 일했다.

그에게 사랑이란 가족을 굶기지 않는 것, 아이를 학교에 보내 교육시키는 것이었다. 자신이 너무나 필요로 했던 것들을 자식들에게 모두 제공했는데, 이에 만족하지 못하고 그 이상을 요구하는 아들이 이해가 되지 않고 미웠다. 아들이 '아버지는 나를 사랑하지 않는다'

고 불만을 제기했지만 도대체 무슨 말을 하는지 알 수 없었다. 아버지에게 감정은 배불리 먹고 할 일 없는 사람들이나 가지는 쓸데없는 사치에 불과했고, 아이의 불만은 매로 다스리는 수밖에 없다는 생각으로 사건의 경중과 상관없이 아이의 행동거지가 맘에 들지 않으면 신체적 폭력으로 아이를 다스렸다. 약한 어머니는 남편이 무서워 남편의 폭력에서 존을 보호해 주지 못했다.

존의 아버지는 아들이 골칫덩이에 문제아라고 생각했다. 하지만 아들의 문제가 자신의 양육 방법과 상관이 있을 수도 있다는 생각은 추호도 해 본 적이 없다. 당신이 바라보는 스스로의 모습은 자식을 위해 모든 것을 희생하고 그들이 원하는 모든 것을 제공해 주는 사랑이 넘치는 희생적인 아버지니까. 자신이 어릴 때는 부모로부터 아무것도 받지 못해 엄청난 고생을 하면서도 버텨 내며 살았는데, 자신이 제공하는 원조를 받고도 열심히 살아가지 않는 아이가 이해가 되지 않았다.

피해자가 낳은 또 다른 피해자: 존의 이야기

존에게 아버지는 너무나 두려운 존재였다. 대화는 전혀 없이, 아버지는 명령하고 어머니와 자신은 복종했다. 이를 어길 시에는 가차 없이 처벌이 돌아왔다. 옳고 그름보다는 아버지의 분위기를 살피고 아버지를 화나지 않게 하는 것이 집에서 생존할 수 있는 방법이었다. 존은 아버지에게 매를 맞는 것이 너무 두려웠지만 이런 고민을 남들에게 털어놓을 수 없었다. 밖에서 이런 얘기를 했다가는 죽을 줄 알라는 아버지의 협박이 있었기 때문이다. 아버지에 대한 두려움은 다른 어른들에 대한 두려움으로 확장되었고, 이것이 학교 공포증과 심한 우울증으로 발전해 지옥 같은 학창 시절을 보냈다. 가끔 두려움이 너무 심해 학교를 가지 못하겠다고 말하면 여지 없이 아버지의 매질이 돌아왔다. 집도 학교도 존이 맘 편하게 있을 수 있는 공간이 아니었다.

존은 아버지의 학대를 알리기 위해 기가 막힌 방법을 찾아낸다. 내가 삶에서 실패하고 남들에게 손가락질을 받는 사람이 되면 사람들이 '부모가 아이를 어떻게 키웠기에 애가 저 모양이냐'라는 생각을 할 것이고, 이것이 체면을 중시하는 아버지를 욕보일 수 있는 가장 효과적인 방법이라는 것을 발견한 것이다. 물론 이는 존의 의식적인 생각과 노력에 의한 것이라기보다는 무의식적인 발견이었다.

불안장애와 우울증으로 힘들게 대학을 졸업했지만 이후 극심한 우울증에 빠져 아무런 일도 할 수 없게 되어 부모님 집에서 신세를 지게 되었다(미국에서는 18세가 넘는 자녀가 부모와 같이 산다는 것은 매우 드문 일이고 수치스러운 일이다). 우울증을 감정적 사치로 생각하던 아버지는 아이를 계속 비난하며 내쫓으려 했고 이 과정에서 심한 욕설을 포함한 설전과 몸싸움이 일어났다. 이제 힘으로 존을 당할 수 없던 아버지는 911에 전화해 경찰을 부르고 존을 정신병원에 강제로 입원시켰고, 퇴원해서 집에 오면 다시 이 패턴을 반복하면서 수년간 지냈다.

두 이야기의 만남

처음 치료에 왔을 때 존의 태도는 매우 완강했다. 자신의 모든 문제는 부모에 의한 것이니 자신이 아니라 부모를 치료해야 한다고 했다. 부모 스스로 자기를 어떻게 학대했고 자기가 왜 이럴 수밖에 없는지를 진심으로 이해하고, 자신에게 사과하고 다시는 이런 일이 일어나지 않게 하겠다는 확신을 주지 않으면 자신은 아무것도 할 수 없고 하지 않겠다는 것이다. 자신이 부모로부터 이해받는 경험이 회복의 전제조건이라는 것이었다. 그 전제조건이 충족되지 않았는데 자신이 좋아진다는 것은 불의와 타협하는 것이고 자신의 고통을 무가치하게 만드는 것이며, 자신이 좋아진다고 해도 아버지가 자신을 또 실망시키면 그때는 정말 아버지를 죽이든지 자신이 죽든지 하는 방법밖에 없다고 했다. 이런 극단적인 일을 벌이지 않기 위해서라도 그는 아무런 노력도 할 수 없다는 입장이었다.

이를 한 개인의 문제로만 볼 수 있을까? 이전 정신과를 찾았을 때 존은 세로토닌의 부족으로 인한 우울증을 진단받고, 항우울제 처방을 받았다고 한다. 항우울제를 먹은 지 7년이 지났지만 존의 우울증은 나아지기는커녕 더 심해졌다. 우울증은 신경전달 물질인 세로토닌의 부족과 상관이 있다. 하지만 세로토닌이 부족하다는 현상은 한 개인의 경험의 결과이지 원인이 아닌 것이다. 어떤 경험이 존의 뇌에 세로토닌이 부족하게 만들었을까? 무엇이 스트레스 요인이었는지 파악해 이를 해소하려 노력하지 않고는 문제를 제대로 풀어 나갈 수가 없는 것이다.

70년대 미국 페미니스트들의 유명한 슬로건 중 하나는 "개인적인 것이 바로 정치적인 것이다Personal is political"였다. 한 개인이 삶에서 경험하는 것이 정치와 밀접한 연관이 있다는 것이다. 여기에 하나를 더하자면 인간은 역사 속에서만 존재할 수 있다. 내가 어디서 왔는지를 모른다면 내가 어디에 있는지, 어디로 가야 하는지도 알 수 없다. 따라서 개인이 겪는 일은 역사적 맥락에서 정치적 문제와 같이 놓고 볼 수밖에 없다.

존의 아버지는 일제 강점기에 태어나 일본인들과 일본 앞잡이들에게 착취당하며 살았던 약한 부모 밑에서, 옳고 그른 것보다는 힘이 바로 정의가 된다는 논리에 순응하며 자랐다. 6살에 6.25 전쟁으로 아버지를 잃고 졸지에 가장이 된 아버지는 어린 나이에 너무나 막중한 책임감을 떠안게 된다. 엄마에게 응석을 부려야 할 나이에 가정을 책임져야 하니 자신을 불편하게 하는 거추장스런 감정은 사치가 되어 버리고 해야 할 일만을 하고 아무것도 느끼지 않는 '일하는 기계'가 되어 버렸다. 독재정권이 들어선 다음에는 불평불만을 표현하면 빨갱이로 낙인 찍혀 사회·정치·경제적으로 생매장을 당하다시피 했으므로 그냥 체제에 순응하며 조용히 살아가는 것이 최고의 가치가 되었다. 미국에서는 유색인종에 대한 차별과 무시를 당하면서 돈이 있으면 그나마 방패막이가 된다는 경험을 하고 악착같이 돈을 모았다. 돈이 유일한 자신의 보호자가 된 것이다.

존의 아버지에게 세상은 너무나 무섭고 혹독한 곳이며 사람들은 믿을 게 못 되고 자신을 도와줄 사람은 아무도 없이 철저히 혼자인 곳이다. 내 불만을 표현하는 것은 목숨을 내걸어야 하는 위험한 것이고, 도움을 요청하는 것은 남들로부터 무시와 멸시를 당하는 지름길이었다. 아버지의 이런 세계관/인간관은 그냥 아버지 안에만 머무르지 않았다. 아들인 존에게 그대로 전달된 것이다. 존에게 세상은 너무나 무섭고 두려운 곳이고, 믿고 의지할 수 있는 사람이 아무도 없다는 것은 존을 항상 불안하게 만들었다. 그 결과 존은 작은 부정적 자극에도 심한 불안과 두려움을 느꼈고, 이 상황에 대처해 할 수 있는 게 없으니 무력감은 점점 더 깊어졌다. 식구들은 존을 지나치게 예민한 아이로 보고 관심을 받기 위해 감정을 과장한다고 오해하고는 더 차갑게 반응하거나 아예 무시했다. 그 결과 존은 정말 필요한 관심과 보살핌을 더 받지 못했고, 이는 존을 더 불안하고 우울하게 만들었다.

존의 가족의 비극은 단지 아버지를 잘못 만나서, 혹은 아들이 이상해서 생긴 일이 아니라 우리 역사적 트라우마에 개인이 어떻게 영향을 받고 또 자식들에게 그 영향을 전달하는가라는 보다 큰 맥락에서 이해되어야 한다. 여러 차례에 걸친 한국의 역사적 트라우마를 통해 존의 아버지의 생존 방식이 형성되고, 이런 생존 방식이 자식인 존에게까지 대물림이 되는 것이기 때문에, 존 한 개인의 문제에서 나아가 가족의 문제로, 또 역사적 맥락에서 이해할 수 있는 것이다. 맥락 없이 한 현상을 완전히 이해할 수 없듯이 역사적인 관점에서 그 가족에게 일어난 트라우마와 개인의 트라우마를 연결할 수 있을 때 훨씬 더 유기적이고 효과적인 치료가 될 수 있다.

심리 치료를 하다 보면 필연적으로 아동기 부모와의 관계 경험에 대해 이야기하게 된다. 이에 많은 사람들이 자신의 문제를 가지고 부모 탓을 하는 게 아니냐고 묻는다. 내 문제는 내 문제지 부모가 잘못한 게 아니라고 말이다. 가족의 역사를 살펴보는 이유는 부모를 비난하기 위한 것이 아니다. 단지 무슨 일이 일어났는지를 객관적으로 보고 그 배경을 이해하기 위해서다. 배경 스토리를 알게 되면 자신과 부모, 가족, 다른 사람들에 대한 이해가 더 쉬워진다. 단지 내가 싫어서 나를 학대하고 무시한 게 아니고 그 이면에 더 복잡한 메커니즘이 있다는 것을 아는 것은 자신과 남들을 보다 쉽게 이해하고, 용서하고, 그 당시 필요했지만 하지 못했던 경험들을 스스로 제공해 문제에서 보다 쉽게 빠져나올 수 있게 하는 것이다.

새로운 이야기의 시작

다시 존의 이야기로 돌아가 보자. 존의 요구에 따라 가족 치료와 개인 상담을 병행했다. 가족 간에 꼭 필요했지만 할 수 없었던 얘기들을 치료사의 도움으로 조심스럽게 하기 시작했다. 이 과정에서 존은 아버지에 대한 이상이 완전히 무너지고 인간으로서 아버지의 한계를 절실히 피부로 느끼게 되었다. 아버지는 삶을 살아가는 게 아니라 생존의 차원에서 평생을 버텨 왔다는 것, 사랑을 주고받으며 사는 것이 어떤 것인지 전혀 몰랐다는 것을 알게 되었다. 표면적으로 드러난 폭력적인 무서운 아버지 이면에 엄청난 상처로 아파하고 어쩔 줄 몰라 하는 어린아이가 있다는 것을 알게 된 것이다.

내가 부족해서가 아니라 아버지가 자신의 한계로 하나밖에 없는 아들조차 사랑할 수 없었다는 것을 아는 것은, 존이 자신에 대한 부정적인 믿음에서 놓여 나는 데 도움이 되었다. 남들처럼 부모로부터 사랑받지 못하고 필요한 도움을 받지 못해서 자신의 삶이 비참해질 수밖에 없었다는 것이 여전히 화가 나고 슬프지만 내가 잘못한 게 아니라는 것을 아는 것이 존에게는 위로가 되었다. 아버지는 역사의 피해자가 될 수밖에 없었고 또 필연적으로 자신이 사랑하는 가족에게 가해자가 될 수밖에 없었다는 것을 아는 것은 아버지를 이해하고 용서할 수 있게 도왔다. 늘 괜찮아야 했기 때문에 감정이 두려웠고, 늘 강해야 했기 때문에 아들의 약한 모습을 보는 것이 무척 힘들어서, 그 무서운 감정으로부터 도망가기 위해서는 가장 단시간에 효과적으로 상황을 진압할 수 있는 폭력을 쓸 수밖에 없었겠구나 하는 것을 이해하게 되었다.

아버지가 왜 그럴 수밖에 없었는지 이해한다는 것은 아버지의 폭력을 정당화시키는 것이 아니다. 존은 치료 과정을 통해 아버지를 한 인간으로서 사실적으로 알게 되었다. 이는 아버지로부터 뭘 기대할 수 있고 뭘 기대할 수 없는지 알게 했고, 아버지가 줄 수 없는 것은 누구에게서 어떻게 받을 수 있는지 고민하게 했다. 이 과정에서 존은 자신을 더 잘 보살펴 주고 사랑해 줄 수 있는 아버지가 없었다는 것을 애도하고 떠나보낼 수 있게 된 것이다. 이는 아버지가 변하기를 바라고, 아버지가 변해야지만 내가 변할 수 있다는 완강한 생각에서 벗어나게 했다. 빈 젖을 물고 왜 젖이 안 나오냐고 화를 내는 것이 아니라 젖을 줄 수 있는 사람을 찾아가서 필요한 보살핌을 받는 것을 자신에게 허락하는 것이다. 자신과 부모의 상태를 알고 부모가 줄 수 있는 것은 받고, 줄 수 없는 것은 내가 찾아나서는 식으로 보다 유연한 기대와 행동을 하게 된 것이다.

이런 의미에서 심리 치료사는 한 개인이 자신과 가족의 역사를 발굴하고 기록해 나가는 것을 도와주는 역사가다. 개인과 가족의 역사를 왜곡하거나 미화시키지 않고 가족의 비극을 있는 그대로 볼 수 있는 용기를 주고, 이런 진실들을 바탕으로 무엇이 어디서 어떻게 잘못되었는지를 파악하며 그 가족에게 필요한 것을 알아내어 단지 과거를 그냥 되풀이하며 사는 것이 아니라 배운 것을 적용해 미래를 의식적으로 다르게 살 수 있게 도와준다.

「국제시장」에서 윤덕수가 유일하게 감정을 보이는 순간은 혼자 방에서 아버지의 사진을 보며 "저 정말 힘들었거든요"라고 울면서 얘기하는 장면이다. 늘 화를 내는 모습이 아니라 이런 약한 모습을 가족들이 봤다면 아버지를 이상한 사람이 아니라 관심과 도움이 필요한 사람으로 보고 도와줄 수 있었을 텐데 참 안타깝다. 윤덕수뿐 아니라 존의 아버지, 격동의 근대사를 겪은 많은 우리 부모님들 속에는 상처받은 어린아이가 자리 잡고 있다. 무거운 책임감을 지고 살아가야 했던 그 어린아이가 관계를 성숙하게 다루지 못했던 것은 필연이며, 그 상처가 가장 가까운 가족에게 고스란히 전달되는 것이다.

2) 세대 간의 저주는 우리를 어떻게 만드는가

1960년대 홀로코스트 생존자들이 심각한 정신적 문제들을 발전시키고 일상생활 적응에 문제가 있다는 것이 임상적으로 관찰되었고, 곧이어 생존자들뿐 아니라 이들의 자녀들, 또 그 자녀들의 자녀들까지도 생존자들과 비슷하게 심각한 정신적 문제를 겪는다는 것이 관찰되었다. 2003년도에 이루어진 미국의 한 연구 결과에 따르면* 홀로코스트 생존자의 손자손녀들이 소아 정신과를 찾는 비율이 일반인들 중 소아 정신과를 찾는 비율에 비해 300%나 더 높은 것으로 나타났다. 또 부모가 트라우마를 겪은 경우 아이들이 나중에 PTSD를 발전시킬 가능성이 일반인들보다 더 높다는 결과도 발표되었다.

이후로 트라우마가 생존자의 자녀들, 또 그 자녀들의 자녀들에게까지 영향을 미치는 대물림 현상에 대한 연구와 임상자료들이 많이 나오고 있다. 이제는 트라우마의 대물림이 단지 홀로코스트의 생존자 자녀들에만 국한되는 것이 아니라 노예 제도를 겪은 미국 흑인들, 전쟁 참전 용사들의 자녀들, 전쟁이나 천재지변을 겪은 사람들의 자녀들, 개인적인 트라우마를 당한 사람들, 곧 모든 개인적 · 집단적 · 역사적 트라우마를 경험한 사람들의 자녀와 그 자녀들에게 일어나고 있다는 것이 밝혀졌다. 생존자, 피해자들에 대한 관심과 치료뿐

---

* Fossion, P., Rejas, M., Servais, L., Pelc, I. & Hirsch, S. (2003). "Family approach with grandchildren of Holocaust survivors," American Journal of Psychotherapy, 57(4), 519-527.

아니라 그 자녀, 그 자녀들의 자녀에게까지 관심과 치료의 영역을 확장할 필요가 점점 커지고 있다.

앞에서도 설명했듯이 트라우마란 한 개인이 감당하기 힘든 충격적 사건으로 이런 경험을 할 때 심신은 큰 충격을 받는다. 하지만 이것이 누군가에게 인식되고, 이해받고, 도움을 받으면 회복되어 다시 일상으로 돌아갈 가능성이 높지만, 이런 경험을 하지 못하면 PTSD를 발전시키기 쉽다.

PTSD까지 가지 않더라도 트라우마 관련 증상들은 우울증, 짜증, 흥미 상실, 무감각, 집중력 저하, 불면증, 감정 조절 실패, 절망감, 수치심, 무가치함, 기억력 상실, 악몽, 플래시백, 극도의 불신, 노심초사, 근심걱정, 불안장애, 공황장애, 만성통증, 두통, 중독, 섭식장애, 해리, 자해 행위, 자존감 상실, 정체성 상실 등 무수히 많기 때문에 트라우마로 충격을 받은 사람은 감정적으로 심각하게 제한될 수밖에 없다.

따라서 이런 사람이 부모가 되면, 아이가 자라면서 마땅히 겪는 위기나 어려움들을 지나치게 민감하게 느끼고, 적합하고 합리적인 반응을 하지 못한다. 그 결과 아이들이 세상과 삶에 대한 적합한 감각을 발전시키고 세상이 어떻게 돌아가는지 이해할 수 있도록 도와주지 못한다. 이런 부모들은 스스로 자신의 감정 조절을 할 수 없기 때문에 삶에서 마땅히 일어나는 희로애락에 균형 잡힌 시각을 갖지 못하고 사소한 일에 지나치게 큰 일인 것처럼 반응하거나 때로는 마땅히 감정을 보여야 하는 부분에서 무감각한 해리 반응을 보이기도

한다. 따라서 이런 부모의 부적절한 감정적 반응은 아이들의 발달과
정에 심각한 부정적 영향을 미치고, 아이들에게 세상이 안전하지 않
으며 사람은 믿을 수 없다는 메시지를 전달한다.

부모의 트라우마가 아이에게 미치는 영향은 다음과 같다.*

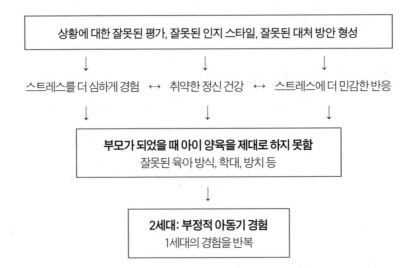

* Amy Bombay, Kim Matheson, Hymie Anisman, "Intergenerational Trauma:
  Convergence of Multiple Processes among First Nations peoples in Canada,"
  Journal of Aboriginal Health, 2009.

사랑받지 못한 사람은 사랑을 줄 수 없다고 했다. 좋은 부모가 되기 위해서는 좋은 보살핌을 받는 것이 필수 요건인 것이다. 트라우마를 경험한 부모가 자신의 트라우마를 다루지 않고 치유되지 않았을 경우, 자신의 아이를 학대하거나 방치하지는 않는다 하더라도 반복적으로 아이에게 공포를 조장하거나 겁에 질린 반응, 해리 행동을 보이면 아이는 무의식적으로 이에 대한 불안과 위협을 감지하는데, 스스로 감정 조절을 할 능력이 없는 아이들은 고조된 감정 상태에서 빠져나오지 못하게 된다. 스트레스 상황에서 아무런 대책을 찾지 못해 더 스트레스를 받는 것이다. 이런 환경에서 자란 아이들은 청소년기에 정신병리에 상당히 취약한 것으로 밝혀져 있다. 이런 아이들을 가족과 역사적 맥락에서 살펴보지 않고 그냥 개인의 정신병리로만 본다면 오직 한 부분밖에 보지 못하는 것이다. 부모가 그렇게 힘들게 키웠는데 부모의 기대에 부응하지 못하는, 정신 상태가 약해빠진, 진짜 고민이 아닌 배부른 고민을 만들어 내는 사람이라는 비난으로 내몰 수도 있기 때문이다.

트라우마가 대물림될 때 나타나는 현상

제럴드 프롬Gerald Fromm 박사는 『전달 과정에서 잃어버린 것들lost in transmission』에서 트라우마로 인해 한 세대가 소화하고 담아내지 못하는 경험은 그들과 가장 가까운 사람들, 가족, 특히 아이들에게 떨어지게 된다고 말한다. 아이들은 의식적·무의식적으로 이 과업을 이어받고 스스로 소화해 내려고 하지만 이들이 소화하고 담아내지 못하는 경험은 또 그다음 세대로 떨어져 계속해서 대물림을 하는 것이다.

프롬 박사에 따르면 이런 트라우마의 대물림 과정에서는 두 가지 현상이 일어난다고 한다. 첫 번째는 원시적 동일시primitive identification 현상인데, 이는 부모와의 상호작용을 통해 상처입은 부모상을 내면화하는 것을 말한다. 이를 통해 아이는 부모를 치유하고 회복을 도우려 한다. 하지만 이런 식의 동일시는 자신이 누군지 알 수 없게 하고 자신과 상처받은 부모를 분리시키지 못하게 한다. 아이는 자신의 삶을 사는 것이 아니라 부모의 못 다한 삶을 살게 되는 것이다. 윤덕수가 자신의 삶을 사는 것이 아니라 부재한 아버지의 삶을 산 것처럼 말이다.

두 번째는 예치된 대리 행위deposited representaion로 부모가 무의식적·의식적으로 자신의 경험과 느낌을 아이에게 강제로 집어넣는 것을 말한다. 자신이 살고 싶었던 삶을 아이에게 강제하는 것이다. 그러면서 부모는 아이의 정체성에 강한 영향을 미치고 아이가 특정 임무를 수행하도록 만든다. 흥남부두에서 덕수의 아버지가 아이에게 "너는 이제 가장이다"라고 말하며 아이에게 어른의 정체성을 집어넣어 버린 것처럼.

이런 과정에서 아이들은 트라우마를 자신의 직접적인 경험을 통해서가 아니라 부모를 통해 간접적으로 그러나 강렬하게 경험하며, 부모의 상처에 깊이 동일시하고 사람, 사건, 세계에 대한 부모의 이미지를 자신의 잣대로 거르지 않고 그대로 받아들인다. 이렇게 부모와 동일시하는 아이들은 스스로 세상을 발견하고 세상에서 자신의 위치를 찾지 못한다. 부모의 상처와 지나치게 동일시하는 아이들은 실제 삶에서 트라우마를 직간접적으로 경험할 때 피해자들과 지나치게 동일시하고 심한 죄책감을 느끼며 과거와 현재, 내면 세계와 외부 세계 간의 심각한 혼란이 일어나 PTSD를 발전시킬 가능성이 높다.

영화의 한 대목에서 윤덕수는 부인 영자에게 "우리가 힘든 세월에 태어나서 힘든 풍파를 우리 자식이 아니라 우리가 겪어서 정말 다행이다"라고 말한다. 부모 세대가 겪었으니 자식들은 피해 갈 수 있었다고 말이다. 과연 그럴까? 자식들은 힘든 경험 자체는 피할 수 있겠지만 그 경험의 망령으로부터는 도망갈 수 없다. 그 경험의 망령이란 아버지가 모든 걸 희생했다는 죄책감, 아버지의 기대에 부응해야 한다는 책임감, 매사에 화내는 아버지에 대한 두려움과 분노, 모든 걸 희생한 아버지에게 내가 두려움과 분노를 가진다는 데 대한 죄책감과 슬픔, 이런 복잡한 생각들과 느낌들에 대한 혼란과 절망이다. 이런 감정들을 자연스럽게 느끼면서 자식들은 또 아버지가 못 다한 삶을 살도록 의식적 · 무의식적으로 강요받기 때문이다.

이런 대물림의 가장 끔찍한 아이러니는 피해자들이 자신의 무력감을 자신들보다 약한 희생양을 찾아 또 다른 피해자로 만들면서 극복하고, 이로 인한 피해자들은 또 자기보다 더 약한 누군가를 찾아 가해자가 됨으로써 자신의 무력감을 극복한다는 것이다. 「국제시장」에서는 윤덕수 할아버지가 화를 잘 내고 자식들로부터 따돌림을 받는 것으로 비쳐지지만 그의 분노가 가족들에게 얼마나 심한 영향을 미치는지는 잘 나와 있지 않다. 대개 이런 가정에서는 아버지의 분노를 어머니와 큰아이들이 받아 내고, 어머니는 자신보다 약한 아이들에게 분풀이를 하고, 큰아이들은 동생들에게 분풀이를 한다. 먹이사슬에서 제일 아래 있는 사람이 주로 희생양이 되고 모든 가족의 상처와 수치심을 몸과 마음으로 받아내어 아프게 되는 경우가 많다. 앨리스 밀러Alice Miller는 『천재가 될 수밖에 없었던 아이들의 드라마*The Drama of the Gifted Child*』라는 책을 통해 아이들이 부모로부터 받은 상처는 어디로 가는가라는 질문을 던진다. 아이들이 어른들로부터 입은 상처는 자신보다 더 약한 존재들을 상처입힘으로 전달된다고 한다. 상처는 그냥 시간이 지난다고 사라지지 않는다. 자신이 약할 때 당한 수동적 경험을, 힘이 생겼을 때 능동적인 경험으로 만들면서 트라우마의 대물림은 지속되는 것이다.

트라우마의 대물림을 끊으려면

트라우마의 대물림에 대한 문헌들을 보면 크게 개인적 차원과 사회적 차원의 두 가지 방법을 제시한다. 개인적 차원에서는, 한 개인이 자신에게 무슨 일이 일어났는지를 정확하게 알고 그 경험을 소화해 내고 자신의 것과 부모에게 속하는 것을 구분하고 그들에게 속하는 것은 돌려주어 트라우마를 전달받는 것을 멈추는 것이다. 전 세대로부터 자신이 의식적 · 무의식적으로 물려받은 게 어떤 것인지를 알고, 이를 담론으로 만드는 것이다. 그러면 부모의 이야기와 내 이야기가 구분되고 부모와 나 사이에 분리가 일어난다. 하지만 이는 부모를 비난하거나 부모와 절연하는 것을 의미하는 것이 아니라 마땅히 슬퍼해야 할 것을 슬퍼하고, 보다 명예롭게 부모와 자신의 상처를 보듬는 것을 말한다. 내 자신의 정체성이 부모에 의해 만들어졌다는 것에 대한 이해와 부모에 대한 진정한 이해가 일어나는 것이다.

이 과정에서 자식은 부모가 말할 수 없었던 것을 말하고, 자신의 삶이 부모의 상처를 미래로 가져오기 위해 어떻게 사용되었는지, 자신의 경험이 어떻게 미리 결정되었는지를 인식한다. 이런 총체적인 이해를 통해 자식 세대는 부모 세대의 트라우마를 뛰어넘게 되고 다음 세대의 치유를 돕는다. 여기서 중요한 부모 세대의 역할은 트라우마에 대한 자식 세대의 얘기를 감정적으로 압도되거나 무감각해지지 않고 들을 수 있어야 한다는 것이다.

두 번째 사회적 측면을 들면, 사회는 역사적 트라우마를 파악하고, 가감 없이 사실 그대로 인정하고, 피해자와 가해자들을 명확히 파악해 내고 피해자의 치유와 회복을 적극적으로 도우며 그들의 희생을 보상해 주고, 가해자는 엄중히 처벌해 다시는 이런 일이 일어나지 않도록 하겠다는 현실 변화의 노력을 해야 한다. 개인이 고스란히 받아 낼 수밖에 없었던 사회적 담론을 양지로 끌어내어 이슈화하고 이를 통해 개인의 부담을 줄여 주는 것이다. 역사적 · 사회적 트라우마는 개인이 담아내지 못하고, 개인이 담아내지 못하는 경험은 가족, 자녀들에게 전달된다. 가족, 자녀들에 의해서조차 담아내고 소화할 수 없는 경험은 국가나 사회 기관이 경험, 감정, 고통, 역사를 다 담아

내는 수용기 역할을 해 줘야 한다.

우리 속담에 기쁨은 나누면 배가 되고 슬픔은 나누면 반이 된다고 했다. 트라우마를 사회적 담론으로 끌어내는 것은 몇몇 개인이 그 모든 짐을 지고 가게 하는 것이 아니라 전체 국민이 조금씩 짐을 나눠서 지는 것을 말한다. 피해자들이 더 빨리 회복되고 대물림을 통한 추가 피해자들이 나오지 않도록 말이다.

유대인들의 경우를 보면 30여 국가에 100개가 넘는 홀로코스트 박물관이 있다. 늙어가는 피해자들과 이들의 트라우마를 홀로코스트 박물관이 담아내고 이를 자신의 가족뿐 아니라 전 세계 사람들에게 알려 얼마나 끔찍한 일이 있었는지를 사람들이 증언하게 하고 사회적 담론이 되게 하는 것이다.

뉴욕에서는 2015년 9월 11일에 911 참사 14주기를 맞아 '9/11 방영: 언론인들이 기억하는 911Reporting 9/11 : Journalist Remember Attack'이라는 주제의 특별전을 열었다. 이 특별전을 감독한 메리엄 노벨Marriam Nobell은 공영라디오 방송과의 인터뷰에서 이렇게 말한다. 가장 가까이에서 911을 접했던 기자들 사이에서 너무나 끔찍한 현장을 전달하면 사람들이 충격받지 않을까에 대한 토론이 있었지만 가감 없이 현장에서 일어나는 모든 것을 보도하기로 결정했다고 한다. 나중에 시간이 흐르고 나면 사람들은 그 당시가 얼마나 끔찍했는지 알 수 없을 것이기 때문이다. 그는 덧붙여 언론은 민주주의의 핵심적 부분이라고 말한다. 언론은 사람들에게 정보를 주고 일어나는 사건들에 대해 대중적 논의가 계속해서 일어날 수 있게 하는 중요한 역할을 한다. 사람들은 주변에서 무슨 일이 일어나는지 알아야지 참여하고 서로 도울 수 있기 때문이다. 대한민국의 언론은 진실을 보도하고 이 슈에 대해 대중적 논의가 계속 일어나게 하는지, 사람들이 서로 대화할 수 있게 하고 또 참여하게 하는 데 중요한 역할을 수행하고 있는지 묻고 싶다.

한국 사회는 우리를 어떻게 만드는가

3장에서 애착 유형 혹은 성격 유형이란 부모의 아이에 대한 감정 조절의 결과로 형성되는 것으로, 부모로부터 무엇을 기대할 수 있는지, 부모가 어떤 것을 좋아하고 싫어하는지를 본능적으로 파악한 유아들이 생존하기 위해 부모의 양육 방식에 자기 스스로를 맞추어 나가는 과정이라고 설명했다. 그러면 좀 더 큰 사회적 맥락으로 볼 때, 대한민국은 어떤 유형의 사람들을 만들어낼까? 대한민국에서 살아남으려면 어떤 유형의 성격을 발전시켜야 할까라는 질문을 해 본다. 한국 사회는 급속한 경제 성장을 이루어 내는 과정에서 필연적으로 나만 잘 살면 된다는 식의 이기주의가 만연했고 인권이나 복지 관련 영역들은 경제 성장만큼 발전하지 못했다. 오랫동안 남아선호사상 혹은 남성중심주의가 사람들 속에 깊이 새겨져 여성들의 인권이 선진국에 비해 아직도 상당히 낮은 편이다. 여기서는 뿌리깊이 박힌 남아선호사상, 남성 중심의 세계관으로 인해 어떻게 여성들이 더 착취될 수밖에 없는지 살펴본다. 그 결과 스스로 힘을 가지지 못한 여성들은 남편과 자식들에게 더 집착하는 집착형으로 변하기 쉽고, 필연적으로 남성들은 집에서 더 회피형으로 변하게끔 내몰려 화목한 가정, 서로 협조하고 협상하는 가정이 아니라 독재처럼 일방적인 관계가 주를 이루는 가정이 만들어질 수밖에 없으며, 그 결과 남성들은 가정에서 밀려나 밖으로 겉돌 수밖에 없는 구조가 된다. 이러한 구조적인 문제들을 가장 작은 공동체인 가정을 통해 살펴보자.

1) 학대인지 모르는 학대, 남아선호사상

나는 남아선호사상을 경험한 여성들의 삶의 이야기에 대해 박사학위 논문을 썼다. 이 연구를 하면서 어릴 때부터 집안과 가족 사회로부터 단지 딸이라는 이유로 부당하게 차별을 받고, 그러한 차별이 당연한 일처럼 여겨지는 환경에서 살아온 것이 가족과 사회가 함께 공모한 아동 학대의 형태라는 것과 이 남아선호사상이 지금도 우리 삶에 깊숙이 자리 잡고 있다는 것을 발견했다. 여기서 독자들은 두 가지 반론을 제기할지도 모르겠다. 어떻게 남아선호사상이 학대가 되는지, 또 과연 남아선호사상이 아직도 존재하는지.

학대에는 여러 가지 형태가 있다. 성폭력, 신체적 폭력처럼 피해자와 가해자가 확연하게 드러나고 피해의 정도를 확인할 수 있는 학대가 있는 반면 언어폭력, 감정적 폭력처럼 피해자와 가해자가 명확하게 드러나지 않고 겉으로는 피해의 정도를 확인할 수 없지만 그 사람의 자존감과 자기상을 조금씩 갉아 먹어 결국은 치명적인 상처를 남기는 학대가 있다. 남아선호사상의 피해자들은 계속해서 가족과 주변 사람들로부터 '너는 태어나지 말았어야 했는데', '네가 태어나서 얼마나 실망했는지 모른다', '네가 태어나서 부모님이 얼마나 실망을 하셨겠니' 등등의 말을 계속해서 듣고 자신을 향한 경멸과 미움, 원망으로 가득한 시선들을 마주하면서 자기 존재가 너무 미안하고, 수치스럽고, 가족들에게 짐이 된다는 마음의 부담감을 안고 살아간다. 이렇게 자란 여자아이들은 사회와 가족의 시선과 말들이 그들의 삶에 스며들어 자아상, 자존감에 치명적인 타격을 입고, 관계에서 자신이 무엇을 기대할 수 있는지에 대해 상당히 부정적인 생각을 가지게 된다. 이런 의미에서 남아선호사상에 노출된 여자아이들은 평생 지속적인 언어폭력과 감정적 폭력을 가족과 사회로부터 당하는 것이다. 많은 언어폭력, 감정적 폭력에 노출된 아동 학대의 피해자들이 자신이 나쁘고 가해자가 옳다는 생각을 가지고 있는 것처럼 남아선호사상에 노출된 여성들도 자신에 대해 상당히 부정적인 생각을 하고 끊임없이 남들의 잣대에 따라 자신의 부족한 부분을 메우려는 노력을 하며 남들을 위한 삶을 사는 경우가 많다.

두 번째, 아직도 남아선호사상이 존재하는가 할 텐데, 슬프게도 현실은 그러하다. 물론 이전처럼 성 감별을 해 여아로 판명되면 낙태를 한다든지, 여자아이를 학교에 보내지 않는다든지, 여자아이가 오빠나 남동생을 위해 눈에 띄는 희생을 강요당한다든지, '귀남이', '후

남이', '선남이', '서운이' 등 이름조차도 이미 태어난 혹은 나중에 태어날 아들에 대한 부모의 염원에 내어주는 식의 너무나 명백한 차별이나 수모는 많이 사라졌다. 하지만 은근한 차별은 우리 사회 전반에 아직 만연하다.

남성이 더 중요하다는 남아선호사상이 지금은 은밀하고 은근하게 이루어지기 때문에, 차별을 하는 사람도 자신이 차별을 하는지 모르고, 차별을 당하는 사람도 자신이 차별을 당하는지조차 모르는 경우가 많다. 심지어 친구 하나는 대학교 여성학 수업에서 자신이 딸이어서 받은 차별에 대해 써 오라는 과제를 받고는 자신의 집에서는 전혀 차별이 일어나지 않았다고 써서 냈다고 했다. 하지만 나중에 돌이켜 보니 자기는 항상 남자 형제들보다 작은 방을 썼고, 부모님이 계시지 않으면 자신이 맏이가 아님에도 불구하고 밥과 빨래, 청소 등을 해야 했으며, 자신이 원하는 것은 항상 남자 형제들 다음 순위로 밀렸다고 한다. 그 친구는 부모님이 자신을 차별하고 있고, 자신이 차별을 받고 있고, 이런 차별을 가족들이 당연하게 생각하고 있었다는 것을 모르고 살았다는 것이 스스로 어이없다고 했다. 동시에 자신이 원해서, 자신이 착해서 남자 형제들에게 좋은 것을 내준 것에 늘 칭찬을 들었고 그에 자부심을 가지고 살았기 때문에 남자 형제들이 자신보다 더 가지고 관심과 지원을 더 받는 것을 서운해하지 않으며 자신은 부모님 도움을 많이 받지 않아도 괜찮고 그것이 더 우월한 것이라 여겼다는 것이다. 하지만 지금 생각해 보면 부모님이 자신을 남자 형제들과 똑같이 사랑한다는 생각을 포기하고 싶지 않았고, 자신이 차별을 받았다면 부모님이 차별을 한 나쁜 사람들이 되기 때문에 이를 애써 보지 않으려 했던 것 같다는 말을 하면서 씁쓸해 했다.

감정 조절의 신경생물학적 배경에 대해 말한 2장에서, 어렸을 때의 경험은 우리 뇌에 더 깊숙이 자리를 잡고 잘 변하지 않는다고 설명했다. 아이들은 모든 것을 스펀지처럼 받아들이므로 어릴 때 가정에서 부모가 딸에게, 아들에게 기대하고 칭찬하는 행동이 머리 깊숙이 프로그램화된다. 그래서 의식적으로 문제의식을 갖거나 노력을 하지 않으면 어릴 때 형성된 청사진대로 삶을 살아가게 되고, 이것이 바로 앞에서 말한 세대 간의 저주, 트라우마가 대물림되는 바탕이 된다. 내 박사 논문 연구에 참여했던 분들 중 기혼자들은 아들이 하는 말은 좀 더 중요하게 들리고 딸이 하는 말은 별로 중요하게 들리지 않는다고 했다. 아이들이 뭔가 요구를 할 때도, 아들의 요구를 좀 더 빨리 더 많이 들어주는 경향이 있다고 대답했다. 그 이유를 물었을 때 참가자들은 자신들이 그런 차별을 받고 자랐기 때문에 의식적으로 그러지 않으려 노력하지 않으면 자동으로 그렇게 행동이 나가며 그러고 나서 후회하지만 이런 패턴을 반복하게 되는 것 같다고 대답했다. 그러면서 자신들의 아들과 딸들이 자기 자식들에게 또 똑같이 차별을 하면 어떻게 하나 걱정도 했다.

지금 내 가정과 주변을 한번 돌아보자. 내가 아들에게는 뭘 바라고 딸에게는 뭘 바라는가? 사회가 남성과 여성에게 뭘 기대한다고 생각하는가? 남편에게는 뭘 바라고 아내에게는 뭘 바라는가? 여직원에게는 뭘 바라고 남자 직원에게는 뭘 바라는가? 아빠에게는 뭘 바라고 엄마에게는 뭘 바라는가? 시댁 식구들에게는 뭘 바라고 친정 식구들에게는 뭘 바라는가? 친가 식구들에게는 뭘 바라고 처가 식구들에게는 뭘 바라는가? 잠시 시간을 들여 내가 각각의 사람들에게 어떤 것을 기대하는지 생각해 보기 바란다. 이런 기대에서 내가 미처 생각하지도 못한 차이를 발견할 수 있을 것이다. 내가 말하고 싶은 것은 각각 다른 사람들에 대한 기대가 똑같아야 한다는 것이 아니다. 한번쯤은 내가 왜 이렇게 다른 기대를 하고 있는지, 혹시 나의 어릴 때 경험이나 주변 어른들의 생각을 아무런 의심 없이 그대로 받아들여 그것이 내 생각과 행동 속에 녹아든 것은 아닌지, 세대 간의 저주를 반복하면서 우리 자손들에게 물려주고 있지는 않은지 성찰해 보자는 것이다.

2) 모두를 피해자로 만드는 남성중심 사회

요즘은 자식이 하나밖에 없고 딸을 더 원하는 사람들도 많다. 부모 품에서 자랄 때는 차별을 경험하지 못하는 경우가 많고, 차별이 보호라는 명목으로 작용하는 경우가 많기 때문에 잘 느끼지 못한다. 하지만 딸이 커서 결혼을 해 가정을 이루면 남성이 여성보다 더 중요하다는 것이 표면으로 확연히 드러난다. 남편을 만나 결혼하면서 사회의 여러 부조리한 남녀 차별에 끊임없이 부딪혀 오고 있지만, 내가 처음 충격을 받았던 것은 바로 상견례 때였다. 아버지가 시부모에게

"제 딸이 그동안 공부만 하느라 요리나 집안일은 할 줄 아는 게 없습니다. 저희가 가르치지 못해 죄송합니다"라는 말을 했다. 왜 아버지가 이런 식의 사과를 시부모에게 해야 하는지 한편으로는 이해가 되었지만 이런 이해를 내가 한다는 사실에도 화가 났고, 결혼과 동시에 이런 불리한 상황에 나와 우리 부모가 놓이게 된다는 것에도 매우 화가 났다. 그러면서 결혼과 동시에 내 역할이 이렇게 규정되어야 한다는 현실이 목을 죄어 오는 것 같았다. 이는 나만의 특이한 경험은 아닐 것이다.

여성들은 결혼을 하기 전까지는 자기중심적인 개인으로 살아가는 게 허락되지만 결혼을 한 후에는 남편을 중심으로 살아가게 된다. 이에 반해 남성들은 결혼을 하기 전이나 후나 자기중심으로 살아가는 데 변함이 없다. 나는 이렇게 살지 않으리라 아무리 다짐하고 발버둥 쳐 봐도 여성들은 어느 새 결혼 전과 후에 자신의 태도가 많이 달라지고 있다는 것을 부정할 수 없을 것이다. 심지어 남편과 똑같이 직장에서 일을 하고 돌아오더라도 집안일과 육아는 주로 아내들의 몫이 되고, 남편들은 아내의 일인 집안일과 육아를 '도와준다'는 데 엄청난 남녀 평등주의자나 되는 듯 자부심을 느끼며 아내들이 자신들의 노력에 감사하고 감동을 받기를 바란다. 아내들이 집안일은 우리 공동의 일이라고 아무리 주장해 봤자 남편들은 자기들이 아무리 노력해도 여자처럼 잘할 수가 없기 때문에 여자가 집안일을 주로 하는 게 맞는 것이라며 억지를 부린다. 많은 부부들이 집안일과 육아 분담 문제로 싸우고 협상을 원활하게 하지 못한 결과 더 많은 갈등을 겪은 끝에 이혼이라는 극단적인 선택에 내몰리는 경우도 종종 있다.

친구들, 동네 아줌마들과 얘기하면 단골로 나오는 주제는 '남편'이다. 남편들은 양말을 아무데나 벗어 놓고, 서랍을 열면 닫을 줄 모르고, 청소를 한답시고 해도 여기저기 치울 게 천지로 널렸는데 그걸 보지 못하고, 이런 것들에 불만을 제기하면 화를 낸다. 아내 눈에 보이는 것을 남편들은 보지 못하고, 아내가 들을 수 있는 것들을 남편들은 듣지 못하고, 아내라면 당연히 할 것들을 남편들은 그냥 무시한다. 아내들은 정말 궁금하다. 집에서는 이렇게 무능력하고 무책임하게 보이는 남편들이 어떻게 밖에 나가서는 일을 제대로 하는지.

이 불가사의를 한번 풀어 보자. 남아선호, 남성중심에 대해 의식적으로 주입받고 자라지 않았다고 하더라도 부모가 서로를 대하는 방식, 부모가 아들과 딸을 대하는 방식, 부모의 남자와 여자를 보는 시각 등을 통해 은연중에 우리는 사람들이 나로부터 무엇을 원하고 나는 사람들에게 뭘 기대할 수 있는지에 대해 청사진을 갖게 된다. 많이 변하긴 했지만 아직도 남자는 돈을 벌고, 여자는 살림을 돌보는 것이라는 전통적인 성 역할이 많이 남아 있다. 남자가 일하는 것은 필수지만 여자가 일하는 것은 선택인 것이다. 또한 남성중심의 세계관으로 아버지의 권위를 세우는 것이 중요하고, 집안일과 자녀 양육은 남자답지 못한 일로 치부된다. 돈이 중요한 자본주의 세상에 살기 때문에 돈을 버는 사람이 가정에서 힘이 있는 사람으로 자리 잡게 되고, 그 가정이 행복하고 부부 사이가 좋은 것보다 돈을 얼마나 많이 버는지가 잘 살고 있는 것의 사회적 척도가 되면서 남자들은 자기네 영역이라고 사회가 규정한 일터로 내몰린다. 이렇게 남편에게는 집 밖에 나가서 돈을 버는 것이 당연하고 그것이 제일 중요한 일이기 때문에, 집안일과 아이 양육은 고스란히 아내의 몫이 되어 버린다. 남편이 돈을 잘 벌고 일을 잘 하기 위해 아내는 자신의 일을 포기하고 남편의 내조를 한다.

여성을 집착형으로 내모는 한국 사회

결혼 후 여성은 집안일을 해야 하고, 육아에 신경 써야 하고, 남편의 내조에 신경 써야 한다. 경제적으로 넉넉해 집안일을 도와주는 사람을 고용할 수도 있지만 그래도 이런 집안일을 총 감독하는 것은 여성의 일이다. 사실 아직까지도 한국 사회에서는 여자가 어떤 직업을 가지고 어떤 인격을 가진 사람인가보다는 남편이 뭘 하는지(돈을 얼마나 버는지, 사회적 지위가 어떻게 되는지), 아이가 얼마나 공부를 잘하는지로 평가되는 경우가 많다. 여자가 밖에서 뛰어난 능력을 발휘하더라도 아이가 잘되지 못하거나 남편이 마찬가지로 잘나가지 못하면 자신의 꿈을 좇느라 가족을 잘 보살피지 못한 이기적인 인간이라고 비난받을 수 있지만, 남자의 경우 자신의 성공을 위해 가족들이 희생하는 것은 당연하게 여겨진다. 남자의 성공은 가족 전체의 성공이고 여자의 성공은 그 여자 자신만의 성공이라는 사회적 인식이 있기 때문이다.

그 결과 여자들은 결혼 후 일을 선택하게 되었을 때 자신의 일과 더불어 집안일, 남편 내조, 자녀 양육을 잘하는 슈퍼우먼이 되기를 강요당하며 하나라도 잘 되지 않을 때는 일을 그만두라는 압력을 받는다. 이 과정에서 여성의 관심과 초점은 자신보다는 남들(남편과 자녀들)의 필요와 욕구로 더 많이 향하게 되고, 세세한 것들을 기억하고 챙기고 제한된 시간에 많은 것들을 해낼 수 있도록 훈련이 된 결과 다양한 일을 동시에 하는 능력multi-tasking이 점점 더 강해진다. 이런 여성의 변화는 남성중심 사회에 사는 여성들에게 일어날 수밖에 없는 필연적인 결과다. 남편과 아이의 성공을 위해 희생하는 것이 당연하고, 그들의 성공을 위한 도구로 쓰이는 것이 내가 칭찬받고 큰소리 치며 살아갈 수 있는 기반이 된다. 3장에서 집착형은 자신보다는 남에게 지나치게 초점을 맞추고, 그들의 사랑에 집착하거나 그들의 사랑을 잃을까 봐 전전긍긍하는 것이 특징이라고 말했다. 끊임없이 나보다는 남들(남편과 아이)에게 집중하고 그들의 마음을 읽고, 그들이 요구하기도 전에 그들의 필요를 미리 파악해 채워 주는 것이 나의 존재 이유인 것처럼 생각하게끔 훈련되는 과정에서 자연스럽게 여성들은 집착형으로 변하게 된다.

남성을 회피형으로 내모는 한국 사회

남편들은 바깥일을 하는 사람이고, 밖에 나가 일하고 돈을 벌어 오는 것으로 내가 할 일은 다 했으니 집에서는 마땅히 쉬어야 한다고 생각하는 사람이 많다. 이런 경향은 돈을 많이 벌어 오는 남성에게서 더 강하게 나타난다. 따라서 남편들은 집에 오면 아내나 아이들이 어떤 상태이든 상관없이 자신이 편안하게 쉬는 것이 가장 중요한 임무가 되고 집 안에서 일어나는 일은 한편으로는 내 일이 아닌 것처럼 보인다. 따라서 집이 지저분하고, 밥이 준비가 안 되어 있고, 아이가 울면 아내에게 도대체 집에서 뭐하고 있는 거냐고 화를 내거나 아예 나 몰라라 신경을 꺼 버리고 TV나 인터넷 혹은 자신의 취미 속으로 들어가 버린다. 내 일이 아니라고 생각하면 어떻게 되는가? 그 일이 되든 말든 별로 상관이 없고, 그 일이 안 되더라도 내가 손해 볼 게 없다고 믿는다. 사실은 본인이 손해를 보는데도 그렇게 생각하고 싶지 않기 때문에 스스로를 속이는 것이다. 내 일이 아니라는 생각으로 신경과 관심을 끄면 뇌의 신경세포들이 연결되지 않게 되므로 필연적으로 남편들은 아내들이 보는 많은 것을 보지 못하고, 듣지 못하고, 느끼지 못하게 된다.

이에 더해 이런 남편의 태도에 불만을 제기하면 남편들은 매우 싫어한다. 그리고 집안일과 육아가 얼마나 힘든지 하소연하면 너무나 쉽게 "그렇게 하기 싫으면 하지 마"라는 답이 돌아온다. 이 말을 들을 때 아내들은 어이가 없다. "내가 안 하면 일이 안 돌아가는데, 당신이 도와줄 거야?" 물으면 남편들은 "아니"라고 한다. "그럼 어쩌라고?" 아내가 물으면 흔히 남편들은 "몰라"로 답하고 이는 아내의 화를 돋운다. 아내가 좀 더 강하게 "당신이 안 하면 나도 안 해. 될 대로 되겠지"라고 협박을 해도 잘 먹히지 않는다. 될 대로 되는 상황을 더 두려워하는 사람은 남편이 아니라 보통 아내이기 때문이다. 집착형인 아내들에게는 버림받는 것이 가장 두려운 일이 되므로 그 두려움이 현실에서 일어나지 않게 하려면 불평을 하면서도 참고 남편에게 맞추면서 사는 수밖에 없다. 많은 아내들이 '이렇게는 못 살겠다'라는 생각을 하다가도 '내가 이 사람 없이 더 잘 살 수 있을까?'라는 질문을 스스로에게 던져 보고는 다시 주저앉는다. 이게 자존심 상하기 때문에 '내가 없으면 저 불쌍한 인간이 어떻게 사나?'라는 동정심을 스스로 자아내 내가 더 나은 인격을 가지고 있기 때문에 참고 사는 것이라고 스스로를 위로한다.

집 안에서 일어나는 많은 일들을 마치 강 건너 불구경하듯 하는 남편의 태도를 살펴보자. 3장에서 회피형은 문제를 회피하는 것으로 해결하고, 남들로부터 통제당하거나 비난받는 것을 극도로 싫어한다고 말했다. 내가 아쉬운 소리를 하고 잔소리를 들으며 이 상황을 견디느니 그냥 미련 없이 잘라 버리는 것이 속 편하다는 주의다. 자신이 원하는 것을 방해받고 싶어 하지 않고 자신을 지키는 것이 너무나 중요하기 때문에 이를 방해하는 자극들을 자동적으로 차단한다. 이렇게 되면 아내는 남편을 더 닦달하고, 그러면 자신의 안전에 위협을 받은 남편은 더 아내를 회피 · 무시하고 집에 있는 시간을 최소화하거나 수동적 공격으로 아내 뒤통수를 때리게 되는 것이다. 이런 구조 속에서 아내는 점점 더 집착형으로, 남편은 점점 더 회피형으로 갈 수밖에 없다. 3장에서 집착형 아내와 회피형 남편에 대한 예를 들었는데, 이런 부부의 성향에 남성중심이라는 사회적 · 문화적 틀을 더하면 영희의 집착형 애착 유형과 철수의 회피형 애착 유형은 함께 살면서 점점 더 극단적으로 치닫게 돼 두 사람의 갈등은 사례에서 묘사한 것보다 훨씬 더 첨예하고 복잡해지며 고통스러워질 수 있다.

남아선호사상 및 남성중심이 만연한 사회에서는 남자들의 성 역할이 지나치게 강조되기 때문에 밖에 나가서 일을 하고 돈을 벌어 오는 것이 매우 중요해지고, 이 일을 잘 해야지만 남성으로 떳떳할 수 있고 자랑스러울 수 있다는 압력을 받는다. 따라서 남성들은 일의 무게감과 책임감을 지나치게 느낀다. 너무 많은 에너지를 일에 쓰기 때문에 집에 오면 에너지가 남아 있지 않는 경우도 있다. 또한 일을 못하고 돈을 잘 벌지 못하면 스스로 엄청난 수치심과 남자답지 못하다는 느낌을 강하게 받기 때문에 집 안에서라도 더 자신의 남성다움을 보상받고 싶어 하고, 그러기 위해서는 여성의 일로 간주되는 집안일과 육아를 할 수가 없는 것이다. 이것이 표면적으로는 남성들에게 유리한 것처럼 보이지만 꼭 그런 것도 아니다. 순간순간 남성들에게 이로운 것은 많겠지만 이 과정에서 남성들은 가족들과의 관계가 더 깊어지기보다는 단절되고 거리가 생기기 때문에 가족들과 단단한 심리적 고리를 만들 수가 없고, 나이가 들수록 가족들에게서 소외된다. 반면 여성들은 여러 가지로 남성중심주의 세상에서 사느라 불편하고 불이익을 당하는 경우가 많지만 일과 가정 모든 것이 다 중요하고 자신의 영역으로 규정되기 때문에 다양한 부분에서 정서적 보상을 받을 수 있어 몸이 힘들기는 해도 정서적으로는 남성들보다 더 만족스러운 삶을 살 수 있다. 이런 면에서 보면 남성중심 사회에서는 여성들만 피해를 보는 것이 아니라 결국은 남성들도 같이 피해를 볼 수 밖에 없다.

3) 트라우마를 넘어서 더불어 사는 사회를 꿈꾸며

미국의 한 리서치 기관에서 여성의 행복도에 대해 조사했는데, 직장 때문에 결혼을 포기한 여성(결혼 자체를 안 했거나 혹은 이혼을 한 경우), 가정 때문에 직장을 포기한 여성, 또 가정과 직장을 둘 다 유지하고 있는 여성을 비교했을 때 행복도의 순위는 가정과 직장을 둘 다 유지하고 있는 여성이 가장 높은 것으로 나타났다. 이는 당연한 결과가 아닐까? 가정을 위해 직장을 포기한 경우는 남들을 위해 자신의 삶의 한 부분을 포기할 것을 암묵적으로 강요받거나 스스로 포기한 경우고, 직장을 위해 가정을 포기한 경우도 자신의 사회적 성공을 위해 개인적 삶을 스스로 혹은 암묵적인 압력으로 포기한 경우기 때문이다. 따라서 전자의 경우는 남들(남편과 자녀들)에게 더 초점을 맞추게 되고 남들이 내 기대만큼 성공하지 못하면 나의 희생이 가치가 없어지기 때문에 남과 자신에게 더 화가 날 수 있다. 후자의 경우도 마찬가지로 내가 직장에서 원하는 만큼 성공하지 못하면 본인에 대한 실망이 커질 수밖에 없다.

물론 가정과 직장 둘 다 유지하는 것이 쉬운 일은 아니다. 직장에서 또 가정에서 많은 도움이 있어야지만 가능하다. 많은 직장 여성들이 전업 주부를 부러워하고, 남편들이 일하지 않는 아내를 부러워하기도 한다. 남을 위해서 내가 원하는 것을 포기하지 않고 내가 성공하기 위해 남이 포기하기를 강요하지 않은 상태에서 두 사람이 서로 협상을 해 나가면서 내 것과 남의 것을 지켜 주려 하는 노력이 가장 중요한 것이고, 이것이 바로 행복한 가정의 밑바탕이 되는 것이다. 둘 다 힘들지만 같이 협동해서 꾸려 나가는 것이 바로 서로를 존중하고 더불어 살아가는 민주주의의 이념이며, 이것이 가정에서도 이루어지는 것이다.

여성들이 슈퍼우먼이 되지 않아도 직장과 가정을 둘 다 가질 수 있는, 남성들이 일에 집중하면서도 가정을 등지지 않아도 되는 사회를 꿈꿔 본다. 이를 실현하기 위해서 우리는 당장 무엇을 할 수 있을까? 내가 힘들어도 내가 믿는 바를 지키고 실천하기 위해 싸워 나가는 노력을 해야 하지 않을까 생각한다. 살아가면서 '그냥 내가 참고 말지' 생각이 들 때 참지 말고, 남들로부터 "꼭 그렇게까지 해야 하느냐"라는 핀잔을 들어도 굳이 그렇게 해 보는 거다.

나는 부부 상담을 받으러 오는 사람들에게 잘 싸우는 방법을 얘기한다(잘 싸우는 방법의 구체적인 내용은 5장을 참고하기 바란다). 서로 다른 입장에 대해 이야기하는 것을 두려워하지 말고, 얘기가 잘 안 되면 싸우고 협상을 하라고 말이다. 이런 노력들이 바로 서로를 이해하고 더 가까워지게 하는 방법일 뿐 아니라 우리 한국 사회에서 오랫동안 지속된 남아선호 · 남성중심이라는 세대 간의 저주를 끊을 수 있는 방법이기 때문이다. 이 저주를 끊을 때에야 비로소 우리는 우리 딸들을 집착형으로, 우리 아들들을 회피형으로 몰아가지 않고 저마다 타고난 기질을 존중받고 능력을 잘 펼칠 수 있도록 보살필 수 있으며, 그 결과 아이들이 안정적 애착과 안정적 성격을 형성해서 보다 행복하고 만족스런 삶을 살도록 도와줄 수 있다.

저주의 유전자도 끊을 수 있다

이 장에서는 한국의 역사적 · 사회적 · 문화적 배경과 사건들이 한국인들의 감정 조절에 미친 영향을 통해 역사적 트라우마가 개인의 안전감을 위협하여 감정 조절에 얼마나 심각한 영향을 주는지 알아보았다. 트라우마란 개인적 차원에서만 일어나는 것이 아니라 사회적으로도 생길 수 있으며 내가 겪은 트라우마를 잘 다루고 극복하지 못하면 그 상처가 자손 대대로 대물림될 수도 있다. 최근 신경과학 연구에서 쥐 실험을 통해 부모가 트라우마를 경험하면 트라우마 유전자가 자식에게 유전된다는 것을 밝혀냈다. 하지만 여기서 끝이 아니다. 트라우마가 자식에게 유전이 되어도 아이를 사랑해 주고 안전한 신체적 접촉을 많이 해 주면 그 유전자가 변해 트라우마의 흔적을 지울 수도 있다는 것 역시 발견되었으니까. 많은 트라우마 연구 결과를 통해 지금 우리가 무엇을 해야 상처가 보다 빠르고 쉽게 치유될 수 있는지 구체적인 생각들을 할 수 있기에 우리 미래는 희망적이라고 생각한다.

지금까지 읽으면서 독자들은 감정 조절이 무엇인지, 왜 감정 조절이 중요한지 절실히 느꼈을 것이다. 그러면 그다음 자연스럽게 드는 생각은 '어떻게 해야 내가 스스로 감정 조절을 잘할 수 있을까?'일 것이다. 마지막 5장에서 감정 조절을 잘하기 위해 개개인이 실질적으로 어떤 노력들을 할 수 있는지 구체적인 방법들을 살펴보자.

| 5장 |

나를 지키는
감정 조절 방법

사람을 구성하는 요소를 크게 나누면 몸, 감정(느낌), 생각으로 구분할 수 있을 것이다. 우리 몸과 생각과 감정은 각각 나름의 논리logic를 가지고 움직이며 서로 영향을 주고받는다. 긍정적인 생각을 하면 감정이 상할 일이 줄어들고 긍정적인 감정을 느끼면 몸도 가벼워지고 휴식할 수 있듯이, 행복한 감정이 생기면 부정적 생각보다는 긍정적인 생각에 더 초점을 맞추게 되고 몸도 긍정적인 에너지를 따라가게 된다. 마찬가지로 몸이 편안하고 안정된 상태라면 부정적인 생각이나 감정이 생기더라도 영향을 크게 받지 않고 이를 잘 견디고 다룰 수 있다는 감각적 경험을 주어 부정적 생각이나 감정을 변화시킬 수 있다. 따라서 감정 조절을 잘 하려면 감정이든, 사고든, 몸이든 지금 나에게 가장 가능한 매개체를 파악하고 이를 먼저 변화시켜서 다른 두 가지가 따라 변할 수 있게 하면 된다.

감정 조절이 된 상태란 상황은 같아도 그에 임하는 자세가 달라지는 것이고, 감정 조절이 되면 내가 가지고 있는 모든 정보들이 빨리 연결되고 효과적으로 정보를 처리할 수 있어서 자신에게 보다 유리한 결정을 할 수 있다.

명절에 시댁 식구들을 만날 생각을 하면 벌써부터 화가 나고 머리가 아프고 불안해지는 명절증후군을 앓는 주부를 예를 들어 보자. 분노와 억울함이 가득한, 감정 조절이 안 된 상황에서는 안전하게 느끼지 않기 때문에 부정적 자극에 지나치게 집중하게 되어 남편, 아이들, 시댁 식구들의 말 한마디 행동 하나하나를 그냥 지나치지 못한다. 그 결과 부정적 경험을 더 많이 하게 되고, 그들은 나를 이해하지 못하고 내가 얼마나 힘든지 모르며 나를 더 부려 먹으려 하는 가해자가 되고, 나는 이 가해자들에 의한 피해자가 된다. 그러면 더 화가 나고 우울해지고, 모든 사람의 말과 행동을 주시하면서 부정적 자극을 더 찾게 되는 악순환을 겪는다. 하지만 분노와 억울함을 소화해 내서 감정적으로 조절이 된 상태에서는 스트레스를 받겠지만 이 스트레스가 자신을 압도해서 스스로 감정과 행동을 통제할 수 없는 수준으로 가는 것이 아니라 조절할 수 있는 스트레스가 되어 자신과 가족들을 지킬 수 있게 된다.

감정 조절을 잘 하는 아이로 키우려면

감정 조절을 잘 하는 것은 우리가

남들과 더불어 잘 살 수 있게 하는 핵심적 방법이다. 감정이 조절된 상태에서는 다른 사람에 대한 마음이 더 열리고 감정 이입이 더 되며 그 사람을 위해 있어 주고 싶어지고 또 다른 사람들이 자신을 위해 있어 주는 것을 허락하는 상태가 되기 때문이다. 그렇다면 어떻게 하면 감정 조절을 잘 하는 사람이 될 수 있을까 궁금할 것이다. 우선 감정 조절을 잘 하는 사람이 되려면 유아기에 부모에 의해 감정 조절이 되는 경험을 하는 것이 매우 중요하다.

그럼 부모가 아이의 감정을 조절해 주기 위해 어떤 역할을 할 수 있는지 알아보자. 아이들은 스스로 자신의 감정을 조절할 능력이 없기 때문에 철저히 부모에게 의존한다. 자기 심리학Self Psychology의 창시자인 정신분석가 하인즈 코헛Heinz Kohut은 건강한 자기애를 갖기 위해 유아의 발달에서 부모가 해 주어야 하는 세 가지 중요한 기능인 마술 거울 되어 주기, 이상적인 대상 되어 주기, 쌍둥이 경험에 대해 이야기했다. 이 책에서는 이를 감정 조절의 측면에서 설명해 보겠다.

1) 마술 거울 되어 주기

부모는 아이들에게 세상이다. 아이들은 자신과 세상을 엄마의 눈을 통해 본다. 엄마가 좋아하는 건 좋은 것으로, 엄마가 싫어하는 건 싫은 것으로. 모든 것이 엄마라는 필터를 통해 아이에게 들어오는 것이다. 따라서 특히 아이들에게 객관적인 사실은 별로 중요하지가 않다. 내담자들 중에 모델, 배우가 직업이며 객관적으로 너무나 아름답고 완벽한 외모를 가진 사람들이 있다. 하지만 자신이 스스로를 바라보는 자기상이 왜곡되어 자신이 뚱뚱하고, 뭔가 부족하고, 예쁘지 않다고 느끼는 사람들이 있다. 사람들이 아무리 "당신은 정말 예뻐요"라고 해도 믿지 않는다. 자기는 자신이 못생겼다는 것을 확신하니까.

일류 대학에서 박사 학위를 받고 남들이 부러워하는 직장에 다니며 고액 연봉을 받는 직업적으로 너무나 성공한 사람들 중에서도 자신은 멍청하다고 강하게 믿는 사람들이 있다. 한편으로는 이해가 안 되지만 자신의 이미지가 그렇게 형성된 사람들은 아무리 객관적인 증거를 들이대도 믿지 않으며 사람들이 자신에게 속고 있다고 느끼거나, 지금은 그나마 사람들이 좋아할 만한 모습을 갖추고 있으니 좋아해 주지만 자신이 조금이라도 살이 찌거나 실수를 하면 가차 없이 버림받을 거라는 심한 두려움을 가지고 있다.

유아들에게는 객관적으로 자신이 얼마나 예쁘고 사랑스럽고 똑똑한지와는 상관없이 엄마가 자신을 어떻게 봐 주는지가 중요하다. 즉 엄마는 아이의 존재 자체를 긍정하고 이를 기쁘게 반영해 주는 마술 거울이 되어야 하는 것이다. 아이를 바라보는 눈에 별이 생기고, 뭔가 정말 대단하고 너무나 기쁜 것을 보고 있다는 듯이 사랑이 가득한 눈으로 아이를 바라보면 아이는 자신이 사랑스럽고 내 존재 자체가 기쁨이라는 것을 알게 된다.

이런 경험을 많이 하면 내가 소중하고 사랑스럽고 가치 있는 사람이라는 것을 믿게 된다. 나의 세상이자 가장 중요한 사람인 엄마가 나를 그렇게 바라보기 때문에. 이런 아이는 엄마의 눈에 비친 자신의 모습을 보고 자란다. 엄마 눈에 둘도 없이 사랑스런 아이로 비치는 자신의 모습을 보고 자란 아이는 자존감이 높은 사람이 된다. 높은 자존감은 삶이 우리를 힘들게 할 때, 상실과 실망, 거절 등을 당할 때 이 부정적 경험이 우리를 너무 크게 가격하지 않도록 보호해 주는 보호막이 될 수 있다.

많은 부모들이 아이를 너무나 사랑하는 나머지, 내 아이가 부정적인 경험을 하지 않게 하기 위해서 자기가 미리 가지치기를 하고, 갈등을 대신 해결해 준다. 물론 어느 정도는 부모가 아이들의 바람막이 역할을 해 주어야 한다. 하지만 아이가 삶에서 겪을 수 있는 모든 사건사고와 불행을 막아 주거나 대신 처리해 줄 수는 없다. 따라서 부모가 아이에게 해 줄 수 있는 가장 큰 선물은 바로 이런 부정적 경험에 크게 흔들리지 않을 보호막, 곧 자존감을 주는 것이다.

자존감이 높은 사람은 누가 자기를 무시해도, 일이 잘 풀리지 않아도, 누군가 자기를 떠나가도 이런 사건과 사고가 자신에 대한 부정적 반영이 아니라는 것을 안다. 이런 사건사고를 너무 개인적으로 받아들이지 않기 때문에 영향을 별로 받지 않고 부정적인 요소에 지나치게 집중하지 않으며 사실을 객관적으로 볼 수 있어 문제를 잘 처리하고 또 빨리 회복할 수 있다. 그 결과 기회가 있을 때 안전 위주로만 결정하는 것이 아니라 적절한 위험 감수도 잘 하게 된다.

반면에 마술 거울을 비춰 주지 못하고 왜곡된 거울을 비춰 주는 부모의 경우를 보자. 아이를 바라볼 때 눈에 빛이 나지 않고 너무나 귀찮고 너는 나의 짐이라는 마음으로 아이를 바라보면 아이는 어떤 거울로 자신을 바라보게 될까? 또 어떤 부모는 아이가 열 개 중 아홉 개를 잘하고 하나를 못하면 잘한 아홉 개에 초점을 맞추기보다는 잘 못한 하나에 초점을 맞춰 이를 크게 만드는 경우가 있다. 물론 부모의 입장에서는 사랑스런 자식이고 다른 것들은 다 잘하기 때문에 잘 못하는 하나만 잘하면 완벽해질 수 있으니 아이한테도 좋은 것이라고 생각해서 그럴 것이다.

하지만 이런 일이 있을 때 실제로 아이들은 '내가 열 개 중 아홉 개를 잘해도 소용없구나. 하나라도 잘못하면 그게 가장 중요한 거고 사람들은 그것만 기억하는구나'라는 생각을 하게 된다. 사람들은 내가 아무리 잘해도 잘 못하는 것만 볼 거라고 생각하기 때문에 잘하는 것보다는 실수를 하지 않는 것에 더 큰 비중을 두게 된다. 이런 사람들은 결과적으로 위험 감수를 극도로 피하고 모든 것을 항상 안전하게, 욕을 먹지 않고 실수하지 않는 쪽으로 하려 한다. 방어적으로 행동하는 것이다. 또한 객관적으로 아홉 개를 잘해도 못하는 하나에 초점이 맞춰지고 그것이 훨씬 더 중요해지는 경험을 반복적으로 했기 때문에 남들이 객관적으로 이 사람을 훌륭하다 평가해도 자신이 가지는 자기상은 상당히 부정적이다. 당연히 이렇게 자란 아이들은 나는 열등하다, 나는 아직 부족하다, 나는 사랑받지 못한다 등등 자신에 대한 부정적인 믿음을 가지고 자존감이 낮을 수밖에 없다. 자존감이 낮으면 부정적인 자극에 더 집중하기 때문에 삶에서 사건사고가 일어날 때 훨씬 더 큰 타격을 받는다.

누군가를 내가 어떻게 바라봐 주느냐 하는 것은 정말 중요한 문제다. 자신을 사랑스런 눈으로 바라봐 주는 엄마의 눈이 없을 때 그것이 유아에게 얼마나 큰 부정적 영향을 미치는지에 대한 연구가 유아연구와 신경과학에서 많이 발표되고 있다. 내 자식을, 배우자를, 친구들을 특별한 사람으로 느끼게 해 주기 위해서는 우리가 특별한 눈으로 그 사람들을 바라봐 주면 된다. 만났을 때 너무나 반갑고 기쁘고 사랑스럽다는 눈으로 그 사람을 바라봐 주면 그것이 그 사람들의 자존감을 높이는 양분을 공급해 주는 것이다.

2) 부모는 모든 문제의 해결사

모든 부모는 아이들에게 엄청난 중요성을 가지고 어마어마한 영향력을 행사한다. 이를 보면 아이와 부모를 나약한 인간과 모든 만물을 창조하고 모든 것이 가능한 신에 비유할 수도 있을 것이다. 사실 그럴 것이 아이는 부모에 의해 창조되고 그 생존이 부모에게 전적으로 달려 있기 때문이다.

문명이 발달하지 않았을 때 원시인들은 천둥 번개나 개기 일식, 장마, 가뭄 등의 기후 변화를 과학적으로 이해하지 못했기 때문에 자연스런 자연의 변화를 극도로 두려워했고, 자신이 뭔가를 잘못해 하늘로부터 벌을 받는다고 생각했다. 이런 원시인들처럼 유아는 주변에서 일어나는 현상을 논리적으로 이해하지 못하기 때문에 자신에게 일어나는 모든 불편한 자극을 매우 두려운 것으로 받아들이고, 자기 주변에서 일어나는 모든 일이 자기와 상관이 있거나 자신이 그 현상의 원인이라고 생각한다. 이를 심리학에서는 자기중심성이라고 얘기하는데, 이는 제한된 정보로 복잡한 현상을 이해하려 하는 데서 필연적으로 일어날 수밖에 없는 결과다. 퍼즐 맞추기에 비유하면 몇 조각만을 가지고 전체 퍼즐의 그림이 어떤지를 추측하는 것과 같은 상태인 것이다.

유아들은 시간개념도 없고 세상 돌아가는 이치도 전혀 모르는 백지 상태다. 어른인 우리는 배가 고프면 배에서 소리가 나고 배가 아프다는 것을 알고, 뭘 좀 먹으면 괜찮아진다는 것도 안다. 그렇기에 배가 고파서 아픈 상태를 참을 수 있고 밥 먹을 때까지 기다릴 수 있다. 하지만 유아들은 이를 전혀 모른다. 배가 아픈 것이 배가 고플 때 당연히 일어나는 생리적인 반응이라는 것을 모르고, 먹으면 이 불편한 감각이 사라진다는 것을 모르므로 갑자기 배가 아픈데 이게 어떻게 시작되어 어떻게 끝날지, 또 정말 끝나는지를 알 수 없어 고통과 공포에 영원히 갇히는 경험을 하는 것이다. 이런 경험을 할 때 유아기에 흔히 가질 수 있는 환상은 갑자기 누가 칼로 배를 찌르고 후벼 파서 나를 아프게 하는데 나는 극도의 공포 상태에서 왜 그 사람이 나를 찌르는지 이유도 모르고, 아픈데 저항할 수도 싸울 수도 없는 무력한 상태로 그냥 그 고통이 빨리 끝나기만을 바라는 것이다. 이런 상태를 한번 생각해 보자. 이런 일을 당하면 얼마나 무서울까? 우리가 이해할 수 있으면 참을 수 있는 것도 많고 견딜 수 있는 것도 많지만, 이해하지 못하면 엄청난 두려움과 공포에 휩싸이게 된다. 시간개념이 없는 아이들은 어른들이 5분 후에 밥을 준다고 얘기를 해도 5분이 얼마나 되는 시간인지 알 수가 없다. 어른은 5분이 어느 정도인지 알기 때문에 그 시간이 얼마 되지 않고 금방 지나간다는 것을 알지만 아이들은 5분이 얼마나 긴 시간인지 모르기 때문에 영원처럼 느낄 수 있다. 아이가 배가 고파서 배가 아픈 것은 어른들이 배가 고픈 것과는 전혀 다른 경험이다.

따라서 유아들이 신체적으로 불편해 할 때 빨리 이를 해결해 편안한 상태로 만들어 주는 것은 너무나 중요하다. 유아에게는 생리적인 욕구가 가장 우선이고, 죽고 사는 문제이기 때문이다. 대개의 엄마들은 아이를 임신했을 때부터 출산 후 얼마 동안, 아이에게 지나치게 집착하는 모습을 보여 준다. 초기에 이런 집착에 가까운 관심과 보살핌 없이 아이는 살아남을 수 없다는 것이 우리 뇌에 프로그램화되어 있기 때문이다. 이걸 의식적으로 하는 것이 아니라(물론 의식적으로 해야 할 때도 있지만) 무의식적으로 자연스럽게 하는 것이다. 위니콧은 이런 현상을 모성 몰두라는 말로 설명했다.

아이의 불편과 고통이 엄마의 민감성과 민첩함으로 빨리 편안한 상태로 가는 경험을 자주 하게 되면 아이는 불편한 감각과 상태가 되어도 이것이 다시 편안한 상태로 갈 수 있다는 믿음을 서서히 갖게 된다. 또 뭔가 혹은 누군가의 도움으로 이렇게 되었다는, 세상과 사람에 대한 믿음이 생긴다. 유아기에 이런 긍정적 경험을 많이 하고 자란 사람은 살면서 힘든 일이 생기더라도 '괜찮아지겠지', '누군가가 도와주겠지'라는 믿음이 있기 때문에 힘든 시기를 더 잘 견딜 수 있다. 또 자신을 도와줄 수 있는 사람들을 적극적으로 찾아 남들이 자신을 도와주게 한다. 이렇기 때문에 어려운 시기를 잘 버티고 또 잘 극복하게 되는 것이다. 그러고 나면 그 결과로 사람과 세상에 대한 믿음이 한층 더 강화된다.

유아기에 불편한 상태가 빨리 편안한 상태로 구원되는 경험을 자주 하지 못한 사람은 그 공포와 무력감에 갇히게 된다. 불편한 상태가 느껴지면 엄청난 두려움이 몰려오고, 끝장날 것 같고, 이런 최악의 상황에서 내가 할 수 있는 건 아무것도 없고 도와줄 사람도 없다는 생각을 하기 때문에 아무것도 하지 못한다. 또 불행히도 정말 도움이 필요한 순간에 누군가에게 도움을 청하지 않기 때문에 주변에 도와주고 싶은 사람이 있더라도 몰라서 도와주지 못한다. 그러면 이들은 이번에도 내가 힘들 때 혼자였다는 것을 뼈저리게 느끼며 내가 힘들 때 믿을 수 있는 사람은 아무도 없고 아무것도 도움이 안 된다는 믿음을 한층 더 강화시킨다. 위기를 극복하고 힘든 상황에서 빠져나올 수 있는 능력, 부정적인 것들 속에서 긍정적인 것을 볼 수 있는 능력을 회복 탄성이라고 얘기하는데 이런 사람들은 회복 탄성이 없는 것이다.

자식을 사랑하지 않는 부모는 없다. 모든 부모가 자식을 위해 최선을 다하고 잘 키우려고 노력한다는 데는 의심의 여지가 없다. 부모가 아이를 신체적인 불편함에서 구해 준다는 것은 부모가 자식을 사랑하고 안 하고의 차원이 아니다. 유아는 사랑을 신체적인 수준에서 경험하기 때문에, 유아가 받아들일 수 있는 사랑은 안전하고 편안하게 안아 주고 어루만져 주는 것, 배고플 때 빨리 젖을 주는 것, 기저귀가 젖었을 때 빨리 갈아 주는 것, 졸릴 때 재워 주는 것, 놀고 싶을 때 놀아 주는 것 등 신체적인 요구들을 민감하게 들어주는 것이다. 아이를 너무나 사랑하지만 엄마가 우울증이 있다든지 가난, 부부, 시댁과의 갈등 등으로 극도의 스트레스를 경험하고 있는 상황이면 아이에게 관심과 보살핌이 필요한 바로 그 순간에 적절히 반응하지 못하게 되고, 계속 이런 식으로 타이밍이 어긋나면 아이는 이를 사랑받지 못하는 것으로 경험하고 세상과 사람에 대해 안전하지 않다고 느낄 수 있다.

아이들이 세상과 사람을 믿고 힘든 일이 있을 때 잘 견디고 남들의 도움을 받아 잘 극복해 나갈 수 있는 사람이 되기를 원한다면 유아들의 생리적·심리적 요구 및 필요에 민감하게 대응해 주면 된다. 어떤 부모나 이론서는 아이를 철저히 훈육하고 훈련시켜야 할 대상으로 본다. 아이를 먹이고 재울 때도 아이의 고유한 리듬을 따르고 유동적으로 하기보다는 책에 나와 있는 일정대로 아이를 맞추는 경우가 있는데, 아이를 지나치게 외부 규칙에 맞추면 아이들은 자신의 고유한 생체 리듬과 자기중심을 잃어버릴 수도 있다. 이런 아이들은 자신을 틀에 맞추는 것은 잘 하지만 자신이 누군지, 원하는 것이 무엇인지 모르며 자기 정체성이 모호해진다. 위니콧은 이런 사람들을 거짓자아가 발달한 사람이라고 불렀는데, 자신이 누군지를 알고 찾아가기보다는 남들이 원하는 나에 지나치게 집중해서 진정한 자신이 누구인지 모른 채, 혹은 진정한 자신은 숨긴 채 가면을 쓰고 살아간다고 했다. 규칙을 지키고 자신의 욕구를 참고 기다릴 줄 아는 사람으로 키우기 위해서는 초기에 아이를 받아 주는 것이 매우 중요하다.

3) 나도 너와 같아 : 쌍둥이 경험

우리는 누구나 남들과 비슷하며 서로 연결되었다는 느낌을 받고 싶어 한다. 여자아이가 엄마 화장품으로 화장을 하고 엄마 옷과 구두를 신으면서 엄마처럼 되고 싶고 엄마와 자신이 비슷하다고 느끼는 것, 남자아이가 아빠 면도기로 면도하는 흉내를 내면서 자신이 아빠와 같다고 느끼는 것 등이 바로 이런 경험이다. 좀 더 나이가 들면 이런 경험은 생각과 감정을 나누고, 취미를 함께할 수 있는 사람들로 좀 더 확대된다. 내 생각과 감정과 행동이 누군가에게 받아들여지고 그도 나와 같은 생각과 감정을 경험하고 같은 행동을 한다는 것을 알면, 그 사람이 좀 더 가깝게 느껴지고 그 사람에게 자신의 생각과 느낌을 표현하는 것이 안전하게 느껴지고, 연대감과 소속감을 느낄 수 있는 것이다.

아이들의 이런 쌍둥이 경험의 바탕은 부모가 아이의 감정, 생각, 행동을 이해해 줄 때 일어난다. 아이가 어떤 말과 행동을 할 때 "그래, 엄마도 그랬어", "이해할 수 있을 것 같아", "이런 느낌이었니?", "이런 생각이었니?"라고 공감해 주고 나도 너와 같다는 메시지를 전달해 주면 아이는 자신의 생각과 느낌, 행동을 편안하게 느낀다. 스스로 생각해 봤을 때 정말 이해가 안 되는 행동과 말을 했다고 자신을 비난하는 순간에도 누군가 한 사람이라도 자신의 말과 행동이 왜 그렇게 나왔는지를 이해해 주면 자기 비난과 고립에서 벗어나게 된다. 다른 사람들과의 연대감과 소속감이 있으면 무슨 일이 일어나더라도 쉽게 다른 사람들과 연대해서 공동체 안에서 함께 문제를 해결해 나갈 수 있다.

하지만 반대로 "너는 애가 왜 이 모양이냐?", "도대체 너를 이해할 수가 없다", "너만 그래. 아무도 그런 생각/행동 하지 않아" 등등 너는 남들과 다르고, 다른 것은 열등한 것이라는 메시지를 계속 받으면서 자라면 나는 남과 다르다, 남보다 열등하다는 생각을 가지게 되고, 아무도 이렇게 이상한 나를 이해할 수 없을 것이라는 생각을 마음 깊이 하게 된다. 특히 더 상처가 되는 것은 자신이 어떤 말이나 행동을 했을 때 상대방이 보이는 부정적인 눈빛이다. 그 눈빛에서 '너는 정말이지 너무나 끔찍해' 같은 혐오를 보게 되면 그것이 내면화되어 자기 스스로가 그 눈빛으로 자신을 바라보게 된다. 이렇게 되면 자신의 생각과 감정을 다른 사람들에게 쉽게 얘기할 수 없고 남들로부터 철저히 고립된다. 어떤 일을 당할 때의 감정 그 자체도 힘들지만 그걸 나누고 이해해 줄 사람이 없다는 것이 인간에게 더 부정적인 영향을 미친다. 트라우마 자체를 막을 수는 없지만 내가 얼마나 큰 상처를 입었는지 증언해 주고 이해해 주고 위로해 주는 누군가가 있으면 그 충격의 정도가 훨씬 경감된다. 내담자들 중에는 성폭행, 왕따 등 여러 어려운 점이 있었는데도 그걸 부모님과 주변에 알려 도움을 청하지 않고 철저히 고립 속에서 힘든 상처를 안고 살아온 사람들이 많다. 이 사람들의 공통된 특징은 아무도 이해해 주지 못할 거라는 불신이다. 다른 사람과의 연대감, 공통점이 없기 때문에 상처는 더 커지게 된다.

지수는 중고등학생 때 심한 왕따를 경험했지만 이를 부모님과 선생님들께 알리지 못했고, 혼자서 너무 힘들게 견디다가 대학 입시를 앞두고 극심한 우울증, 불안증, 강박증을 발전시킨 학생이었다. 왕따를 당했을 때 선생님과 부모님께 알렸는지 물었더니 지수는 "말해 봤자 소용없다는 것을 알기 때문에 말하지 않았어요"라고 말했다. 부모님이 아이가 왕따를 당해 힘들어 했다는 사실을 안 것은 심각한 정신병리가 발생한 이후였다. 미리 부모님이나 선생님 등 어른들에게 알렸더라면 여러 가지 방법을 모색해 도움을 받을 수도 있었을 텐데, 남들이 자신의 경험을 이해하고 도와줄 거라는 믿음이 없었기에 필요한 도움도 받지 못하고 혼자서 너무나 무거운 짐을 오랫동안 지고 있었고, 그 결과 더 이상 가지 못하고 주저앉게 된 것이다.

어려서부터 신동으로 불리던 지수는 지적인 수준이 또래보다 월등히 뛰어났기 때문에 또래랑 노는 것이 시시하고 재미가 없었다. 아이들은 지수를 부러워하기도 했지만 자기네들과는 다른 '이상한' 아이로 취급했다. 따라서 또래와 있을 때 공통 관심사를 가지고 신나게 함께 놀 수 없었고, 어른들은 많은 것을 지수에게 맞춰 주었기 때문에 또래보다는 편하다고 느꼈지만 한편으로는 어린아이였던 지수는 어른들과도 완전한 동질감을 느낄 수 없었다. 결국 지수는 어디서도 자신과 비슷한 사람들을 찾을 수 없었고, 어디에도 속한다는 느낌을 받을 수 없었다.

재능은 항상 저주와 함께 온다는 말처럼, 지수의 뛰어난 지적 능력은 지수가 사람들과 지속적으로 상호작용하고 관계를 쌓아 나가는 데 걸림돌이 되었다. 영특한 아이를 잘 키우고 싶었던 부모님은 지수가 또래 친구들과 친해질 기회를 마련해 주고 정서적인 교감을 해 주기보다는 아이의 지적 능력과 여러 재능들을 키우는 데 지나치게 집중했다. 지수는 영재스쿨 및 각종 학원을 다니고, 그 숙제들을 하느라 또래와 노는 시간이 더더욱 없어졌다. 지수는 공부면 공부, 악기면 악기, 미술이면 미술, 모든 분야에서 월등한 능력을 보였고 각종 대회에서 수상하는 등 남들이 너무나 부러워하는 아이가 되었지만 늘 외톨이로 지냈다.

지수는 남들로부터 자신이 이해받을 수 있다는 생각을 하지 못했을 뿐 아니라 다른 사람의 감정을 공감하는 데도 심각한 어려움을 보였다. 상담을 시작했을 때 지수를 보면서 나는 지수가 외딴 섬처럼 남들로부터 떨어져 철저히 고립되었다는 느낌을 받았다. 지수는 자신의 상태가 힘들기는 하지만 무엇이 문제인지, 무엇을 이야기해야 하는지, 무엇이 이야기할 만큼 중요하고 또 무엇이 이야기하지 않아도 되는 것인지를 몰랐고, 어떤 경험을 할 때는 필연적으로 감정이 수반된다는 것을 전혀 연결 짓지 못했다. 따라서 상담 초기에 내가 가장 중점을 둔 것은 지수가 이해받는다는 느낌을 받게 하는 것이었다. 지수가 한 말을 내가 다시 해서 내가 이해하는 것이 맞는지 확인하고, 내가 오해하거나 잘못 알고 있는 부분이 있으면 고쳐 달라고 얘기해서 최대한 지수가 생각하는 것과 내가 생각하는 것의 간극을 줄여 나갔고, 상담자가 자신을 이렇게 잘 이해한다는 게 어떤 감정을 불러일으키는지에 대해 중점적으로 얘기했다.

상담을 진행하면서 지수의 꿈이 변하기 시작했다. 지수는 학교에 관한 꿈을 반복적으로 꾸었는데, 처음 상담을 시작할 때는 학교에서 지수를 괴롭히는 학생들이 있는데 선생님들은 전혀 눈치 채지 못하고 아무의 도움이나 감정적 지지 없이 지수 혼자 괴로움을 당하면서 힘들게 견뎌야 하는 상황을 꿈으로 꿨다. 상담이 어느 정도 진행되고 나서 꾼 꿈에서는 지수가 학생들에게 괴롭힘을 당하는 것을 한 선생님이 눈치 채지만 아무런 행동을 취하지 않고 지수를 위로하지도 않았다. 상담 후반부로 가면서 꾼 꿈에서는 학생들이 지수를 괴롭히는 것을 한 선생님이 알았고, 그 선생님이 지수에게 그동안 몰라서 미안하다고 사과하며 지수를 위로했다. 그러고 나서 그 선생님은 지수를 괴롭히는 학생들을 교무실로 불러 훈계하고 지수에게 사과하게 한 다음, 전교생을 소집한 조회에서 이 사건을 알리고 이런 일이 일어났을 때 혼자 힘들어 하지 말고 주변에 알리는 것이 중요하다고 이야기했다. 그러자 여기저기서 피해 학생들이 자신의 이야기를 공개적으로 꺼냈고, 서로 비슷한 힘든 경험을 했음을 알고 위로를 주고받으며 관계가 단단해지고 연대감이 생기고 학교생활이 편안해졌다.

이 꿈의 변화는 무엇을 나타내는 걸까? 이는 상담을 통해 지수의 고립감이 연대감으로 변화하는 것을 보여 준다. 처음 꿈은 선생님/치료사가 자신에게 관심도 없고, 자신을 이해하지 못하고, 사람들에게 아무것도 바랄 수 없고 기대조차 할 수 없는 포기 상태를 보여 준다. 또 이런 고통을 외롭고 힘들게 견디는 것을 당연하게 생각했다는 것을 보여 준다. 두 번째 꿈은 선생님/치료사가 자신의 고통을 눈치

채기 시작하지만 그래도 아무것도 하지 않을 것/아무 도움도 받지 못할 것이라는 기대를 보여 준다. 마지막 꿈은 선생님/치료사가 자신의 고통을 이해하고, 이해를 바탕으로 자신을 도와주고, 자신의 고통을 남들에게 알려서 남들에게 더 이해받게 하고 다른 사람들과 연대감을 형성할 수 있는 가능성이 생긴 것을 말하고 있다.

이렇게 꿈이 변하면서 일상생활에서도 변화가 생겨나기 시작했다. 지수는 혼자서 고통스럽게 고립된 상태에서 서서히 주변 사람들에게 자신이 겪는 어려움을 알리게 되었고, 예상 밖으로 사람들이 자신을 이해하고 관심을 보여 주고 도와주려 하는 것을 경험했다. 남들이 도와주려는 것을 자신이 남들보다 약하고 열등하다는 증거로 받아들이는 것이 아니라 자신에게 필요한 관심과 도움을 주는 고마운 마음으로 기쁘게 받아들일 수 있게 된 것이다. 결과나 행동이 이상하더라도 사람들이 그것만으로 자신을 부정적으로 판단하는 것이 아니라 왜 그 결과나 행동이 나오게 되었는지를 이해해 줄 수 있다는 것은 지수에게 큰 충격이었지만, 이 충격적 경험들을 통해 지수는 사람들과 보다 더 가까워졌고 연대감과 소속감을 느끼게 되었다.

우리는 살아가면서 예기치 못한 크고 작은 일들을 경험한다. 그것이 긍정적인 것이든 부정적인 것이든 이를 나눌 수 있는 사람이 있다는 것은 큰 위안을 준다. 월드컵 경기를 혼자 집에서 보는 것과, 여러 사람들과 함께 보면서 같이 열광하는 것은 똑같은 경기를 보는 것이지만 전혀 다른 경험을 준다. 집에서 발가락이 장롱 모서리에 받혀서 너무 아픈데 옆에 아무도 없어 엄살을 떨 수 없을 때 얼마나 기분 나쁘고 김이 새는지 한번쯤은 다들 경험했을 것이다. 이처럼 인간은 서로 같이 더불어 살면서 이해하고 이해받으며 연대감을 느껴야 보다 풍요로운 삶을 살 수 있다.

자녀에게, 배우자에게, 학생들에게, 직장 동료들에게, 친구에게, 그 말이나 행동이 나와 달라서 이해 못하겠다고 잘라 내는 대신 왜 그런 행동과 말을 하는지 이해하려 하고 나는 그런 적이 없었는지 얘기해 주는 것은 그 사람이 나와 연결되어 있다는 연대감을 느끼게 할 수 있다. 이런 연대감을 느낄 때 사람들은 훨씬 더 쉽게 힘든 시기를 헤쳐 나갈 수 있게 된다.

이 글을 읽으면서 내 자녀에게 이런 경험을 제공해 주지 못했다고, 혹은 내가 부모로부터 이런 경험을 받지 못했다고 죄책감을 느끼거나 실망한 사람이 있는지 모르겠다. 이런 경험을 인생 초기에 하는 것이 감정 조절을 잘 하는 사람이 되는 데 매우 중요하고 필요한 경험이긴 하지만, 이런 경험을 하지 못했다고 해서 끝난 건 아니다. 우리 뇌는 우리가 어떤 경험을 지속적으로 하는지에 따라 계속해서 변하기 때문이다. 과거에 이런 경험이 없어 감정 조절을 잘 하지 못했다면, 지금부터라도 감정 조절을 잘 하는 방법을 배워서 조절하면 된다. 지금부터는 감정 조절을 보다 잘 하기 위해 일상생활에서 적용할 수 있는 구체적인 방법들을 살펴보자.

감정 조절을 잘 하려면

1) 내 몸속 행복 호르몬 이용하기

심리학자 로레타 브루닝Loretta Breuning 박사는 『내 안의 행복 호르몬 만나기Meet Your Happy Chemicals』라는 책을 통해 우리 몸속에 있는 행복 호르몬들을 소개하고 삶에서 이를 적극적으로 이용하는 방법을 알려 준다. 행복감을 주는 호르몬으로는 도파민dophamin, 세로토닌serotonin, 엔도르핀endorpin, 옥시토신oxitocine을 들 수 있는데, 이들은 각각 하는 일이 있고 자신의 일이 끝나면 분비가 되지 않는다. 늘 분비되는 것이 아니기 때문에 우리 뇌는 여러 가지 방법으로 이 행복 호르몬을 더 나오게 하는 방법을 찾으려고 한다. 행복 호르몬이 나올 수 있는 습관을 만들어 내는 것이다.

하지만 이런 습관들에는 부정적 측면이 있다. 행복 호르몬 분비가 멈출 때는 이와 대조되는 불편한 감정이 찾아온다는 것이다. 그러면 우리 뇌는 불편함을 느끼기 싫어서 부정적인 방법으로라도 다시 행복 호르몬을 만들려고 한다. 하지만 불편한 감정을 초래하는 호르몬도 우리 생활의 일부이며, 우리 뇌의 정상적 시스템의 한 부분이다. 이는 위협을 우리에게 알리는 역할을 해서 우리를 보호하려 한다. 이들이 불편하게 느껴지는 이유는 그래야 우리의 관심을 받을 수 있기 때문이다. 고통을 느껴야 피하려 하고, 불안을 느껴야 시험 준비를 하는 것처럼. 따라서 불편한 감정을 초래하는 호르몬으로부터 도망가려 하지 말고 더불어 사는 법을 배우자. 불편한 호르몬이 분비될 때 엄청난 불행이 닥친 것처럼 받아들이지 말고, 유한한 존재인 인간의 자연스런 한 부분으로 받아들이려는 마음가짐이 있어야 한다.

"내가 좋아하는 건 다 나쁜 거예요"라고 말하는 사람들이 있다. 원시인들이 배고픈 중에 사냥감이나 먹을 걸 발견했을 때 혹은 생존에 도움이 되는 경험들을 할 때 행복 호르몬이 분비되었다. 이 행복 호르몬의 목적은 신경세포들을 연결시켜 뇌가 이것을 학습하게 하는 것이었다. 행복 호르몬이 만들어 내는 행복감은 생존을 위해 뭔가를 잘 했다는 것에 대한 보상으로 나오는 것이다. 원시인에게는 뭔가 좋은 느낌이 들면 이는 우리 생존을 향상시키는 것이었다.

지금의 우리에게도 똑같은 호르몬이 작동하고 있다. 그래서 우리는 행복감을 느끼면 좋은 것으로 생각하고 그것을 계속하고 싶어진다. 하지만 생존 수준에서 살고 있지 않은 우리에게 이런 행복감은 생존에 도움이 되는 것이기보다 나쁜 습관들인 경우가 많다. 마약 중독자들이 항상 이런 행복감에 젖어 있으려 하는 것처럼. 신데렐라가 마법의 도움으로 변신을 하고 왕자님의 파티에 갔을 때는 너무나 행복했겠지만, 마법이 풀리고 나서 다시 누더기를 입고 가혹한 현실로 돌아왔을 때 이 현실은 마법의 도움으로 파티에 가기 전보다 훨씬 더 우울하고 비참한 것이다. 뭐든지 너무 지나친 것은 부족한 것만 못하듯이, 행복 호르몬이 엄청 많이 나와서 극도의 행복감을 느껴도 유효기간이 끝나고 현실로 돌아오면 그 현실은 이전보다 더 비참하고 우울하고 불안해 이를 견디지 못하고 다시 마약을 하는 결과를 초래한다.

그럼 어떻게 하면 행복 호르몬을 나쁜 결과 없이 분비되게 할 수 있을까? 행복 호르몬이 각자 하는 일을 먼저 알아보고, 이를 지나치지 않게, 나쁜 습관이 아니라 좋은 습관을 통해 나오게 하는 방법을 찾아보자.

도파민

도파민은 우리가 목표를 달성했을 때 나온다. 자전거를 처음 타는 법을 익혔을 때, 차들로 복잡한 주차장에서 내 차를 댈 자리를 찾았을 때, 복잡한 퍼즐을 맞췄을 때 '내가 해냈어'라는 느낌에서 받는 행복감이 바로 도파민이 분비되었을 때의 느낌이다. 도파민의 부족은 의욕 상실을 초래해, 식욕도 없고 뭔가 도전을 하기보다는 눈앞에 보이는 쉬운 것들만 선택하게 되고, 미루게 되고, 자신의 능력을 의심해서 소심해진다.

원시인들이 배고플 때 먹을 걸 발견한 순간 도파민이 분비되었다. 이 경험은 생존에 도움이 되는 것이므로 다음에도 먹잇감의 신호가 보이면 도파민이 분비되어 행복감을 주고 이 행동을 계속하도록 자극했다. 하지만 현대인에게 도파민은 부정적인 결과를 가져올 수가 있다. 알코올 중독자가 술집을 발견했을 때, 비디오 게임을 하는 사람이 게임에서 이겼을 때, 약물 중독자가 마약을 발견했을 때도 도파민이 분비된다. 이 흥분과 행복감이 너무 좋기 때문에 중독을 끊기가 힘든 것이다. 너무 큰 흥분과 행복감을 한 번에 쉽게 얻으려 하면 쉽게 중독에 빠질 수 있다.

그럼 긍정적인 습관이나 결과를 통해 도파민 분비를 자극하는 방법은 무엇일까? 도파민은 목표를 달성했을 때 나오는 것이므로 삶의 목표를 세우고, 이 목표를 달성할 수 있는 작은 목표들을 많이 세우는 것이다. 그래서 자주 성취감을 맛보고, 자신이 노력해서 자신의 목적을 달성했을 때나 목표를 위한 한 걸음을 뗐을 때 스스로에게 보상을 주고, 남들로부터 칭찬받고 보상받을 수 있는 기회를 주는 것이 도움이 된다. 내가 한 것에 대한 보상이 있을 때 노력을 더 하게 되므로, 노력에 대한 보상은 꼭 주는 것이 좋다. 또한 하나를 달성하기 전에 다른 목표를 계속해서 잡아서 작은 성취감을 끊임없이 받을 수 있게 하는 것은 적당한 도파민이 계속해서 나올 수 있게 적극적으로 대처하는 방법이다. 만약 살을 빼는 것이 목표라면 10킬로그램 감량을 목표로 잡는 대신 500그램 감량을 목표로 잡고, 이 목표를 달성할 때마다 축하하고 자신에게 선물을 하거나 좋아하는 것을 할 수 있는 보상을 해 주는 것이다. 이렇게 하면 동기 부여와 성취감을 계속해서 느낄 수 있다.

세로토닌

세로토닌은 내가 중요하고 특별하다고 느낄 때 나오는 호르몬이다. 우리는 사랑받기 위해 태어났다는 노랫말처럼, 누군가에게 사랑받고 내가 중요하다고 느껴질 때 연약한 유아가 생존할 확률이 더 높아지는 것이 사실이다. 이는 생존을 위한 한 걸음을 나간 것이므로 우리 뇌는 보상으로 행복감을 준다. 세로토닌 수치가 낮을 때는 우울하고 외로움이 느껴진다. 많은 항우울제의 기능이 바로 세로토닌의 수치를 증가시키는 것이다.

하지만 문명사회에서는 이 세로토닌이 생존과 상관없이 나쁜 습관이나 행동을 통해 분비되기도 한다. 영웅심에 무모하고 위험한 행동을 마다하지 않는 것이 바로 이 세로토닌 분비의 행복감을 맛보기 위한 예가 될 것이다. 반대로 어떤 사람은 내가 특별하다는 느낌을 오랫동안 받지 못해서, 또 기대에 대한 실망감이 너무나 고통스러워서 자신이 중요하다는 느낌을 스스로 포기하기도 한다. 이렇게 되면 내가 하찮은 사람처럼 느껴지고 자존감과 자신감이 낮아져 자신에 대해 불편한 감정을 가지게 된다. 우리가 주변 사람과 환경을 통제할 수는 없겠지만 남들이 어떻게 하든 상관없이 내 스스로가 나를 중요한 사람으로 인식하고 확신할 수 있게 뇌를 훈련할 수는 있다.

첫 번째로 할 수 있는 것은 부정적인 것보다 긍정적인 것에 더 집중하는 것이다. 내가 중요한 사람이 아니라는 것에 집중하기보다는 내가 중요한 사람처럼 느끼는 순간에 더 집중한다. 사람들이 내 뒤에서 욕을 하고 비난할 거라는 상상 대신에 남들이 뒤에서 나를 칭찬하는 상상, 남들이 나를 존경해 주는 상상을 하는 것도 도움이 된다. 우리 뇌의 가장 큰 목적은 생존이고, 우리가 관심을 기울이는 것을 생존과 결부된 것으로 생각하기 때문에 내가 어디에 더 관심을 가지고 내 에너지를 집중할 것인지가 정말 중요하다. 우리 뇌는 또한 부정적인 감정을 불러일으키는 것을 생존을 위협하는 것으로 인식하므로 자연스럽게 부정적인 것으로 관심이 더 많이 가게 되어 있다. 부정적인 것에 관심을 기울이는 나를 발견하면 의식적으로 보다 긍정적인 것에 초점을 맞추는 노력을 하자. 이것이 바로 뇌를 새로이 변화시킬 수 있는 기회가 된다. 부정적인 것, 내가 못하는 것, 내가 중요하지 않다는 것에 집중하는 마음을 의식적으로 고쳐먹고 긍정적인 것에 좀 더 오래 머물러 있도록 노력하는 것이 매우 도움이 된다.

우리가 햇빛을 받아 비타민 D가 형성되면 세로토닌 수치가 증가하고, 상상을 통해 과거의 성공이나 내가 특별하고 잘났다고 느꼈을 때를 회상하는 것으로도 세로토닌 분비를 자극할 수 있다. 뇌는 실제 일어나는 것과 상상으로 일어나는 것 간에 구분을 하지 못하기 때문에 과거 성공 경험을 최대한 생생히 떠올리기만 해도 세로토닌이 증가한다.

옥시토신

아기가 엄마 젖을 먹을 때 분비되는 옥시토신은 우리가 신뢰하는 누군가와 함께 있을 때 분비되어, 친밀감과 신뢰를 형성하게 하고 건강한 관계를 쌓아갈 수 있게 한다. 누군가에 대한 신뢰는 거대한 자연에 맞서 싸워야 했던 원시인들의 생존에 필수적인 것이었으므로, 신뢰하는 누군가와 함께 있으면 잘하고 있다고, 계속 이렇게 하라는 보상으로 뇌에서 행복 호르몬을 분비하는 것이다. 물론 옥시토신은 행복감과 편안한 느낌만 주는 것이 아니라 심혈관계 스트레스를 줄여 주고 면역력을 증강시키는 고마운 호르몬이다.

그럼 어떻게 건강한 방법으로 옥시토신이 더 자주 분비되게 할 수 있을까? 옥시토신은 내가 사람들에게 가지는 불신보다 신뢰에 초점을 맞출 때 분비된다. 사람을 신뢰하기까지는 많은 시간과 노력이 든다. 처음부터 너무 큰 목표를 잡아 '역시 안 되는구나' 실망하기보다는 사람들을 서서히 알아 갈 수 있는 작은 단계들을 만들어 조금씩 사람들을 알아 나가고, 관계를 더 발전시키고 싶은 사람들을 발견해 내고, 또 이 사람들을 더 알아 가려는 노력을 하고, 이 중에서 또 더 관계를 발전시킬 사람들을 선별하고, 이들을 더 깊이 있게 알아 가려는 노력을 계속하는 과정에서 좋은 친구들, 제일 친한 친구가 생긴다. 그리고 이 과정에서 옥시토신이 분비된다.

옥시토신은 사람들과 신체적 접촉을 할 때 분비된다. 따라서 가족과 친구들을 많이 안아 주면 줄수록 나도, 상대방도 옥시토신 수치가 올라간다. 또한 최근 연구에 따르면 실제적인 신체적 접촉 없이 사람들 사이에만 있어도 옥시토신이 증가된다고 한다. 하루 종일 혼자 집에서 있는 것보다는 밖으로 나가서 산책을 한다든지, 카페에 가서 사람들 사이에 있는 것도 옥시토신 분비에 도움이 된다.

엔도르핀

엔도르핀은 우리 몸이 고통과 스트레스를 받을 때 이를 견딜 수 있도록 일시적인 행복감을 주는 호르몬이다. 원시인들은 다쳤을 때 진통제 없이 고통을 감당해야 했으므로, 이 고통을 덜 느끼게 해 생존을 가능하게 한 고마운 호르몬이다. 엔도르핀은 우리 몸이 고통을 경험할 때 불안과 우울감을 경감시켜 주는 역할을 한다.

엔도르핀은 내 몸이 견딜 수 있는 이상의 고통을 경험할 때 분비된다. 운동을 열심히 하는 사람들을 보면 자신의 한계를 넘어서 고통스럽게 운동을 한 다음에 찾아오는 엄청 기분이 좋아지는 순간 때문에 힘들어도 계속 운동을 하게 된다고 하는데, 이것이 바로 엔도르핀의 작용이다. 면도칼로 손목을 긋거나, 배가 고파도 먹지 않거나, 몸이 힘들어도 쉬지 않고 계속 일할 때 느끼는 행복감이 바로 이 엔도르핀 때문이다. 엔도르핀에 중독이 되면 자신의 의지로 몸에 고통을 가하는 것을 마다하지 않게 된다. 이는 이 행복 호르몬을 부정적으로 사용하는 것이고 그 결과도 좋지 않다.

그럼 긍정적이고 건강한 방법으로 엔도르핀을 나오게 하는 방법은 무엇일까? 연구 결과들에 따르면 우리가 울고 웃을 때 엔도르핀이 분비된다고 한다. 실컷 울고 나서 몸과 마음이 후련해지고 좀 더 편안해지는 것을 누구나 경험해 봤을 것이다. 신나게 웃고 나서 기분 좋은 것은 두말 할 것도 없다. 영화, 연극, 드라마, 뮤지컬, 소설, 시 등을 보고 읽으면서 주인공에 감정 이입해 같이 웃고 우는 것이 엔도르핀 분비에 도움이 된다. 코미디 방송을 보고 생각 없이 웃는 것도 더할 나위 없이 좋다. 운동으로 엔도르핀을 만들고 싶다면 몸이 고통을 받을 때까지 하지 말고 운동 루틴을 자주 바꿔 주는 것도 몸을 상하지 않게 하면서 엔도르핀이 나오게 하는 방법이다.

우리 몸은 마치 약국처럼 우리가 필요한 것은 다 갖추고 있다. 어떤 행동이 어떤 감정을 자아내는지 알면 그 행동을 해서 특정 감정을 자극할 수 있는 것이다. 더 많은 시간 동안 행복감에 머무르고 싶다면 행복한 사건이 일어날 때까지 수동적으로 기다리고 있지만 말고 적극적으로 일상에서 실천 가능한 작은 행동들을 해서 행복감에 더 오래, 더 자주 머무를 수 있다.

우리 뇌를 변화시켜 행동과 생각, 감정을 변화시킬 준비가 되었는가? 여기서 우리가 한 가지 명심해야 할 것은 이런 것이 하루아침에 되지 않는다는 것이다. 연구에 따르면 새로운 습관을 만들기까지 최소한 45일이 걸린다고 한다. 우리 뇌는 새로운 것을 위협으로 받아들이기 때문에 이 습관이 자리를 잡기까지는 매우 불편하게 느껴질 것이다. 하지만 포기하지 말고 새로운 긍정적인 습관을 선택하는 것이다. 이 새로운 습관이 자리 잡는 45일 동안은 자신을 비난하거나 판단하지 않는다. 불편한 감정이 올라오더라도 변화에 대한 자연스런 몸의 반응으로 받아들인다. 많은 사람들이 긍정적이고 건강한 새로운 방법들을 시도할 때 상당히 불편하고 불쾌한 느낌을 가진다. 그래서 이를 지속하고 싶은 마음이 들지 않는다. 알코올 중독자가 술을 끊으려 할 때, 너무 불행하고 죽을 것처럼 느껴지기 때문에 그 불편한 느낌을 견디기 힘들어 다시 술에 손을 대는 것이다. 나는 새로운 변화를 시도하는 내 내담자들에게 새로운 것을 시도하는 것이 좋다는 것을 머리로는 알지만 완전히 자리를 잡을 때까지는 몸과 마음이 상당히 불편하게 느낄 것이라고 얘기해 준다. 이런 불편은 그들이 뭔가를 잘못하고 있다거나 자신에게 맞는 방법이 아니라는 증거가 아니라 새로운 시도를 오래된 습관에 대한 위협으로 받아들이는 몸의 자연스런 생존 반응이다. 그러니 불편해 하는 자신의 몸을 비난하지 말고 안심시켜 주라고 말한다.

지금 새로운 시도를 하는데 뭔가 잘 안 되는 것 같은 부정적인 감정과 생각, 불편한 신체 감각 때문에 중단하고 싶은 충동이 드는 사람이 있다면 바로 그런 부정적 생각, 느낌, 신체 감각이야말로 당신이 잘 하고 있다는 것을 알려 주는 신호라고 말해 주고 싶다.

2) 상상으로 몸과 마음 변화시키기

인간을 포함한 포유류의 새끼가 척박한 환경에서 살아남기 위해서는 안전한 장소가 필요하다. 아이는 연약한 자신을 양육해 주고 위험에서 자신을 구해 주고 상황 판단을 잘 할 수 있는, 자신보다 더 힘세고 현명한 어른(주로 엄마)에게 의존해서 생존할 수 있다. 어릴 때 우리가 안전한 장소에 편안하게 있었던 경험, 나보다 강한 누군가에게 보호받았던 경험, 인자한 누군가에게 이해와 포근한 보살핌을 받았던 경험, 나보다 현명한 누군가의 도움으로 풀리지 않는 문제를 해결할 수 있었던 경험들은 나중에 우리가 어른이 되어서도 강하게 남아 우리가 힘들 때 용기와 위로를 주며 큰 힘이 된다. 하지만 여러 가지 이유로 이런 안전한 장소와 자신을 보살펴 주고 지켜 주고 사랑해 주는 대상이 없는 사람들도 있다. 실제로 경험해 보지 않았더라도 그런 장소와 대상을 상상하는 것만으로 우리 몸과 마음에 큰 변화가 생길 수 있다. 이 상상하기 방법은 상상을 통해 내가 필요한 경험을 하게 해 몸과 마음에 긍정적인 변화를 도모하는 것이다.

안전하고 편안한 장소를 상상하기

현실에 있는 공간이나 영화, 책, 잡지 등에서 본 가상의 장소 중 그곳에 가면 정말 편안하게 쉴 수 있을 것 같다는 느낌이 드는 공간을 선택한다. 편안하게 자세를 잡고 눈을 감은 후 그곳에 있는 나를 상상해 본다. 이 이미지에 더 잘 집중하기 위해서는 상상 속에서 주변을 돌아보고 무엇이 보이는지, 어떤 소리가 들리는지, 어떤 냄새가 나는지, 피부에 닿는 온도나 감촉들이 어떤지, 오감을 이용하여 그 장면에 더 집중한다. 충분히 내가 그 장소에 있다는 느낌이 들면 그 속에 있을 때 내 몸과 마음에 어떤 변화가 일어나는지 관찰한다. 숨이 좀 더 깊게 쉬어지는지, 몸이 좀 더 무거워지거나 가벼워지는 것 같은지, 가슴이 탁 트이는 것 같은지, 몸이 좀 더 이완되는지 등등 최대한 이곳에 있는 자신의 상태를 관찰하고 기억한다. 이런 상상을 한 후 다시 눈을 뜨고 현실로 돌아오면 깊은 잠을 자고 기분 좋게 일어난 것처럼 몸과 마음이 편안해지는 것을 느낄 것이다. 특히 불안한 일이 있거나 마음이 싱숭생숭할 때 이런 장소에 있는 자신을 상상하는 것이 도움이 된다.

포근하게 보살펴 주는 대상을 상상하기

자신의 모든 것을 받아주고 감싸 안아 줄 수 있을 것 같은 대상을 찾아본다. 마찬가지로 자신이 알고 있는 사람이나 동물도 좋고 현실적으로 이런 대상이 없다면 상상으로 성모 마리아, 하나님, 부처님, 마더 테레사 등 나를 다 받아 줄 것 같은 대상을 찾아본다. 나를 포근하게 안아 주고 보살펴 줄 수 있을 것 같은 대상을 찾는 것이 힘들면, 모성이 느껴지는 어떤 대상이 작고 연약한 새끼를 보살펴 주는 상상을 해도 좋다. 이런 상상도 할 수 없으면 유튜브나 구글 이미지에서 '모성'이라는 단어를 검색해서 연관된 이미지나 동영상을 보는 것이 도움이 된다. 예를 들어 어미 개가 새끼를 감싸 안고 있는 장면이나 젖을 주는 장면 등을 떠올리면서, 몸과 마음에 어떤 변화가 일어나는지 잘 관찰한다. 뭔가 포근하고 안정된 느낌이 들 것이다. 내가 혼자라는 느낌이 들 때, 힘들고 외로울 때 이런 상상을 하는 것이 도움이 된다.

위험에서 지켜 줄 수 있는 대상을 상상하기

내가 위험에 처했을 때 나타나서 나를 위험에서 구해 주고 나쁜 무리를 물리쳐 줄 수 있는 힘세고 강한 대상을 떠올린다. 실제 아는 사람이나 대상을 선택해도 좋고, 실제로 이런 사람이 없다면 책이나 영화의 주인공 등 가상의 인물 중에서 자신을 보호해 줄 수 있을 것 같은 대상을 찾아본다. 그 대상을 떠올리면서 그 대상이 있어 내가 보호받을 수 있다는 느낌을 가져 본다. 마찬가지로 자신을 보호해 줄 대상을 찾기 힘들면 약한 존재를 강한 존재가 보호해 주는 상상, 예를 들어 엄마 곰이 아기 곰을 보호하는 이미지라든지 슈퍼맨이 위험에 처한 사람들을 구해 주는 장면 등을 상상한다. 이런 상상을 하면서 내 몸과 마음에 어떤 변화가 일어나는지 관찰해 본다. 보다 안전하고 겁이 나지 않음을 느낄 것이다. 내가 어려움에 처했을 때 이런 상상을 하는 것이 도움이 된다.

통찰력을 줄 수 있는 지혜로운 대상을 상상하기

내가 삶의 방향을 잡지 못할 때, 답을 찾을 수 없을 것처럼 느껴질 때, 나에게 통찰력을 주고 길을 안내해 줄 수 있을 것 같은 지혜로운 대상을 떠올려 본다. 실제 인물일 수도 있고 가상의 인물일 수도 있다. 어떤 문제를 해결할 수 없다는 느낌이 들 때, 탈출구가 보이지 않을 때, 이 지혜로운 대상을 머릿속에 떠올리고 같이 의논과 대화를 하는 것이다. 그러면 새로운 통찰력이 생기고, 내가 하지 못했던 생각들을 하게 되어 보다 현명한 결정을 내릴 수 있게 된다.

어려운 상황을 극복하기 위한 특성을 상상하기

내가 해야 하는 일이 있는데 너무 어렵거나, 할 수 없을 것처럼 느껴질 때 사용할 수 있는 방법이다. 내가 당면한 일을 성공적으로 해결하기 위해서 지금 나에게 어떤 특성이 필요한지 생각해 본다. 그런 다음 그런 특성을 내가 과거에 발휘한 적이 있었는지 떠올려 보고, 그때의 내 모습과 특성을 현재 상황에 빌려 와서 현재에 당면한 문제를 해결하는 것이다. 자신에게 필요한 그런 특성이 있었던 적을 떠올리기가 힘들면, 그 특성을 가지고 있는 사람이나 존재를 떠올리고 그 사람이라면 그 순간에 어떻게 대처할지 상상해 본다.

우리 뇌는 오랜 시간에 걸쳐 진화해 오는 과정에서 많은 문제를 해결해 냈으며, 전체 인류의 문제 해결 방식은 집단 무의식으로 연결되어 있다. 누구에게나 아인슈타인의 뇌와 모차르트의 뇌가 잠재해 있는 것이다. 문제는 우리가 얼마나 아인슈타인이나 모차르트의 뇌에 연결될 수 있는가이다. 내가 해결하지 못하는 문제를 남들이 해결할 수 있고, 남들이 못 해내는 것을 내가 해낼 수도 있다. 나라면 엄두도 못 낼 것들을 남들이 해결하는 것을 보면서 '아, 나는 생각도 못했는데 저런 방법으로도 해결할 수 있구나'라는 새로운 가능성이 펼쳐진다.

이미 책, 드라마, 영화, 다른 사람들과의 상호작용을 통해 우리가 생각하는 것보다 훨씬 더 많은 다양한 문제 해결 방법이 우리 뇌에 저장되어 있다. 하지만 문제가 있을 때 나 자신만 보면 내가 어떤 패턴으로 생각하고 문제를 해결하는지 알기 때문에, 늘 내가 생각하는 식 외에는 다른 방법이 없는 것처럼 느껴진다. 나라는 틀에 갇혀서 그 안에서만 생각을 하니 문제 해결력이 제한될 수밖에 없다. 하지만 그 틀 밖으로 나오면 무한한 가능성과 창조성이 펼쳐진다. 내가 풀기 어려운 문제에 직면했을 때 내가 아닌 누군가, 소크라테스라면, 아인슈타인이라면, 신사임당이었다면 어떻게 대처했을까 상상해 보면 뇌의 다른 부분과 연결이 되기 때문에 훨씬 더 쉽게 창조적인 문제 해결 방법에 접근할 수 있다.

중학생인 그레이스는 모범생인데 교우관계가 좋지 못하다. 늦둥이로 태어나 부모님의 사랑을 많이 받았지만 항상 예의 바르고 남들에게 상냥하게 대해야 한다는 가르침을 들으며 자랐다. 이 가르침이 나쁜 것은 아니지만 상황에 따라 좀 더 유연하게 적용될 수 있을 텐데 그레이스는 너무 강박적으로 받아들여서, 친구들이 자신을 놀리거나 나쁘게 대해도 화를 내거나 하지 말라고 얘기하기보다는 아무런 대응을 하지 않고 심지어는 더 잘해 주려고 했다. 그 결과 아이들이 그레이스를 우습게 보고 더 놀리며 학교에서 왕따처럼 되어 버렸다.

나는 그레이스에게 최근에 친구들과의 일 중에서 가장 그레이스를 힘들게 한 사건을 떠올려 보라고 했다. 그러자 며칠 전 같은 반 친구 애니가 자신의 사물함을 보고 쓰레기라고 놀린 일을 얘기했다. 그 상황에서 어떻게 했냐고 물어 보니 어쩔 줄 몰라 그냥 가만히 있었고 애니는 다른 친구들 앞에서 그레이스를 더 무안 주고는 친구들을 데리고 자리를 떴다고 했다.

이 상황을 잘 대처하기 위해서는 어떤 특성이 필요할지 물으니 그레이스는 용기라고 했다. 지금까지 살면서 용기 있게 행동한 적이 있냐고 물으니 한 번도 없었던 것 같다고 했다. 그럼 소설이나 영화의 주인공 혹은 주변에 아는 사람들을 다 살펴보고 그중에 가장 용기 있고 이런 갈등 상황을 잘 해결할 수 있는 사람이 누가 있겠는지 찾아보라고 했다. 그러자 그레이스는 자기 사촌 존이라면 이런 상황을 잘 해결할 것 같다고 했다. 그러면 그 상황에 존을 불러오고 그레이스는 영화를 보듯이 존이 어떻게 대처하는지 보라고 했다. 애니가 사물함을 가리키며 쓰레기라고 했을 때 존은 "네 사물함이 더 쓰레기야!"라고 반격했고 이에 애니는 화를 내며 더 존을 공격하고, 존은 더 험한 말을 하며 서로 싸우게 되었다.

이 시나리오에 대해 어떻게 생각하느냐 물으니 그레이스는 별로 좋은 것 같지 않다고 했다. 그럼 또 다른 누구를 데려오면 더 잘 대처할 수 있겠는지 묻자 그레이스는 「해리 포터」에 나오는 헤르미온느^{Herminoe}가 잘 할 것 같다고 했다. 나는 그레이스에게 헤르미온느를 그 상황에 불러와 어떻게 대처하는지 영화를 보듯이 지켜보라고 했다. 헤르미온느는 애니가 사물함을 가리키며 쓰레기라고 얘기하자 "그건 단지 네 의견에 불과해. 나는 네 의견에 동의하지 않고 내 사물함이 단정하다는 걸 알아. 그래도 사람들은 각자 다른 의견을 가질 수 있으니까 네가 생각하고 싶은 대로 생각해. 하지만 그런 불쾌한 의견은 입 밖에 내지 말았으면 좋겠어. 이것도 내 의견이니까 네가 그렇게 하든 말든 그건 네 자유야"라고 당당하게 말했다. 이런 반격에 애니는 놀라고 당황스러워 어쩔 줄 몰라 하고, 다른 친구들은 헤르미온느에게 박수를 보냈다. 그리고 헤르미온느는 애니가 반격하기 전에 그 자리를 떴다. 상상을 하고 나서 어떻냐고 물어보니 그레이스는 이 시나리오가 훨씬 더 맘에 든다고 말했다.

이번에는 그레이스에게 그 상황에 대처하는 헤르미온느의 표정, 몸짓, 어조 등에 대해서 연구해 보자고 제안했다. 헤르미온느의 용기 있고 똑 부러지는 행동을 바라보면서 그레이스의 몸과 마음에서 어떤 변화가 일어나는지 묻자 팔다리에 힘이 생기고 상체가 똑바로 서고 머리가 꼿꼿이 들리며 자신감이 생긴다고 말했다. 그레이스에게 이번에는 헤르미온느 대신 그레이스가 직접 이 상황에 들어가 보자고 제안했다. 헤르미온느는 그레이스 바로 뒤에 서서 그레이스를 도와주지만 남들은 헤르미온느를 볼 수 없다고 말했다. 상황을 다루다가 어려운 점이 생기면 화면을 정지시키고 헤르미온느와 의논한 다음에 다시 재생 버튼을 눌러 상황을 재개하도록 했다. 그러자 그레이스는 그 상황을 헤르미온느가 했던 것처럼 해낸 후 애니가 반격하기 전에 자리를 떴고, 다른 친구들은 그레이스 편을 들어 주는 긍정적 경험을 했다. 상담이 끝날 때 나는 그레이스에게 학교에서 친구들과 문제가 생기면 먼저 헤르미온느라면 어떻게 했을까를 상상해 보고 헤르미온느처럼 행동해 보고 헤르미온느에게 조언을 구해 보라고 했다.

그다음 상담 시간에 그레이스는 미소를 함빡 머금고 나타났다. 지난 번 연습했던 것과 비슷한 상황이 학교에서 있었는데, 상상으로 연습한 것처럼 자신 속의 헤르미온느를 불러와 슬기롭게 대처했다는 것이다. 그러자 애니는 아무런 반격을 하지도 못하고 혼자 화가 나 나가 버렸고 다른 아이들은 잘했다며 그레이스를 지지해 주었다고 했다. 이런 연습을 계속하면서 그레이스는 갈등 상황에서 보다 능숙하고 세련되게 대처하게 되었고 자신을 지킬 수 있었다. 그러자 더욱 자신감이 생기고 친구들과의 관계도 좋아졌다.

이런 상상하기 방법은 특정 상황에 대해 다르게 생각하고 다른 식으로 행동하라는 강의나 교훈을 주는 것과는 다르다. 강의나 교훈은 남으로부터 오는 것이고 자신이 상상해 내는 것은 스스로 발견하는 것이기 때문이다. 스스로 발견하게 되면 별로 이질감 없이 받아들이고 사용하게 되지만 남이 시키는 대로 하는 것은 이물질처럼 불편한 감정과 강한 저항을 불러일으킬 수 있으므로 스스로 상상하고 해결책을 발견하게 하는 것이 보다 효과적이다.

치유의 빛

우리 몸과 마음은 하나라서 뭔가 심리적으로 불편하거나 부정적인 생각을 하게 되면 몸도 이에 따라 반응한다. 이는 몸에 불편한 감각이 느껴질 때 쓸 수 있는 방법이다. 불편한 감각이 느껴지는 부분에 집중하고 무엇이 떠오르는지 상상한다. 이때 상상은 구체적일수록 좋다. 불편한 감각의 형태, 크기, 색깔, 온도, 질감, 소리 등이 있다면 어떤 것인지 구체적으로 떠올려 본다. 그다음에 하늘에서 치유의 빛이 내려오는 상상을 하는데, '치유'라고 했을 때 떠오르는 색깔을 생각해 보고 내가 생각한 색깔의 치유의 빛이 하늘에서 내 머리로 내려앉는 것을 상상한다. 그다음 그 빛이 따뜻한 게 좋은지 시원한 게 좋은지 파악하고, 머리에 내려앉은(따뜻한, 노란) 치유의 빛이 머리에서 몸으로 서서히 내려와 내가 불편하게 느끼는 부분까지 닿게 한다. 그러고 나서 그 빛이 불편한 부분의 특정 형태, 감각, 색깔 등을 어루만졌을 때 어떤 변화가 일어나는지 관찰한다. 어떤 변화가 일어날 수도 있고 일어나지 않을 수도 있다. 그냥 내 몸과 마음에 무슨 일이 일어나는지 관찰하는 것이다.

보통 이렇게 상상하면 불편한 감각의 형태나 색깔 등이 변하게 된다. 변화가 일어나면 계속해서 치유의 빛이 하늘에서 머리로, 머리에서 불편한 감각의 특정 형태 부분을 어루만지는 모습을 상상하고 그 형태가 완전히 사라질 때까지 반복한다. 이 형태가 사라지면서 신체적 감각도 사라지고 불쾌한 감정도 같이 사라지는 경우가 대부분이다. 완전히 사라지면 머리끝부터 발끝까지 온몸에 치유의 빛이 충만해진 것을 상상한다. 충분하다는 느낌이 들면 천천히 의식을 현재 자신이 있는 공간으로 데리고 온다. 같이 연습하는 사람이 있는 경우에는 5초를 셀 테니 천천히 돌아오라고 말하고 상상의 세계에서 현실세계로 천천히 이동하게 인도한다.

췌장암 말기 환자였던 에이미는 얼마 남지 않은 시간 동안 자신의 인생을 돌아보고 정리하겠다는 목적으로 심리 치료실을 찾았다. 허리의 통증이 너무 심해 움직이는 것이 매우 힘들었고 차에서 내려 상담 사무실까지 걸어오는 것도 무척 어려웠다. 하루는 통증이 너무 심한 나머지 심리 치료에 집중할 수가 없어서 치유의 빛 작업을 하기로 했다. 편안하게 쉴 수 있는 공간을 찾아보라고 했더니 에이미는 어렸을 때 살았던 바닷가 모래사장을 떠올렸다. 모래사장에 누워 있는 상상을 하면서 등과 허리, 다리, 머리에 느껴지는 모래의 촉감과 따뜻한 기운을 느낄 수 있었다.

이렇게 편안하게 누운 상황에서 하늘에서 내려오는 치유의 빛을 상상하게 했다. 에이미는 허리 통증을 날카로운 파란색 유리가 깨져 있는 형상으로 상상했고, 하늘에서 내려오는 치유의 빛은 노란색의 따뜻한 기운으로 느꼈다. 이 치유의 빛이 허리의 깨진 유리에 닿자 그 부분이 상당히 뜨거워지면서 유리가 서서히 녹는 것이 연상되었다. 그리고 유리가 녹으면서 신기하게도 통증이 사라지는 경험을 했다. 허리의 통증이 사라지고 노란색 치유의 빛이 온몸에 충만해진 상상을 하자 허리에서부터 온몸으로 더운 기운이 퍼져 나가고 온몸이 편안해지며 긴장이 이완되고 고통을 전혀 느끼지 않는 상태가 되었다. 치료실을 나갈 때는 부축을 받지 않고 혼자 걸어서 나갈 수 있었다.

최근 연구들은 고통이 매우 복잡한 현상으로, 우리가 고통을 자각하고 경험하는 데 주변 환경이나 심리적 요소가 얼마나 큰 영향을 미치는지 설명하고 있다. 또 심리적 요소와 신체적 이완 상태가 우리가 경험하는 고통을 어떻게 더 악화시키거나 경감시킬 수 있는지에 대해서도 밝힌다. 고통을 겪으면 교감신경이 작동되어 근육에 피가 쏠린 결과 대뇌피질에 피가 줄어들어 고통을 있는 그대로 경험하기보다는(이성적 · 합리적으로 받아들이기보다는) 더 두렵고 무서운 것으로 만들게 된다. 그러면 근육은 더 긴장하고 그 결과 고통이 더 증가되며, 다시 이 고통 때문에 근육이 더 긴장하는 악순환을 겪는다. 따라서 사고, 상해, 질병, 감정적으로 힘든 일들로 고통을 겪는 사람이 있다면 단지 이 사람들의 통각 수용 체계nociceptive system만을 이해하는 것이 아니라 고통을 자각하는 개념 체계pain perception를 바꿀 수 있는 환경적 · 심리적 요소를 인식하고 또 이를 통제할 수 있도록 도와주는 것이 매우 중요하다.

3) 몸의 상태를 바꾸어 감정 조절 돕기

심호흡

심호흡 열 번이면 살인도 막을 수 있다는 말이 있다. 그만큼 심호흡은 아주 간단하면서도 매우 효과적인 감정 조절 방법이다. 심호흡을 할 때 중점을 두는 것은 들숨이 아니라 날숨이다. 들숨보다 날숨을 더 길게 하고 내 몸속에 있는 모든 공기를 다 빼낸다는 생각으로 정성 들여 숨을 내쉰다. 위협이 감지되면 이에 대항하기 위해 자동적으로 교감신경이 작동되고 심장박동과 호흡이 빨라져 행동하기에 용이한 신체 상태로 변한다. 따라서 우리가 스트레스를 받으면 말이든 행동이든 뭔가를 하고 싶어 하는데, 이런 상황에서 반사적으로 어떤 행동이나 말을 하는 것은 돌아서서 후회하게 만들 일들이 많다. 심호흡은 몸에 활성화된 교감신경을 부교감신경으로 바꾸는 역할을 한다. 심호흡을 계속하면 마음이 진정되는 것이 바로 부교감신경의 작동 때문이다. 화가 나고 열 받는 일이 있다면 아무런 말과 행동을 하지 말고 심호흡을 60번 계속한다. 일단 몸을 진정시키고 난 후, 아까 하고 싶었던 말이나 행동이 여전히 하고 싶다면 하도록 한다. 하지만 일단 이런 식으로 몸이 진정되고 나면 이전에 하고 싶었던 말이나 행동이 유치하게 느껴지고 하지 않기를 잘했다는 생각이 들 것이다.

호세는 습관적으로 교감신경이 작동되는 분노중독환자였다. 매사에 싸울 준비를 하고 있는 사람처럼 어딜 가나 말싸움, 몸싸움을 해대니 가족들은 호세랑 같이 다니는 것을 불편해 했다. 즐거운 가족

나들이가 호세의 싸움 때문에 비극으로 끝난 경우가 많았기 때문이다. 가족들을 태우고 운전할 때도 늘 누가 끼어드는지 살피고 자신에게 조금이라도 부당한 일이 있으면 곧바로 추격전이 벌어져 싸움이 나는 경우가 허다하니 가족들은 안전하게 느끼지 않았다.

상담에 온 호세에게 일단 심호흡하는 방법을 가르쳐 주고, 다음 시간에 만날 때까지 어떤 상황이든 자신의 교감신경이 작동되는 것을 느끼면(화가 치밀어 오르고, 심장이 빨리 뛰고, 손에 힘이 들어가고 땀이 나고 등) 아무런 말과 행동을 하지 말고 그 자리에 멈춰 심호흡을 60번 하라는 숙제를 주었다. 일단 심호흡을 60번 하고 나서 여전히 그 말과 행동이 하고 싶으면 그때 하라고 한 것이다. 이혼 위기에 있었던 호세는 절실한 마음으로 숙제를 착실히 했는데, 화가 치밀어 오르는 순간 심호흡을 하면서 자신을 진정시킬 수 있었고 일단 몸이 진정된 다음에는 욕이나 몸싸움, 공격적 행동을 할 필요성을 느끼지 못했다. 호세는 자신의 신체적 흥분·각성 상태를 스스로 바꿀 수 있다는 것에 매우 놀라워했다. 이전에는 화가 나면 그냥 몸과 마음이 가는 대로 내버려 두는 수밖에 없었고, 비극적 결말을 맞이하고 난 다음에 후회하는 것밖에 없었는데, 이 상태를 바꿀 수 있다는 것이 너무나 신기했던 것이다.

이런 변화의 가능성, 내가 내 신체적·심리적 상태를 바꿀 수 있다는 것이 자신에 대한 통제력을 주었다. 호세는 자신의 상태를 말로 표현하는 것이 도움이 된다는 것을 알았고, 화가 나는 것을 느끼면 가족들에게 자신의 상태를 적극적으로 알려 자신을 이해할 수 있게 했다. 그 결과 가족들은 호세를 불필요하게 자극하지 않았고 호세에게 필요한 도움을 줄 수 있게 되어 호세의 분노가 폭발하는 일이 없어졌다.

이런 변화들을 빠른 시일에 경험하자 호세는 치료사를 더 신뢰하게 되었고, 신체를 이용한 심리 치료에 확신이 생겨서 명상, 요가, 일기 쓰기 등 치료사가 제시하는 방법들을 열심히 적용했다. 그 결과 자신의 감정과 행동을 잘 조절하게 되었으며, 고혈압이 정상 혈압으로, 당뇨 수치가 정상으로 돌아오는 경험까지 하게 되었다. 2장에서도 설명했지만 교감신경이 습관적으로 작동될 때는 심각한 건강의 적신호가 나타난다. 이를 약으로만 다스리려 하지 말고, 여러 가지 감정 조절 방법들을 사용해서 교감신경이 습관적으로 작동되는 것을 막는 것도 건강한 삶을 유지하는 효과적인 방법이 된다.

점진적 근육 긴장 이완 훈련

점진적 근육 긴장 이완 훈련은 말 그대로 긴장한 근육을 이완해 편안한 상태로 유도하는 것이다. 걱정거리나 불안한 감정이 들면 몸도 같이 긴장한다. 가장 통제하기 쉬운 몸으로 접근해서, 곧 긴장한 몸을 편안한 상태로 만들면서 감정과 생각도 좀 더 편안해질 수 있게 하는 방법이다. 이는 누구나 쉽게 따라 할 수 있는 방법으로, 두 사람 이상일 경우 한 사람이 아래의 긴장 이완 방법을 읽어 주고 나머지 사람들은 그 지시를 들으면서 따라 하면 된다. 같이 할 사람이 없다면 아래 글을 소리 내어 읽으며 녹음하고, 그것을 들으면서 해도 된다. 아니면 아래 내용을 몇 번 반복해서 읽고 연습을 해 본 다음 순서를 기억해서 해도 된다.

① 준비 과정

긴장 이완 훈련을 하는 데 방해가 될 수 있는 TV나 전화기를 끄고 조명을 어둡게 해 이 시간을 나만을 위한 시간, 내가 완전히 휴식할 수 있는 시간이 되도록 한다. 이 긴장 이완 방법은 앉은 상태에서 할 수도 있고 누운 상태로 할 수도 있다. 긴장 이완을 하는 동안 체온이 내려갈 수 있으니 시작 전에 옷을 좀 따뜻하게 입거나 가벼운 이불을 준비하는 게 좋다. 앉아 있다면 손을 무릎에 편안히 내려놓은 상태로 시작하고, 누워 있다면 손을 다리 옆에 편안히 두면 된다.

② 긴장 이완

준비가 다 되었으면 이제 눈을 감는다.

숨 쉬는 것에 집중하고 숨을 들이마실 때 배가 올라가고 내쉴 때 배가 내려오는 것을 인식한다.

이제 숨을 천천히 코로 들이마시며 폐에 공기가 가득 찼다는 느낌이 들 때까지 끝까지 숨을 들이마신다. 숨을 잠깐 멈추었다가 천천히 입으로 내쉰다. 숨을 내쉴 때는 폐에서 공기가 빠져 나갈 때 모든 스트레스와 긴장이 같이 나간다는 느낌으로 내쉰다.

다시 코로 숨을 들이마신다. 폐를 산소로 가득 채우고 나서는 잠깐 멈추었다가 다시 입으로 숨을 내쉰다. 폐 속의 공기를 완전히 빼낸다는 느낌으로 숨을 내쉰다.

다시 코로 숨을 들이마신다. 잠깐 멈추었다가 숨을 내뱉는다.

몸에 벌써 변화가 느껴질 것이다. 몸의 긴장이 풀어지고 긴장감이 줄어드는 것을 느낄 것이다.

이제 숨 쉬는 리듬을 자연스럽게 하고 평상시 숨 쉬듯이 쉰다. 이완한다.

긴장 이완 훈련을 하는 동안 몸의 다양한 근육을 긴장시켰다 이완할 것이다. 근육을 긴장할 때 너무 힘을 주지 말고, 너무 애쓰지 말고, 그냥 숨을 들이마시면서 근육을 수축시킨다는 생각으로 하면 된다. 근육을 긴장시키는 것이 불편하면 그냥 휴식하면서 편안히 숨을 쉬면 된다.

③ 발

발과 발가락에 집중해 본다. 코로 숨을 들이마시면서 천천히 발가락을 아래로 오므리고 발바닥 근육을 수축한다. 숨을 몇 초간 멈추었다가 내쉬면서 발의 근육을 이완한다. 발의 긴장이 내쉬는 숨과 함께 사라지는 것을 느낄 것이다. 발이 긴장했을 때와 이완했을 때 얼마나 다르게 느껴지는지 살펴보자.

다시 숨을 들이마시면서 발바닥 근육을 긴장시키고 몇 초 동안 그대로 있는다.

이제 이완한다. 매번 숨을 쉴 때마다 몸이 점점 더 이완되는 것을 느낄 것이다. 몸 전체가 점점 무거워지고, 부드러워지고 점점 더 이완될 것이다.

④ 종아리

이제 종아리에 집중해 보자. 숨을 천천히 들이마시면서 발가락을 위로 말아 올린다. 종아리 근육이 조여드는 것을 느낄 것이다. 몇 초간 숨을 멈추고 긴장했다가 숨을 내쉬면서 이완한다.

한 번 더 숨을 깊이 들이마시고 종아리 근육을 긴장시킨다. 편안하게 깊이 숨을 들이마시면서 발가락을 위로 말아 올리고 종아리 근육이 조여드는 것을 느껴 본다. 잠깐 멈추었다가 숨을 내쉬면서 이완한다. 근육이 이완되는 걸 느끼고, 숨을 내쉬면서 긴장이 빠져나가는 것을 느낄 것이다.

⑤ 허벅지

이제는 허벅지 근육을 긴장시킬 것이다. 누워 있다면 다리를 쭉 뻗어 본다. 다리를 뻗을 때 근육이 무릎을 위로 당기는 것을 느낄 수 있을 것이다. 앉아 있다면 발꿈치로 바닥을 누른다는 생각으로 힘을 준다. 허벅지 근육이 조여드는 느낌이 들 것이다. 숨을 깊이 들이마시고 허벅지 근육을 긴장시킨다. 몇 초간 멈추었다 다시 이완한다. 이렇게 하면서 근육으로 피가 몰리고, 그 결과 따뜻하고 저릿한 감각을 느낄 수도 있다. 허벅지에 느껴지는 편안한 이완의 느낌을 즐겨 본다.

다시 숨을 깊이 들이마시면서 허벅지 근육을 긴장시킨다. 잠깐 멈추었다 다시 이완한다. 근육이 축 늘어지고 풀리는 것을 느낄 것이다.

⑥ 엉덩이

숨을 깊이 들이마시면서 엉덩이 근육을 긴장시킨다. 숨을 멈추고 몇 초 동안 긴장한 상태를 유지했다가 숨을 내쉰다. 숨을 내쉬면서 긴장이 빠져나가고, 근육이 완전히 이완되는 것을 느낄 것이다.

다시 숨을 깊이 들이마시면서 엉덩이 근육을 긴장시킨다. 몇 초 동안 그대로 있다가 편안하게 이완한다. 점점 더 몸이 이완되는 것을 느낄 것이다.

⑦ 배

이제 배로 가 보자. 숨을 깊이 들이마시면서 배 근육을 수축시킨다. 배꼽을 등에 닿게 하겠다는 느낌으로 배를 집어넣어 본다. 잠깐 멈추었다가 숨을 내쉬면서 긴장을 이완한다. 긴장이 풀어지면서 편안함을 느낄 것이다.

다시 숨을 들이마시면서 배 근육을 긴장시키고 몇 초 동안 머무른다. 그다음 숨을 내쉬면서 긴장을 풀고 이완한다.

⑧ 등

이제는 등에 집중해 보자. 숨을 천천히 들이마시면서 등을 천천히 활처럼 뒤로 휘어 본다. 잠깐 멈추었다가 숨을 내쉬면서 근육을 이완시킨다.

다시 한 번 숨을 깊이 들이마시면서 등 근육을 긴장시킨다. 몇 초 동안 머무르다가 이완한다. 편안하게 느낄 것이다.

⑨ 어깨와 목

이제 어깨와 목으로 가 보자. 천천히 깊이 숨을 들이마시면서 어깨를 귀까지 끌어올린다는 느낌으로 어깨와 목 근육을 위로 올리면서 긴장시킨다. 잠깐 멈추었다가 다시 숨을 천천히 내쉬면서 수축된 근육이 이완되게 한다.

다시 어깨를 귀까지 끌어올리고 목과 어깨 근육을 긴장시킨다. 숨을 내쉬면서 긴장이 풀어지고 이완되는 것을 느낄 것이다.

긴장 이완을 하면서 몸이 점점 무거워지는 것처럼 느껴질 수도 있고, 가벼워지는 것처럼 느껴질 수도 있다. 이런 몸의 감각을 즐기면서 점점 더 몸이 완전히 이완되는 것을 느낄 것이다. 몸과 더불어 마음도 좀 더 고요해지고, 편안해지고 평안하게 느껴질 것이다.

⑩ 팔 윗부분

이제 팔과 손의 긴장을 떠나보낼 시간이다. 어깨에서 팔꿈치까지 팔 윗부분에서부터 시작해 보자.

팔을 앞으로 뻗어 숨을 들이마시면서 손목을 어깨로 가져간다. 그러면서 팔 윗부분의 근육이 수축되는 것을 느낄 것이다. 숨을 잠시 멈추고 그 근육의 긴장을 그대로 느껴 본다. 그리고 숨을 천천히 내쉬면서 부드럽게 팔을 내린다. 팔 근육을 긴장시킬 때 느껴지는 따뜻하고 화끈거리는 느낌이 긴장을 풀 때 얼마나 편안해지는지 느껴 본다. 숨을 내쉬면서 팔에서 긴장이 빠져나가는 것이 얼마나 이완된 느낌인지 느낄 것이다.

　다시 숨을 들이마시면서 손목을 어깨로 가져가면서 근육을 긴장시킨다. 잠깐 멈추었다가 숨을 내쉬면서 팔을 이완한다.

⑪ 팔 아랫부분
이제는 팔 아랫부분으로 가 보자. 팔을 편 상태에서 숨을 들이마시면서 손가락으로 팔꿈치를 만지겠다는 느낌으로 손가락이 최대한 팔꿈치에 가까이 다가가게 한다. 근육이 긴장된 상태에서 잠깐 멈추었다가 천천히 숨을 내쉬면서 근육의 긴장을 이완한다. 긴장이 빠져나가는 것을 느낄 것이다.

　다시 숨을 들이마시면서 손가락으로 팔꿈치를 만지겠다는 느낌으로 손가락을 팔꿈치에 최대한 가까이 다가가게 하면서 팔 아래쪽의 근육을 긴장시킨다. 몇 초 동안 숨을 멈추고 가만히 있다가 천천히 숨을 내쉬면서 긴장을 푼다. 팔 아래쪽의 긴장이 사라지는 것을 느낄 것이다.

⑫ 손
이제는 천천히 숨을 들이마시면서 주먹을 꽉 쥐어 본다. 충분히 숨을 들이마신 후 잠깐 숨을 멈추었다가 천천히 숨을 내쉬면서 서서히 주먹을 편다. 손이 저릿하거나 맥박이 느껴질 수도 있다. 손이 편안해지고 이완되는 것이 느껴질 것이다.

다시 숨을 들이마시면서 주먹을 꽉 쥔다. 몇 초간 숨을 멈추고 그대로 있다가 숨을 내쉬면서 주먹을 편다. 손의 근육이 이완되는 것이 느껴질 것이다. 손가락이 축 늘어지게 해서 손에 아무런 긴장이 남아 있지 않게 한다.

팔과 손이 점점 더 무겁게 느껴지고 이완되는 것이 느껴질 것이다.

천천히 깊이 숨을 들이마시고 내쉬고, 다시 숨을 들이마시고 내쉬기를 몇 번 반복한다. 그리고 그냥 이완한다. 편안하게 숨을 들이마시고 내쉬면서 점점 더 몸이 편안해지고 긴장이 풀리는 것을 느낄 것이다.

⑬ 얼굴

이제 얼굴에 집중해 보자. 숨을 천천히 들이마시면서 눈을 질끈 감고 입술은 다문 채로 최대한 큰 미소를 짓는다는 생각으로 얼굴 근육을 긴장시킨다. 숨을 충분히 들이마신 후 잠깐 숨을 멈추었다가 천천히 숨을 내쉬면서 얼굴 근육을 이완한다. 얼굴이 편안해지는 것을 느낄 것이다.

한 번 더 숨을 들이마시면서 얼굴 근육을 긴장시킨다. 잠깐 숨을 멈추었다가 숨을 내쉬면서 이완한다.

⑭ 턱

이제 턱 근육으로 가 보자. 숨을 들이마시면서 입을 최대한 크게 벌려 본다. 턱 근육이 늘어나고 긴장되는 것이 느껴질 것이다. 잠깐 멈추었다가 숨을 내쉬면서 입을 천천히 다문다.

다시 숨을 크게 들이마시면서 입을 크게 벌린다. 숨을 내쉬면서 입을 다물고 근육이 이완되는 것을 느낀다.

이제 당신은 발가락 끝부터 머리끝까지 완전히 이완된 상태다.

잠깐 몇 분 동안 이 상태에 머물러 있어 보자. 이완된 상태에서 당신이 숨쉬는 소리를 들어 보자. 그리고 신체적 긴장 이완이 주는 따뜻하고 편안한 감각을 즐겨 보자. 시간이 충분하다면 이 상태에서 잠이 들어도 좋다. 잠에서 깨어나면 이완되고, 상쾌하고 개운하게 느낄 것이다.

명상

명상은 감정 조절을 잘 할 수 있게 해 주는 매우 좋은 도구다. 감정 조절이 잘 안 되는 상황에서는 하나의 생각이 꼬리에 꼬리를 물고 끝없이 펼쳐지고 이 끝없는 생각이 마음을 더 불안하고 우울하게 만든다. 그리고 머릿속이 부정적이고 불안한 생각들로 가득 차 어수선해진다. 명상은 최대한 현재에 머무를 수 있게 도와주는 도구다. 어떤 생각, 몸의 감각, 느낌이 올라오더라도 이를 붙잡고 가거나 꼬리에 꼬리를 물고 따라가지 않고 그냥 떠오르는 것들을 알아차리기는 하지만 떠나보내는 훈련을 하는 것이기 때문이다.

가장 쉽게 할 수 있는 명상 방법 중 하나는 호흡에 집중하는 것이다. 숨을 쉬면서 인중에 느껴지는 따뜻한 숨결에 집중하거나 이게 잘 느껴지지 않으면 손을 배에 대고 숨을 들이마시고 내쉴 때 배가 올라가고 내려가는 것에 집중한다. 이것이 바로 내가 머무르고 또 돌아와야 하는 집(목적지)이라는 것을 염두에 두고 숨을 쉰다. 호흡에 집중하더라도 어느새 여러 가지 생각이 떠오르고 불편한 감각들을 느끼는 자신을 발견할 것이다. 그러면 그냥 그런 상태를 알아차렸을 때 '아, 내가 어느새 집을 떠났구나. 집으로 돌아가야지'라는 마음으로 다시 인중에 느껴지는 따뜻한 숨결이나 숨을 쉬면서 배가 올라갔다 내려가는 것에 집중한다. 이때 중요한 것은 숨쉬기(집)를 떠나 딴생각을 하고 있는 자신을 비난하지 않고 친절하게 집으로 데려오는 것이다. 그냥 집을 떠났다는 것을 알아차리고 다시 집으로 데려오는 작업을 계속한다.

이런 명상 작업은 전전두엽의 기능을 활성화시키는 데 매우 좋은 운동이다. 전전두엽은 2장에서 설명했듯이 진화론적으로 가장 나중에 발달한 인간의 뇌로 외부 상황에 반사적으로 반응하는 대신 상황을 잘 살펴보고 종합해서 본인에게 가장 유리한 선택을 할 수 있게 하는 기관이다. 전전두엽은 편도체에서 위험 경보를 보내도 이게 정말 위협인지 아닌지를 살펴보게 하는 여유를 준다. 호랑이한테 물려가도 정신만 똑바로 차리면 된다는 말을 달리 얘기하면 편도체가 패닉 반응을 해도 전전두엽이 작동하면 그 위험·위협 상황을 침착하게 잘 극복할 수 있다는 것이다. 특히 명상은 불안장애, 우울증, 강박증이 있는 사람들에게 매우 도움이 되는 방법이다. 이는 과거에 사로잡히지 않고, 미래를 불안해하지 않고, 최대한 현재 상황에 머무르고 즐길 수 있게 도와준다.

웰컴 홈

이는 부부 치료사인 스탠 텟킨Stan Tatkin 박사가 자신이 상담하는 부부들이 집에서 연습할 수 있게 고안해 낸 방법이다. 부부 간의 애착을 강화시키고 서로를 안전하고 편안하게 느껴 친밀감intimacy을 강화시키고 배우자가 집에 들어올 때 그냥 표면적인 인사만 주고받는 게 아니라 집에 왔을 때 정말 환영받는다는 느낌이 들게 해 주는 것이다.

부부 중 한 사람이 집에 들어오면 집에 있던 사람은 만사를 제쳐놓고 나가 지금 집으로 들어오는 배우자를 반갑게 맞이하고 서로 안는다. 이렇게 하는 이유는 집에 있던 사람과 지금 집으로 들어오는 사람이 떨어져 있다 다시 재결합을 하는 순간에 두 사람의 신체적·심리적 각성 상태가 다를 수 있기 때문이다. 안는 행위는 각각 서로 다른 각성 상태를 비슷하게 맞추는, 서로의 신경계를 조화롭게 조율하는 역할을 한다.

두 사람이 아침에 서로 헤어져 저녁에 다시 만날 때 좋은 경험을 하면 상대가 나에게 더 소중해지고 또 내가 상대에게 소중하다는 느낌을 받을 수 있게 되며, 결과적으로 서로에 대한 애정이 더 커지고 이는 두 사람의 관계를 더욱 강하게 한다. 반면 이런 재결합이 만족스럽지 못하면 상대에게 실망하고, 화를 내는 원인이 되기도 한다. 이 훈련은 부부가 매일매일 성공적인 재결합을 할 수 있게 도와주는 연습이다.

텟킨 박사에 따르면 키스를 하지 않고 안아 주는 것은 아이와 엄마가 떨어졌다 다시 만났을 때 하는 애착 행동이기 때문이라고 한다. 엄마에게 안기는 행동을 통해 아이는 안전함을 느끼고 엄마에게 받아들여졌다고 느낀다. 이 연습에서는 부부가 서로를 밀착해서 안고, 상대가 내 품에서 편안하게 이완된 것이 느껴질 때 풀어 준다. 이는 신체적 이완의 한 방법이고 나와 상대의 근육이 이완되는 것을 몸으로 느낄 수 있다. 안으면서 내 몸이, 또 배우자의 몸이 얼마나 긴장하고 있는지 알 수 있고, 이런 긴장 상태를 이완된 상태로 바꾸는 것이다. 이 연습을 할 때 아이들이나 애완동물 등 다른 자극들이 방해하지 못하게 하는 것이 중요한데, 집에서는 부부가 가장 중심이 되어야 하고 부부가 관계가 좋고 바로서야만 그 안에서 자식이나 애완동물들이 편안하게 살 수 있기 때문이다. 우리가 비행기를 타면 듣는 안전 수칙 중 비상시에 산소마스크를 착용하는 방법이 있다. 안내 방송에서는 비상시에 유아를 동반한 부모들은 아이들에게 산소마스크를 씌워 주기 전에 먼저 어른인 자신의 산소마스크를 착용하고 난 다음에 아이에게 산소마스크를 씌워 주라고 말한다. 아이를 먼저 챙기려다 자신이 산소가 모자라 죽으면 나도 죽고 아이도 죽는 것이다. 마찬가지로 가정에서는 남편은 부인을, 부인은 남편을 먼저 챙기고 서로 산소를 충분히 공급받은 후에야 아이들에게 산소를 제공해 줄 수 있는 것이다.

내가 기분이 업되어 있는데 상대가 다운되어 있으면 기분이 좋지 않고 이해받지 못한다는 느낌이 든다. 누구나 자신의 감정 상태에 상대방이 맞춰 주기를 바라는 마음을 가지고 있다. 배우자와 재결합할 때 반갑게 맞아 주고 눈 맞춤을 하고 안는 신체적 접촉을 하면 서로의 신경계의 각성 상태가 비슷해지고, 서로 감정 조절을 도와주게 된다. 서로 꼭 끌어안는 것을 통해 긍정적인 경험을 하면 행복 호르몬들이 분비되고 이것이 긍정적인 동기 부여가 되어 이 행위를 계속하고 싶어진다. 그러면 어느새 가정에 평화가 깃들고 사랑이 충만해지는 것을 알게 될 것이다.

눈 맞추기

우리가 어떤 사람에게 실망하거나 화가 나면 꼴도 보기 싫다는 말을 한다. 특히 어떤 부정적 감정이 있을 때는 상대방의 눈을 보는 것이 힘들다. 눈은 마음의 창이라는 말이 있듯이, 그만큼 눈빛은 솔직하고 많은 감정을 표현한다. 백마디 말보다 눈빛이 더 강한 인상을 남긴다. 특히 치료실에서 치료사가 어떤 눈으로 내담자를 바라보는지는 너무나 중요하다. 내가 하는 백마디 말보다 내담자의 아픔에 같이 아파하는 마음과 내담자의 기쁨을 같이 기뻐하는 마음이 눈빛을 통해 전해지면 내담자는 깊이 이해받았다는 느낌을 받고 치료사와 더 친밀해지고 신뢰가 생기는 것이다.

마찬가지로 부모가 자녀에게, 부부 간에, 친구 간에 이야기를 나눌 때 눈을 쳐다보면서 얘기하면 훨씬 더 친밀함을 느끼고 서로 이해하고 이해받는 느낌을 받을 것이다. 오늘 배우자에게, 자녀에게, 친구들에게 "사랑해"라는 말을 건성으로만 하지 말고 마음을 담아서 눈을 쳐다보고 얘기해 보자. 서로 엄청난 안정감과 친밀감을 느낄 수 있을 것이다.

4) 잘 놀기

놀이는 감정 조절의 가장 중요한 요소 중 하나다. 위니콧은 인간이 건강한가 건강하지 않은가의 척도로 그 사람이 놀 수 있는지를 보았다. 실제로 많은 정신 질환을 앓고 있는 사람들을 보면 놀 줄 모르고, 창의성이 심각하게 제한된 경우가 대부분이다.

요즘은 시대가 너무 바쁘며, 내가 계속해서 뭔가를 하지 않으면 남들과의 경쟁에서 뒤쳐질 수 있다는 두려움으로 논다는 것을 하나의 사치 혹은 시간 낭비로 생각하는 풍조가 늘고 있는 것 같다. 엄마들은 아이들이 노는 걸 보면 불안해하고, 아이들이 공부나 악기 연습처럼 뭔가 결과를 만들어 내는 생산적인 일을 계속하길 바라지만 사실 아이가 놀지 않고 계속해서 뭔가를 하면 아이들은 어떤 일을 수행하는 기계로 전락하게 되고, 이런 환경에서 오랫동안 자란 아이들은 나중에 정신병리를 발전시킬 가능성이 높아진다. 심신이 건강한 아이로 자라게 하려면 아이들을 놀게 해야 한다. 놀이가 왜 감정 조절에, 또 심신의 건강에 중요한지 살펴보자.

놀이는 일차적으로 사회적 행동이다. 놀이의 초기 형태는 유아와 엄마의 상호작용으로 볼 수 있는데, 유아가 의식적이든 무의식적이든 만들어 낸 소리, 몸짓, 표정 등을 엄마가 과장해서 반영해 주고 이를 확장하고 반복하는 것을 통해 유아는 자신의 행동이 어떤 의미를 가지고 즐거운 반응이 된다는 것을 자각한다. 유아가 이 반응을 끌어내기 위해 의도적으로 특정 행동, 소리를 내고 또 이를 엄마가 기쁘게 받아 주는 상호작용이 바로 놀이의 전신이다. 서로의 몸 자체가 놀이의 도구가 되는 셈이다.

처음에는 서로의 몸으로 시작해서 도구를 쓰고 규칙이 있으며 추상적인 개념을 쓰는 놀이로 확장하게 된다. 이렇게 안전한 상황에서 놀이의 형태로 즐거운 상호작용을 하게 되면 2장에서 설명한 사회관계체계가 작동한다. 그러면 똑똑한 미주신경이 작동되고, 이런 상태에서 우리는 환경에 반사적으로 정신없이 행동하기보다는 이것저것 살피면서 적절한 반응을 하게 된다. 이런 상태에서는 싸우거나 도망가기가 작동되는 동물의 뇌가 아니라 생각하고 성찰할 수 있는 인간의 뇌가 작동하는 것이다.

놀이에는 본질적으로 싸우기와 도망가기, 얼어붙기의 요소가 많다. 우리가 하는 많은 게임에서 지는 것을 '죽는다'고 표현하고, 내가 이기기 위해서는 머리와 몸을 이용해 정해진 법칙 안에서 남을 잡고, 죽이고, 움직이지 못하게 해야 한다. 이 과정은 필연적으로 싸우기와 도망가기 반응을 불러일으킨다. 하지만 놀이를 하는 상황에서는 싸우기와 도망가기 모드가 작동되어도 실제로 죽고 사는 문제가 아니기 때문에 계속해서 다시 안전한 상황으로 돌아올 수 있다.

아이들의 놀이인 '얼음 땡'을 보자. 술래가 잡으러 올 때 도망갈 수 있는 한 도망을 가다가 여의치 않으면 "얼음"이라고 말한다. 그렇게 얼어붙은 상태로 있으면 술래가 잡지 못한다. 누군가 신체적 접촉으로 '땡'을 해 줘야지만 얼음 상태에서 풀려날 수 있다. 여기에는 도망가기와 얼어붙기 방어기제와 사회관계체계가 유기적으로 잘 녹아 있다. 이를 신경생물학적으로 설명하면 우리 몸과 감정 상태가 술래(포식자)를 피해 도망가기 방어기제를 쓰는 흥분·각성 상태에서 베이스(안전기지)를 찾아 다시 편안한 사회관계체계 상태로 돌아오는 것을 반복하면서 감정 조절의 범위를 조금씩 늘려가는 것이다. 베이스에 가지 못하고 술래에게 잡히는 것을 피할 방법이 없으면 '얼음' 즉 얼어붙기 방어기제를 써서 에너지를 절약하고, 술래가 멀리 가 안전한 상태가 되면 다시 움직이는 것은 원시인들이나 동물들이 초원에서 편안하게 생활하다가 맹수들에게 쫓기고 또 편안한 상태로 돌아오는 상황을 그대로 재현한 놀이다. 이렇게 놀이를 통해 과다 각성 상태에서 감정 조절이 되는 상태로, 감정 저하 상태에서 다시 감정 조절이 되는 상태로 돌아오는 것을 반복하다 보면 그 결과 감정 조절 능력이 강화되고 그 폭이 확장된다.

놀이를 많이, 또 집중해서 재미있게 하면 자연적으로 감정 조절 능력이 강화되고 인간의 뇌에 머무를 수 있는 시간이 더 길어진다. 그 결과, 일상에서 일어날 수 있는 위기나 기대치 않았던 상황들에 잘 대처하게 해 준다. 놀이에는 창의성의 요소가 많고 사람들끼리 협상을 해야 하는 요소가 많기 때문에 사회성이 향상된다. 놀이를 통해서 다른 사람과 같이 있는 것이 편안하고, 안전하고, 재미있다는 것을 배우고 다른 사람과 협동하는 방법들, 갈등과 실패, 성공을 경험하며 그 결과를 받아들일 수 있게 된다. 놀이에는 우리 인생이 녹아 있다고 해도 과언이 아니다.

아이들과 놀이를 할 때는 규칙을 강하게 적용하기보다는 아이의 수준에 맞게 적절히 조절해 주는 센스가 필요하다. 또 놀이를 시작했다가 어느 순간 이것이 훈계를 하거나 뭔가를 가르치려고 하는 기회로 변하면 그때부터 놀이의 요소는 사라지게 되니 이 부분을 부모들이나 교사들은 명심해야 할 것이다. 또한 놀이의 요소에는 서로를 신체적·감정적으로 흥분시키고 이 흥분을 해결하는 요소들이 있기 때문에 어려서 잘 노는 것은 성인이 되어 건강하고 만족스런 성생활을 할 수 있는 초석이 되기도 한다.

5) 잘 자기

우리 속담에 잠이 보약이라는 말이 있듯이 잠이 인간의 삶에 중요하다는 것을 모르는 사람은 없을 것이다. 하지만 잠과 일, 잠과 놀이 중 어떤 것을 선택할까 하는 선택의 상황에서 사람들은 그 중요한 잠을 선택하기보다는 일이나 놀이를 선택한다. 즉 잠이 중요한 건 알지만 우선순위에서 제일 쉽게 밀려나는 것도 또한 잠이다. 이런 상황에서 왜 우리가 될 수 있는 한 잠을 선택해야 하는지 지금부터 알아보자.

근래에 눈부신 뇌과학의 발전으로 잠이 우리 뇌에 미치는 직접적인 영향들에 대한 연구들이 발표되고 있다. 꼭 연구실 실험이 아니더라도 우리는 경험상 잠을 못 자면 그다음 날 몸이 힘들고, 쉽게 짜증이 나고, 집중도 잘 안 되고, 기억이 잘 안 나는 등 후유증이 있다는 것을 안다. 즉 잠자는 것과 감정 조절 간의 직접적인 연관성을 볼 수 있다. 이런 일상의 소소한 문제뿐 아니라 잠을 못 자면 사람이 더 충동적이 되어 돈을 많이 쓰고, 음주, 흡연, 마약을 할 확률이 높으며 곰곰이 생각해서 건강하고 미래를 준비하는 삶의 선택을 하기보다는 순간의 만족을 추구하는 삶을 살기가 더 쉽다고 한다.

최근 미국 로체스터 대학의 뇌과학자들이 잠을 자는 동안 뇌가 스스로를 청소한다는 연구 결과를 발표했다. 이 연구에 따르면 우리가 깨어 있는 동안 뇌에는 계속해서 베타아밀로이드beta-amyloid 같은 독소가 쌓이는데, 우리가 잠을 자는 동안 뇌가 이를 청소한다고 한다. 잠을 자는 동안 뇌세포의 부피는 60% 정도로 줄어들어 뇌세포 간에 공간이 많이 생기고, 이 공간 사이사이에 낀 독소들을 뇌척수액cerebrospinal fluid이 물로 씻어 내리듯이 깨끗이 청소한다는 것이다.

깨어 있을 때 뇌에 쌓인 독소를 때맞춰 청소하는 것은 매우 중요하다. 베타아밀로이드 같이 뇌세포에 쌓이는 독성 단백질은 알츠하이머를 일으킬 수 있는 요인이고, 청소를 못해 쓰레기로 가득한 뇌가 되면 인지 감각 정서에 심각한 영향을 미칠 수 있다. 각종 신경병성 질환이나 정신 질환이 수면장애와 함께 오는 것은 우연이 아닐 것이다.

잠을 잘 때 우리 뇌는 또한 희돌기교세포^{oligodendrocytes}라고 알려진 뇌지지 세포^{brain support cell}를 만들어 낸다. 희돌기교세포는 뇌세포가 유수신경이 되게 도와주어 더 많은 정보를 처리하게 하고 정보가 더 빨리 전달되게 한다. 우리가 기분 좋게 잠을 충분히 자고 나면 머리가 맑아지고 기억도 잘 되고 학습 능률이 오르는 것이 바로 이런 잠의 기능 때문이다.

하지만 잠이 아무리 좋은 것이라고 해도 너무 많이 자는 것은 또한 건강에 해롭다. 미국의 질병 통제 예방 센터^{Center for Disease Control Prevention}에서 행한 연구에 따르면 너무 적게 자는 것(6시간 이하)과 너무 많이 자는 것(10시간 이상)은 45세 이후 만성 질환 유발과 상관관계가 있다고 한다. 어른이 잠의 건강한 혜택을 받기 위해서는 7~9시간을 자는 것이 매우 중요하고, 특히 만성 질환이 있는 사람들은 충분히 잠을 자도록 더 신경 쓸 필요가 있다.

잠은 건강에 도움이 될 뿐 아니라 우리의 외모에도 영향을 준다. 미인은 잠꾸러기라는 말이 있듯이 실제로 충분한 시간 동안 잠을 잘 자면 피부 톤이 더 맑아지고, 더 기민해 보이고, 더 젊어 보이고, 얼굴의 홍조나 붓기가 없어 더 매력적으로 보인다.

앞으로 잠을 더 잘 것인가 일을 더 할 것인가, 잠을 잘 것인가 더 놀 것인가의 기로에 선다면 무슨 선택을 해야 할까? 당연히 잠을 선택하는 순간이 많아야 할 것이다. 내가 고등학생 때 '4당 5락'이라는 말이 유행했다. 4시간 자면 대학에 합격하고 5시간을 자면 떨어질 수 있다는 말이었다. 수십 년이 지난 지금도 한국 학생들의 상황은 별로 달라지지 않은 것 같다. 잠을 충분히 자야 뇌 청소가 되고 학습이나 기억 능률이 오를 텐데, 잠도 안 자고 계속 깨어서 새로운 정보를 주입하는 한국 학생들의 학습 능률이 과연 얼마나 높을지 의문이다. 계속된 수면 부족으로 뇌에 쓰레기가 가득하면 그 자체만으로도 고문이 될 뿐 아니라 이것이 실제로 동물과 사람에게 치명적일 수 있다. 내가 감정 조절이 잘 안 된다면 우선 잠을 잘 자자. 단잠을 자고 일어났을 때 내 감정 기복이 훨씬 줄어드는 것을 느낄 것이다.

6) 잘 싸우기

살아가다 보면 의견이 다를 수도 있고 감정이 자극되어 싸울 때도 있다. 그 순간을 참을 수 없는 것이 바로 동물의 뇌가 자극되어 순간적으로 동물로 돌변한 까닭이라 해도, 계속해서 인간의 뇌를 깨우려 노력하면 우리가 인간으로 존재하는 시간이 더 많아지고 인간다운 삶을 살 수 있게 된다. 감정적으로 자극이 되어 싸우고 싶고 헐뜯고 계속 잔소리를 하고 싶은 순간이 있지만 이런 순간에도 인간의 뇌를 깨우면 우리는 인간답게 반응할 수 있다.

기억이란 정확하지 않다. 많은 사람들이 마치 자기 기억을 사실/진실인 것처럼 생각하는데 사실은 그와 다르다. 기억은 철저히 내가 현재 처한 상태에 바탕을 두는 것으로 내가 좋은 경험을 하면 좋은 기억이 떠오르고 내가 나쁜 상황에 있으면 나쁜 기억들이 더 많이 떠오르는 것이다. 기억은 정확하지 않고 선택적이다.

　그럼 기억을 구성하는 요소에는 어떤 것들이 있나? 우리가 일상 생활을 하면서 무수한 자극에 노출되지만 이 모든 경험들이 내 기억 속에 저장되는 것은 아니다. 장기 기억에 남기 위해서는 사건에 대해 감정이 상당히 자극되어 15~20분 정도 지속되어야 한다. 이 지식을 우리가 일상생활에 적극적으로 활용한다면 이렇게 볼 수 있을 것이 다. 내가 기억하고 싶은 것에는 시간과 감정을 더 많이 투자하고, 기 억하고 싶지 않은 것에는 시간과 감정을 짧게 투자하는 것이다.

　싸우는 상황을 예로 들어보자. 보통 우리는 상대방이 나와 다른 견해를 가지고 서로 협상하는 것이 힘들기 때문에 싸운다. 엄마들 이 남편과 아이들에게 잔소리를 할 때 마음은 '제발 내가 하는 얘기 를 좀 들어 줘'일 텐데 상대방은 그 절실한 마음을 이해하고 귀 기 울이기보다는 '또 시작이네. 언제 끝나지?'라는 생각으로 더 집중하 지 않게 되고, 자신에게 귀를 기울이지 않는 남편/자식을 보고 더 답답해진 엄마는 했던 얘기를 하고 또 하다 결국 폭발하는 경우가 많다.

　싸울 때, 잔소리를 할 때 15분을 넘지 말도록 하자. 부정적인 경험 을 영원히 내 머릿속에, 또 상대방의 머릿속에 새겨 넣는 것을 막기 위해서다. '그게 어떻게 가능해?'라고 생각하는 사람들도 있을 것이 다. 누구나 싸우는 게 좋지 않고 화목하게 지내는 게 좋다는 걸 알 고 있지만 '화가 난 순간에 시간을 보면서 15분이 되었으니 내던 화를 중단한다는 게 가능할까?'라는 의문이 들 것이다. 물론 쉽지 않다. 하지만 독자들은 이미 마법에 걸렸다. 그냥 오랫동안 화를 내는 것이 좋지 않다고 막연하게 아는 것과, 화를 15분 이상 내면 이 부정적 경험이 나와 상대의 장기 기억에 저장되어 상대방이 나를 떠올릴 때와 내가 상대방을 떠올릴 때 부정적 경험이 주로 떠오를 거라는 것을 뇌과학적으로 구체적으로 아는 것 사이에는 큰 차이가 있다.

이런 부정적 경험이 나와 상대방의 뇌에 미치는 영향을 이미 알기 때문에 당장 15분 만에 싸움을 끝내는 게 가능하지는 않더라도 화내는 동안 찝찝할 수도 있고, 화를 양껏 낸 후 '그러지 말았어야 하는데', '이게 나와 상대방의 기억에 남으면 어쩌나', '우리 아이가 나를 기억할 때 이 장면이 강하게 떠오르면 어쩌나', '그 순간에 내가 멈췄어야 했는데'라는 생각들이 들기도 할 것이다. 처음에는 그것만으로 충분하다. 자신이 한 행동을 이후에 돌이켜 보고 어떻게 하는 것이 더 좋았겠는지, 언제 멈췄어야 했는지를 생각해 보는 것을 계속하면 나중에는 싸우는 도중에 '그만해야 되는데'라는 생각이 들지만 그만두지는 못하는 상태가 되고, 또 이런 노력을 계속하다 보면 싸우는 도중에 '그만해야지'라는 생각이 듦과 동시에 멈출 수 있게 되고, 이걸 또 계속하다 보면 싸우는 시간이 자동적으로 15분 이내로 줄어들게 된다.

어떤 문제를 틀렸을 때 내가 왜 틀렸는지, 정답은 뭔지 찾아보지도 않고 같은 문제가 나올 때마다 틀리고 또 틀리고를 반복하면서 '나는 가망이 없나 봐'라고 포기하는 사람이 있다. 그 사람이 가망이 없는 게 아니라 틀린 이유와 정답을 찾는 노력을 하지 않은 것이다. 공부를 잘하는 아이들은 시험에서 틀리면 그게 왜 틀렸는지 왜 자신은 그것을 정답이라고 생각했는지 알아내어, 어떻게 다르게 생각해서 정답을 맞힐 수 있을지 배워 나간다. 다음에 같은 문제가 나오더라도 또 틀릴 수 있지만 마찬가지로 그 이유와 정답을 알아 가는 과정을 계속하다 보면 비슷한 유형의 문제가 나왔을 때 결국은 정답을 찾을 수 있다.

많은 사람들이 '어쩔 수 없어', '나는 원래 그래'라며 뭔가 새로운 시도를 하지도 않고 불행하게 살아간다. 하지만 운명보다 더 강한 것은 자신의 의지다. 현재 삶에 만족하지 않는다면 내가 힘들고 불편하더라도 그것을 견디며 새로운 경험을 하나씩 해 보고, 그러다 보면 운명, 성격, 관계 등이 바뀐다. 이게 바로 심리 치료가 제공해 줄 수 있는 것들이다.

싸움을 하는 이면에는 남들이 나를 이해해 주기를 바라는 마음이 깔려 있다. 인간의 뇌를 작동해서 무엇이 지금 나에게 중요한지 생각해 보자. 그냥 계속해서 화내고 싶은 만큼 양껏 내고, 잔소리를 하고 싶은 만큼 하는 게 중요한지 아니면 상대가 내 말을 심각하게 받아들이고 잘 듣게 하는 게 중요한지. 후자가 목적이라면 상대방이 내 말을 듣기에 최적의 상태일 때 얘기를 하는 것이 좋다. 계속해서 화를 내거나 잔소리를 하면 상대의 대뇌피질이 아니라 편도체가 자극되어 말의 내용보다는 형식, 즉 어떻게 이야기를 하는지('왜 소리를 질러? 왜 짜증을 내?')에 더 집중하게 되고 그 결과 내가 하는 말의 요지를 듣지 못하게 된다.

싸움을 잘 하는 방법은 15분 이상 하지 않는 것이다. 15분 정도에 싸움을 멈추고 나를 기쁘게 할 수 있는 긍정적인 경험을 각자 찾아서 해 본다. 이런 과정을 통해 화의 강도가 줄어들고 좀 더 차분하게 이야기를 할 수 있게 된다. 휴식을 가진 후 다시 싸우기 시작해도 15분으로 시간을 제한한다. 누구든 상관없다. 좀 더 여유가 있는 사람이 먼저 멈추면 된다. 지금 멈추고 나중에 다시 얘기하자고 하는 것이다. 시간이 지나서 다시 얘기하려고 하면 무엇 때문에 싸웠는지 더 이상 기억나지 않을 수도 있을 것이다.

감정 조절도 티끌 모아 태산으로

지금까지 감정 조절을 잘 하기 위한 실질적인 적용 방법들을 얘기했다. 치료실을 찾는 많은 사람들에게 나는 여기 제시한 여러 가지 방법들을 가르쳐 주고 연습하게 한다. 이런 개인적인 노력들을 치료실 밖에서 지속적으로 하는 사람들과, 오로지 치료에만 의존하는 사람들의 치료 결과는 큰 차이를 보인다. 당연히 치료와 숙제를 꾸준히 병행해 나가는 사람들이 훨씬 빨리 회복된다.

우리 속담에 티끌 모아 태산이라는 말이 있다. 지금 당장은 눈에 보이는 것이 아니더라도 계속해서 쌓아 나가다 보면 눈에 띄는 큰 성과가 있을 거라는 말이다. 티끌이 모여 태산이 되려면 얼마나 많은 반복을 해야 할까 생각해 본다. 트라우마 전문가 레빈 박사도 비슷한 말을 한다. 트라우마 환자를 치료할 때 우리가 지향하고자 하는 변화는 한 번에 일어나는 극적인 변화가 아니라 스포이드로 물 한 방울씩을 떨어뜨려 강을 이루게 하는 것만큼 서서히 꾸준히 일어나는 변화라고 말이다. 말이 쉽지 결코 쉽지 않은 일이다. 누구나 눈앞에 결과가 보이지 않으면 쉽게 실망하고 계속해서 노력할 의욕을 상실하게 되니까.

하지만 이걸 참아내고 지속적으로 노력하면 변화는 반드시 찾아온다. 5장에서 제시한 여러 가지 방법 중에서 우선 실천할 수 있을 것 같은 방법을 하나만 선택해서 해 보기를 권한다. 처음부터 자신에게 너무 어려운 것을 선택하지 말고, 쉬워 보이는 것을 시작해 꾸준히 해 보자. 그러면 어느새 감정적으로, 즉각적으로, 충동적으로 반응하지 않고 감정이 조절되어 있는 자신을 발견할 것이다.

이 책을 마무리하면서 다시 한 번 독자들에게 강조하고 싶다. 감정 조절이 얼마나 우리 삶에서 중요한 것인지. 감정 조절이 된다는 것은 내가 행복감에 좀 더 오래 머물러 있을 수 있고, 신체적으로 또 감정적으로 건강한 상태에 머물러 있을 수 있고, 다양한 정보들을 잘 이용해 나에게 가장 유리한 결정을 내리는 명석한 상태에 머무를 수 있다는 것이다. 이런 삶의 비밀을 알고 실천하는 사람과 그렇지 못한 사람들 간에는 삶의 질에 있어서, 하는 일과 인간관계와 능률에 있어서 엄청난 차이가 난다.

여러 장에 걸쳐 감정 조절을 하는 데 가장 필수적인 조건은 '안전'이라고 계속해서 얘기했다. 이 '안전'이란 실질적인 신체적 · 감정적 위협 · 위험이 없는 안전한 상태뿐 아니라, 외부 상황과 상관없이 스스로 '안전감'을 만들어 낼 수 있는 상태 두 가지를 다 가리킨다. 두 번째 말한 안전감은 호랑이한테 잡혀 가도 정신을 똑바로 차릴 수 있는 능력이다. 신체적 · 감정적으로 안전하지 않은 상황에서 싸우기, 도망가기, 얼어붙기 방어기제를 사회관계체계로 만들 수 있는, 즉 인간의 뇌가 동물의 뇌를 통제하여 그 상황을 극복할 수 있는 무수한 가능성들이 펼쳐지는 것을 말한다.

하지만 두 번째 안전감은 첫 번째 물리적 안전감에 대한 경험 없이는 이루어질 수 없다. 많은 사람들이 위협은 외부에, 나와 상관없는 곳에 존재한다고 생각할지 모르지만 미국의 통계에 따르면 아이들에게 일어나는 트라우마의 80%가 가정에서 양육자에 의해 일어나며 여성들에게 일어나는 트라우마의 절반 이상이 남자 친구나 남편에 의한 것이라고 한다. 우리가 가장 가깝게 느끼는 사람들에 의해 우리가 위험에 처하거나 위협을 느끼는 안전하지 못한 상황에 놓일 확률이 높다는 것이다.

또 PTSD를 이해하는 새로운 틀을 제공한 책인 『트라우마*Trauma and Recovery*』를 쓴 주디스 허먼Judith Herman 박사에 따르면 감옥에 있는 사람 중 80%, 정신병원에 입원해 있는 사람의 50~60%, 정신병원 외래 환자의 40~60%, 정신병원 응급실을 찾는 사람들의 70%가 아동 학대의 피해자라고 한다. 또한 미국에서 1995년부터 시작해 지금까지 진행되고 있는 부정적 아동기 경험에 대한 연구The Adverse Childhood Experiences Study를 보면 아동기의 부정적 경험이 사회적·감정적·인지적 장애를 일으키는 주된 요인이 되고 그 결과 술, 약물, 흡연, 과다 음식 섭취 등 건강을 해치는 행동들을 하게 되며, 각종 신체적·심리적 질환 및 사회적 문제들을 일으켜 조기 사망에 이르게 된다는 슬픈 연구 결과가 있다. 미국의 통계이긴 하지만 한국 상황도 크게 다르지 않으리라 생각한다. 유아기와 아동기에 안전감에 위협을 받은 아이들은 성인이 되어서 신체적·심리적·인지적 문제를 발전시키기 쉽고, 심지어 성인이 되어서는 어떤 사건과 사고를 당했을 때 PTSD를 발전시킬 가능성이 높은 것이다.

아이들은 우리의 미래다. 우리의 미래인 아이들이 감정 조절이 잘되어 심신이 건강하고 현명한 개인으로 자라려면 그들이 자라는 가정이 우선 안전해야 할 것이다. 안전한 가정을 만들기 위해서 부모들이 우선해야 할 것은 자신의 감정 조절을 잘 하는 것이고, 자신의 조절된 감정을 바탕으로 아이들의 감정 조절을 도와주는 것이다.

그러면 사회는 어떻게 개인들이 이런 안전한 가정을 형성할 수 있게 도울 수 있을까? 사회복지제도의 개선과 예산 편성을 통해 부모의 자녀 양육에 대한 스트레스를 줄여 주려는 노력과 유아교육에 종사하는 교사들의 복지를 향상시키는 노력을 할 수 있을 것이다. 특히 정부의 많은 예산을 영유아를 둔 경제적으로 힘든 가정을 지원하는데 쓴다면 부모의 스트레스를 줄여 아이들이 보다 안전하게 보호될수 있지 않을까 한다. 안전을 중시하고 안전을 도모하는 사회와 가정에서 아이들이 안전하게 느끼고, 부모의 관심과 사랑을 충분히 받으면 감정 조절이 잘 되는 건강한 성인으로 자라고, 이런 사람들이 모여 구성하는 사회는 보다 안전하고 사회에 기여하는 사람들이 많은 사회가 될 것이다. 그러면 범죄, 정신 건강, 신체적 질환 등에 쓰게 되는 사회적 비용이 상당히 줄어들 것이다.

안전한 개인이 모여 안전한 가정과 사회를 만들고 안전한 사회가 안전한 개인과 가정을 만드는 선순환을 꿈꾸어 본다. 내가 가정에서, 사회에서 안전하게 느끼는지 자문해 보고 이를 보다 안전하게 만들기 위해서는 어떤 노력들을 할 수 있는지 찾아보자. 독자들이 이 책을 통해 감정 조절의 중요성에 대해 이해하고, 이를 실천하기 위한 크고 작은 노력들을 하며 티끌 모아 태산을 이루는 경험을 할 수 있기를 희망하며 이 책을 마무리한다.

나가며

우리가 보다 인간다운 인간이 되고, 인간다운 우리가 모여 인간 중심의 사회가 되기를 바라며

    살아가면서 누구나 한번쯤은 화를 내고 나서 후회하고, 화를 내야 할 때 화를 내지 못해서 분하고, 웃지 말아야 하는데 웃음을 참을 수가 없고, 울고 싶지 않은데 눈물이 나와 민망하고, 두려울 상황이 아닌데 무섭고, 혹은 큰일을 당하고도 아무런 감정이 느껴지지 않는 당황스런 순간에 놓인 적이 있을 것이다. 그뿐인가? '사랑해선 안 될 사람을 사랑하는 죄라서 말 못하는 이 가슴은 이 밤도 울어야 하나'라는 오래전 유행가 가사처럼 머리로는 이 사람을 사랑하면 안 된다는 걸 알지만 그 사람에게 마법처럼 빠져들어 나의 이성과 감정과 몸이 따로 노는 경험을 하고 답답해하면서 '나는 왜 이럴까?' 의문을 가져본 적이 있을 것이다.

    심리 치료실을 찾는 내담자들의 고민도 별다르지 않다. 많은 내담자들이 우울하고 싶지 않은데 계속 우울함을 느끼고, 불안할 상황이 아닌데 불안하고, 믿고 싶은데 의심하게 되고, 그 생각을 안 하고 싶은데 계속 그 생각만 나고, 학대를 당하면서도 그 관계를 정리하지 못하는 등 스스로 자신의 몸과 마음에 대한 통제력을 상실했다는 무력감을 느껴서 심리 치료실을 찾는다. 그리고 상담을 통해 다시 자신이 자신의 몸과 마음의 주인이 되는 방법을 찾으려 한다.

정신분석가로 활동하면서 다양한 증상을 가진 많은 환자들을 만나 왔다. 정신분석가로 또 트라우마 전문가로 불리기까지 많은 교육과 훈련, 이론을 접했지만 나의 가장 큰 스승은 항상 내 내담자들이었다. 실전에서 많은 환자들을 접하면서 내담자들의 증상은 이론보다 훨씬 복잡하며 개개인마다 고유한 형태로 병리를 경험한다는 것을 배웠고, 이론에 내담자의 증상을 맞추는 치료의 한계를 경험했다. 따라서 효과적인 치료란 개개의 고유한 환자를 위한 맞춤형 서비스를 제공하는 것이라는 결론을 내리게 되었다.

미국에 살면서 영어를 쓰는 미국 내담자들도 만나지만, 모국어로 심리 치료를 받을 수 있다는 이유로 몇 시간씩 운전하거나 비행기를 타고 오는 한국인 내담자들도 만난다. 이렇게 힘들게 나를 찾아와 준 내담자들에게 하나라도 더 도움이 되고 싶은 마음이 컸다. 하지만 나의 부족함 때문에 내가 감당하기 힘든 경우, 한국어가 편한 한국 내담자들을 다른 방법으로 치료하는 미국 심리 치료사에게 의뢰할 수도 없었다. 내가 도와주지 못하면 이 내담자들은 도움을 받을 데가 없다는 절박한 마음이 들었는데, 그러면 차라리 내가 부족한 부분을 좀 더 채우고 배워서 도움이 되자는 생각으로 하나씩 더 배우다 보니 다양한 정신분석 이론뿐 아니라 몸과 뇌에 바탕을 둔 트라우마 포커스 심리 치료라고 알려진 EMDR, IFS, SP, AEDP 등 거의 모든 치료법에 대한 훈련을 받게 되었다.

다양한 사람들을 만나고, 다양한 병리를 접하고, 다양한 치료 방법들을 접하면서 발견한 것은 무한한 가능성을 가지고 있는 인간의 몸과 마음에 대한 경외감, 우리 몸과 마음이 얼마나 조화롭고 건강과 웰빙을 지향하는지에 대한 감탄이었다. 이미 우리 속에 내재된 건강과 치유의 가능성을 극대화할 수 있는 환경을 만들어 주기만 하면 심신이 건강한 행복한 삶을 살 수 있다는 어쩌면 단순하고 당연한 진리를 매번 새롭게 배웠다. 그리고 건강을 위한 최적의 환경을 만드는 데 가장 중요한 것은 감정과 개개인의 감정 조절 능력이라는 것을 알게 되었다.

2년 전 세월호 참사가 일어난 후 한국에서 정신건강 전문가를 대상으로 트라우마 세미나를 시작하면서, 경향신문에서 주최했던 대중 강연 프로그램 '심리톡톡'의 한 꼭지를 맡아 '감정 조절'을 주제로 강연을 했다. 이 강연 동영상을 보신 전 세계의 많은 한국 분들로부터 자신들을 더 잘 이해할 수 있는 계기가 되었고 더 나아질 수 있다는 희망을 갖게 해 줘서 고맙다는 이메일을 받았다. 그러면서 내가 치료실에서 만나는 내담자뿐 아니라 강의나 책으로도 내가 가진 전문 지식을 사람들이 알기 쉬운 말로 설명해 많은 사람들이 자신을 이해하고 스스로 돕는 데 보탬이 될 수 있겠다는 생각을 했다. 따라서 이 책은 나의 다양한 임상 경험과, 부족한 나를 채워 내담자들을 돕겠노라 하나씩 배워 온 수많은 심리 치료 훈련의 결과로 알게 된 우리 심신 건강의 핵심인 감정과 감정 조절에 대한 전문적인 지식을 많은 사람들이 일상생활에서 적용할 수 있도록 풀어 쓴 것이다.

나는 학부에서 정치학을 전공했다. 그 당시에는 정치와 사회 구조, 불평등 등을 알아 가면서 사람들이 더욱 건강하고 행복해지기 위해서는 정치적·사회적 구조의 변화가 우선되어야 한다고 생각했다. 물론 맞는 말이다. 하지만 지금 정신분석가로 개별 내담자와 부부, 가족들을 만나면서 느끼는 것은 개인에게, 부부 사이에, 또 가정에서 일어나는 일이 사회·국가에서 일어나는 일과 얼마나 밀접히 연결이 되어 있는가 하는 것이다. 개인과 사회를 분리시킬 수 없으며, 변화는 개인으로부터 시작할 수도 있다. 가정이 안전하고 편안하면 그 속에서 건강한 개인이 나올 수밖에 없고, 건강한 사람이 많이 모여 구성된 사회는 건강한 사회가 될 것이기 때문이다. 정신건강의 핵심인 감정과 감정 조절에 대해 얘기하고 또 이를 잘 하기 위한 실천 방안들을 제시하면서, 건강한 개인과 건강한 가정, 나아가 건강한 사회를 만드는 데 이 책이 조금이나마 도움이 되었으면 한다.

이 글이 나오기까지 많은 분이 도와주셨다. 감정 조절을 주제로 책을 만들자는 제안을 해 주시고, 내 생각이 대중들이 쉽게 읽을 수 있는 책으로 나오기까지 많은 피드백을 주시고 꼼꼼히 검토해 주신 을유문화사의 류현수 편집장님과 송혜진 편집자님께 우선 감사의 말씀을 드리고 싶다. 풀타임으로 일하면서 책을 쓰는 게 쉽지 않았는데, 짬짬이 시간이 날 때마다 내가 맘 편히 글 쓰는 데 집중할 수 있게 배려해 준 남편과 아이들에게도 감사를 전한다. 이들의 도움이 없었으면 이런 아이디어들이 내 머릿속에만 있지 감히 이를 정리해서 책으로 쓸 엄두도 내지 못했을 것이다. 마지막으로, 어려서부터 매사에 호기심이 많던 막내딸이 무수한 시행착오를 겪고 그 경험을 통해 많은 것을 배울 수 있게 물심양면으로 지원해 주신 어머니 한금화 여사께 이 책을 바친다.

찾아보기